THE EMPIRICAL STUDY ON
IDEOLOGICAL AND POLITICAL EDUCATION OF COLLEGES AND UNIVERSITIES
IN HENAN PROVINCE (2017-2018)

河南省高校
思想政治教育工作
实证研究

（2017~2018）

李申申　李志刚　陈永强　李小妮　著

社会科学文献出版社
SOCIAL SCIENCES ACADEMIC PRESS (CHINA)

本研究成果是国家社会科学基金教育学重大招标课题"高校培育和践行社会主义核心价值观长效机制研究"（课题批准号：VEA150005）的阶段性成果

前　言

本书是国家社会科学基金教育学重大招标课题"高校培育和践行社会主义核心价值观长效机制研究"（课题批准号：VEA150005）的阶段性成果。本成果主要侧重于对河南省高校思想政治教育工作、社会主义核心价值观的培育与践行工作进行实证调查研究。我们在获得第一手调查问卷和访谈资料的基础上，进行数据录入、统计与分析，并对访谈资料进行归类整理；同时再借助于对相关理论文献的较深刻钻研，力图较系统、翔实并具有一定特色地提出提升高校思想政治教育工作和促进社会主义核心价值观培育与践行的对策与建议，从而为河南省乃至全国高校的这项工作，做出我们应有的探索和贡献。

高校思想政治教育工作的重要性，似乎是人所共知的事情，无什么新鲜价值可言，似乎这一问题与发展学科专业问题相比，远不在一个高度和层面，其实不然。一来，思想政治素质是一个完整的、全面发展的人不可或缺的基本素养。一个人仅有专业知识，甚至相当出色的专业知识是不够的，这不足以使其成为一个健全的人、一个成熟的人、一个能为民族和国家做出有益贡献的人。只有同时拥有较高的思想政治素养、人义素养，才能成为一个顶天立地的人。很多实例都说明了这一点。二来，在世界风云变幻、国内外形势日益复杂的当代，国外的各种意识形态对价值观尚未确立、身心正在成长的青年人有不可忽视的影响。尤其是西方经济、科技较发达国家的意识形态强势来袭，而青年人又往往易于盲目崇信西方的价值观，认为西方经济、科技的进步与发达自然也使西方的价值观具有普适性和绝对正确性。由此，西方的意识形态和价值观对当今青年人思想意识的形成产生了相当大的冲击。这是不争的事实。正视西方意识形态、价值观

1

的渗透和冲击，是高校思想政治教育工作不可或缺的重要方面。当然，正视国外的价值观输出，采取相应的应对措施，并非对其极力抵御或惊慌失措，而是要冷静思考、高水平面对，并积极引导。有鉴于此，我们积极、努力申报了国家社会科学基金教育学重大招标课题"高校培育和践行社会主义核心价值观长效机制研究"，并于2015年12月成功获批。在面向全国高校进行调查研究时，我们重点以河南省为例，对河南省高校的思想政治教育工作和社会主义核心价值观的培育与践行情况进行了较为系统和深入的研究。

课题组在前期具有一定研究积累的基础上，举行多次研讨会，确定面向河南省省内高校学生和相关教师共发放六套系列问卷、拟定两道针对教师的访谈题目。具体情况如下。

第一套问卷为《高校思想政治教育调查问卷》，确定了以河南省的26所高校的在读大学生为问卷调研对象。自2017年7月至2018年3月，计发问卷5686份，回收5390份，回收率为94.79%；其中，有效问卷为4958份，总有效率为91.99%。在发放问卷的26所高校中，含综合性大学3所（郑州大学、河南大学、许昌学院），工程技术类大学7所（河南工业大学、华北水利水电大学、中原工学院、郑州工程技术学院、安阳工学院、南阳理工学院、河南科技大学），师范类院校7所［河南财政金融学院（原河南教育学院）、郑州师范学院、信阳师范学院、商丘师范学院、周口师范学院、南阳师范学院、洛阳师范学院］，农林类院校1所（河南农业大学），财经类院校2所［河南财政金融学院（原河南财税高等专科学校）、河南牧业经济学院］，职业技术类院校6所（郑州旅游职业学院、三门峡职业技术学院、驻马店职业技术学院、黄河水利职业技术学院、开封大学、开封文化艺术职业学院）。

第二、三、四套问卷为高校培育和践行社会主义核心价值观专题调研问卷（学生部分），包括《大学生社会主义核心价值观认同感量表》（试测版、正式施测版）、《高校培育和践行社会主义核心价值观情况调研问卷》（学生版）、《大学生中华优秀传统文化知识测验问卷》，并确定了以河南省省内的15所高校的大学生为问卷调研对象。自2017年7月至2018年3月，共计发放问卷（三套问卷的内容被印制在一起发放）4140份，回收 3954 份，回收率为 95.51%；其中，有效问卷为 3565 份，总有效率为 90.16%。在发放问卷的 15 所高校中，含综合性大学 2 所（郑州大学、河南大学），工程技术类大学 2 所（河南工业大学、华北水利水电大学），师范类院校 4 所（郑州师范学院、信阳师范学院、周口师范学院、安阳师范学院），财经类院校 2 所〔河南财政金融学院（原河南财税高等专科学校）、河南牧业经济学院〕，职业技术类院校 5 所（郑州旅游职业学院、三门峡职业技术学院、驻马店职业技术学院、黄河水利职业技术学院、开封大学）。

第五套问卷为高校培育和践行社会主义核心价值观专题调研（教师部分）中的思想政治教育工作人员（以下简称"思政人员"）问卷《高校培育和践行社会主义核心价值观调查问卷》（思政人员版），并确定了以河南省省内的 15 所高校（所选择的 15 所高校与前述面向学生的第二、三、四套问卷的调研高校相同）的思政人员为问卷调研对象。自 2017 年 7 月至 2018 年 3 月，共计发放思政人员问卷 528 份，回收 471 份，回收率为 89.20%；其中，有效问卷为 449 份，总有效率为 95.33%。

第六套问卷为高校培育和践行社会主义核心价值观专题调研（教师部分）中的专业教师问卷《高校培育和践行社会主义核心价值观调查问卷》（专业教师版），同样也确定了以河南省省内的 15 所高校（所选择的 15 所高校与前述面向学生的第二、三、四套问卷的调研高校相同）的专业教师为问卷调研对象。自 2017 年 7 月至 2018 年 3 月，共计发放专业教师问卷 538 份，回收 461 份，回收率为 85.69%；其中，有效问卷为 429 份，总有效率为 93.06%。

关于对教师的访谈，我们选择了河南省省内 5 所高校的 16 位教师作为访谈对象，具体为：A 大学 4 人、B 大学 3 人、C 大学 4 人、D 大学 3 人、E 大学 2 人。其中，以思政课教师为主，兼有少数专业教师。在面向教师的访谈中，我们拟定了两道较宏观、开放的题目，请老师们谈体会和对改革的意见与建议。一道题是：您在思政课教学及思想政治教育工作中，感到目前存在的主要问题有哪些？另一道是：您对思政课教学及思想政治教育工作的改革有哪些建议？

针对上述调研和访谈结果，课题组经过研讨，最后提出了思政课教学、思想政治教育工作和社会主义核心价值观的培育与践行工作方面的对策与建议。在提出对策与建议时，我们着重从以下两方面努力。其一，尽量避免论述过于空泛而缺乏实际的可操作性。在阐释中，我们引用了不少调研所得的数据和对教师进行的访谈资料。当然，道理还是要讲的，名人名句的引用也还是要有的，只是要考虑如何更加贴近实际。其二，注重凸显省域特色、地方特色。这是提升河南省乃至全国高校思想政治教育工作和社会主义核心价值观培育与践行工作有效性的重要手段之一。基于此，我们提出了六大方面的对策与建议：第一，重视思想政治教育重要地位，正视国外的价值观渗透；第二，以"内化"为根，在"外铄"与"内化"之间寻找契合点；第三，教师的内外兼修对学生是一种无声的感召与浸染；第四，编写有省域特色的中华优秀传统文化与思想政治教育相融合的教材；第五，在马克思主义中国化的探讨中提升学生的认知与思维水平；第六，夺取反腐败斗争的压倒性胜利是提升思想政治教育效果的根本性条件。当然，这六大方面的对策与建议并非已经尽善尽美，这只是根据我们的研究所进行的阶段性思考。高校的思想政治教育工作和社会主义核心价值观的培育与践行工作永无止境，因此我们的研究还在继续进行，我们对这一问题的思考也在不断地升华，随着新情况、新发现的产生，我们还会进一步提出新的、更切实际的对策与建议。

本课题研究由河南大学二级教授、教育科学学院博士生导师、国家社会科学基金教育学重大招标课题首席专家李申申负责统筹、规划、协调等，由河南大学教育科学学院讲师、教育史专业在读博士生李志刚协助完成日常工作。对于学生、专业教师、思政人员的实证调研和对5所高校16位教师的面对面访谈工作，在李申申教授的统筹安排下，本课题研究的四位成员都投入该项工作中，这是整个研究工作的极为重要的环节，舍此便无法进行课题的研究。本书的具体撰写分工如下（按撰写顺序排列）：前言，由李申申撰写；第一章研究意义与基础，由河南大学教育科学学院教育史专业在读博士生、马克思主义学院教师李小妮撰写；第二章高校思想政治教育基本情况调研（学生部分）、第三章高校思想政治教育基本情况调研（教师部分），由李志刚撰写；第四章高校培育和践行社会主义核心价值观专题调研（学生部分），由河南大学教育科学学院讲师陈永强撰写；第五章高校培育和践行社会主义核心价值观专题调研（教师部分），由李志刚撰写；第六章加强和提升高校思想政治教育的对策与建议（一）和第七章加强和提升高校思想政治教育的对策与建议（二），由李申申撰写。本课题研究附录在课题组认真研讨的基础上，由李志刚负责整理撰写。最后，由李申申进行统稿，李志刚协助完成统稿。

我们期望本书能对河南省乃至全国的高校思想政治教育工作和社会主义核心价值观的培育与践行工作的提升与改进起到实实在在的促进作用，能对河南省有关部门和领导起到有效的咨询作用。由此，课题组对研究中的付出，将感到十分欣慰与高兴。当然，我们也深知，高校思想政治教育工作和社会主义核心价值观培育与践行工作永无止境，我们的研究只是阶段性成果，其中还存在许多不足，今后的研究道路只会更长、更加艰辛，我们也会更加努力，付出更多的劳动和心血，以更完善的成果为培育健全发展的一代新人，为我国的"双一流"建设做出更大的贡献。

最后，在本书即将付梓之际，要诚挚地感谢社会科学文献出版社经济与管理出版分社的恽薇社长，感谢本书的责任编辑王婧怡和朱子晔，正是她们的大力支持和辛勤付出，才使本书得以及时、顺利出版。同时，感谢河南大学教育科学学院对本研究和本书出版给予的大力支持。

国家社会科学基金教育学重大招标课题
"高校培育和践行社会主义核心价值观长效机制研究"课题组
2018 年 8 月于河南大学

目　录

第一章 研究意义与基础

一 本课题研究的缘起

思想政治教育的萌芽，可以追溯到马克思恩格斯时代。马克思、恩格斯创立了第一个无产阶级政党——共产主义者同盟，在同盟的章程中提出"宣传工作"这一概念，指出参加党的每一个成员都要"具有革命毅力并努力进行宣传工作"。① 虽然当时尚未提出思想政治教育的概念，但表明了无产阶级政党自登上历史舞台起，就十分重视对群众的思想发动和教育工作。

重视思想政治教育也是我们这个高举马克思主义旗帜的党和国家的优良传统。无论是革命战争时期，还是社会主义建设时期，直至改革开放至今，党和国家都非常重视思想政治教育这一工作各项的生命线。

我国高校是社会主义性质的大学，这是决定我国高校根本性质的重要核心概念。习近平总书记在2014年12月召开的第二十三次全国高等学校党的建设工作会议上作出指示，要"办好中国特色社会主义大学"，强调高校肩负着学习研究宣传马克思主义、培养中国特色社会主义事业建设者和接班人的重大任务。高校应坚持党的教育方针，坚持社会主义办学方

---

① 马克思、恩格斯：《马克思恩格斯全集》（第四卷），人民出版社，1995，第572页。

向，加强和改进思想政治工作。① 在 2016 年 12 月全国高校思想政治工作会议的讲话中，习近平总书记再次强调："高校思想政治工作关系高校培养什么样的人、如何培养人以及为谁培养人这个根本问题。要坚持把立德树人作为中心环节，把思想政治工作贯穿教育教学全过程，实现全程育人、全方位育人，努力开创我国高等教育事业发展新局面"，"我国高等教育肩负着培养德智体美全面发展的社会主义事业建设者和接班人的重大任务，必须坚持正确政治方向。高校立身之本在于立德树人。只有培养出一流人才的高校，才能够成为世界一流大学。办好我国高校，办出世界一流大学，必须牢牢抓住全面提高人才培养能力这个核心点，并以此来带动高校其他工作"，"思想政治工作从根本上说是做人的工作，必须围绕学生、关照学生、服务学生，不断提高学生思想水平、政治觉悟、道德品质、文化素养，让学生成为德才兼备、全面发展的人才"。②

随着我国改革开放的不断深入、社会转型的加速以及国内外不同文化与价值观之间的相互碰撞与融合，高校思想政治工作在面对新形势、新任务、新挑战时，仍存在不少薄弱环节，如工作方法有待进一步改进，育人的合力和工作的实效性有待进一步提高，等等。因此，开展富有成效的高校思想政治教育工作，对于提高当代大学生的思想政治素质、促进社会主义现代化建设、实现中华民族的伟大复兴有重大意义。"才者，德之资也；德者，才之帅也"，③ 育人和育才是一个统一的过程，而且要以育人为本。一个开放、多元的现代社会，更需要德才兼备的人才。这里的"德"指的不仅是社会所需要的思想道德品质，更为重要的是在道德基础上所形成的价值观念和思想政治品质。唯有如此，我们所培养的人才才能成为国家的有用之才。因此，高校应把立德树人作为检验学校一切工作的根本标准，要真正做到以文化人、以德育人，引导大学生自觉把自身思想道德的修养与科学文化知识的学习相统一，不断提高大学生的综合素养。

---

① 董洪亮：《习近平就高校党建工作作出重要指示强调 坚持立德树人思想引领 加强改进高校党建工作》，《人民日报》2014 年 12 月 30 日，第 1 版。

② 张烁：《习近平在全国高校思想政治工作会议上强调：把思想政治工作贯穿教育教学全过程 开创我国高等教育事业发展新局面》，《人民日报》2016 年 12 月 9 日，第 1 版。

③ （宋）司马光编著、（元）胡三省音注、"标点资治通鉴小组"校点《资治通鉴·卷第一·周纪一》，中华书局，1956，第 14 页。

近年来，随着我国对外开放程度的不断加深，在国外各种思想文化和价值观念的冲击下，我国大学生的思想意识呈现多元化的态势，一些大学生甚至出现了政治信仰动摇、理想信念模糊等问题。因此，加强对大学生的思想政治教育，营造有利于大学生健康成长的环境，对于提升当代大学生的思想政治素养，引导他们树立正确的世界观、人生观、价值观有着积极的、不可替代的作用。

我们选择对这一课题进行研究，还有一个更为直接的原因，那就是我们以李申申教授为首席专家，在已有研究积累的基础上，于2015年12月获批国家社会科学基金教育学重大招标课题"高校培育和践行社会主义核心价值观长效机制研究"（课题批准号：VEA150005），该课题的获批促使我们担负起研究的责任，促使我们在此方面付出更多的艰辛和努力，做出应有的贡献。本书以河南省为例，侧重于对河南省高校思想政治教育状况及社会主义核心价值观的培育与践行情况进行实证研究，同时也以理论方面的研究积极配合，这一成果只是整个课题研究的阶段性成果，即令如此，我们仍期望该成果对河南省乃至对全国高校的思想政治教育工作的质量提升都具有较大的价值和意义。

二　本课题研究的意义和特色

（一）本课题研究的意义

就目前我们所掌握的资料来看，有关河南省高校思想政治教育工作的研究还存在以下不足。一是未能将思辨性研究和实证性研究进行有机结合。相对来讲，此方面较为系统的实证性研究还比较少。二是较为系统地、有针对性地论证河南省高校思想政治教育工作现状及对策与建议研究的成果很少。通过对相关资料的搜集和研究，我们几乎未见到较为系统地对此方面进行研究的相关论著，这不得不说是一大缺憾。因此，针对已有研究的不足，有针对性地加强河南省思想政治教育研究，具有很强的理论与实践意义。

本课题采用思辨性研究和实证性研究密切结合的方法，力图深入地探讨河南省高校思想政治教育工作现状、存在的问题及其对策与建议。一方面，从文化、理论的角度深刻探讨有利于河南省高校思想政治教育工作有效开展的内容、方式、路径等，尤其是探讨如何将优秀的中原文化渗透进高校的思想政治教育工作之中，如何将马克思主义的基本原理渗透进学生的内心之中。在此方面，以李申申教授为首席专家的课题组在已有多年的对中华优秀传统文化、对马克思主义的基本原理进行较为深入、系统的研究，并有一定学术积累的基础上，进一步钻研理论文献，包括中华传统文化经典和马克思主义原著等文献，力图在理论上有进一步的提升与突破。另一方面，采用调查问卷和访谈的形式，深入调查河南省高校思想政治教育现状，探讨河南省高校思想政治教育工作中存在的问题及其原因，并有针对性地提出对策与建议。在此方面，我们针对高校学生、专业教师和思政人员拟制并发放了六套问卷。其中，面向全省 26 所高校学生发放了《高校思想政治教育调查问卷》一套；面向全省 15 所高校学生发放了有关社会主义核心价值观培育与践行情况的问卷三套，即《大学生社会主义核心价值观认同感量表》《高校培育和践行社会主义核心价值观情况调研问卷》（学生版）、《大学生中华优秀传统文化知识测验问卷》；面向全省 15 所高校思政人员发放了《高校培育和践行社会主义核心价值观调查问卷》（思政人员版）一套；面向全省 15 所高校专业教师发放了《高校培育和践行社会主义核心价值观调查问卷》（专业教师版）一套。另外，课题组所有成员还分别实地对 5 所高校的 16 位教师进行了面对面访谈。通过广泛的调研和深入的讨论分析，我们获得了河南省高校思想政治教育、培育和践行社会主义核心价值观方面丰富的实证材料、理论认识和对其改革与发展的思考。因此，在当前对高校思想政治教育进行的众多探讨中，本课题研究可以说具有独到的学术价值与应用价值。

（二）本课题研究的特色

本课题研究的特色凸显于以下两个方面。

其一，本课题研究是思辨性与实证性研究相结合、理论与实践相结合的综合性研究。关于这一点，前述第 1 个小标题中的内容已经对其做了较详细的说明。这也就是说，我们在理论和实践两方面都下了相当大的功夫。由此，一方面，本课题研究对理论问题的研究更加系统、更加深入，能为学界的相关研究提供有益的依据或借鉴；另一方面，本课题针对河南省高校思想政治教育及社会主义核心价值观的培育与践行情况进行了较广泛的实证问卷调研和面对面访谈，从而对其中存在的问题进行成因分析，并进行相应的对策研究，以图对构建科学有效的高校思想政治教育工作模式有较强的借鉴作用，为提升高校思想政治教育工作水平出谋划策，为培养推进中原崛起的高素质人才发挥其应有的作用。

其二，就理论研究本身而言，本课题组没有拘泥于狭窄的眼光，也没有拘泥于某一门学科，而是力图将历史、哲学、教育学、心理学、伦理学、马克思主义基本原理等多门学科的研究相互结合与融通，从而在更高的理论水平上阐释我们的理论观点，并力图能更好地指导、分析实证性研究。例如，在本书第七章的对策与建议中，我们提出的第一大方面的建议是"编写有省域特色的中华优秀传统文化与思想政治教育相融合的教材"，第二大方面的建议是"在马克思主义中国化的探讨中提升学生的认知与思维水平"，二者都涉及多门学科。本书的其他几部分，对多门学科也都有所涉及。

三　本课题研究的基础

本课题研究的基础主要有三个方面。

其一，具有一支学术实力较强的研究团队。团队首席专家李申申老师是有深厚教学基础与学术研究资历的二级教授、博士研究生导师，几十年来兢兢业业、不辞辛劳。她的教学深受广大学生推崇与喜爱，她本人也深受学生尊敬与爱戴。在学术上，她理论功底较深厚，学术视野开阔，学术成果丰硕，在思想政治教育和社会主义核心价值观的培育与践行方面具有较丰富的经验。团队主要成员均具有研究生（含博士研究生和硕士研究生）学历，且都在高校从事人才培养、教学、科研和思想政治教育工作，具有较强的研究能力和积极进取的精神。因此，在课题负责人李申申教授的带领下，本课题研究团队定会拿出较有分量的研究成果，从而对河南省思想政治教育工作起到较大的推动作用。

其二，积累了较为厚实的前期理论研究成果基础。由于本课题组成员对多门学科进行了较深入钻研，并力图使多门学科相互结合与融通，所以较为厚实的理论基础也就成为本课题研究的相对优势之一。例如，本课题负责人李申申教授对包括中原文化在内的中华优秀传统文化进行多年的探索和研究，发表了不少相关成果，因此如何将中原优秀传统文化融入河南省高校思想政治教育工作之中，对此方面的探讨应该说也是本课题组的相对优势之一。课题组将在此方面着力进行探讨，拿出更切实际的方案，为进一步提升河南省思想政治教育工作的质量提出更有特色的对策与建议。

其三，获批了国家社会科学基金教育学重大招标课题"高校培育和践行社会主义核心价值观长效机制研究"，这成为本课题研究的坚实基础。国家级重大课题项目的获批，为本课题的研究乃至本书的撰写奠定了坚实的基础。这一课题的获批，成为我们潜心进行理论研究的极大动力，也成为我们不辞辛苦进行问卷调研和对教师进行面对面访谈的极大动力。因此，我们不想随便应付经过努力获得的来之不易的重大课题，更不想随便应付思想政治教育及社会主义核心价值观的培育与践行这一关乎立德树人的十分严肃的重大问题。我们必全力以赴，我们必倾尽全部智慧，在造就和培养承担中华民族伟大复兴重任的一代新人，造就和培养社会主义伟大事业的建设者和接班人的道路上，奉献我们所有的力量。

四 本课题研究的思路

前已述及，本课题研究是思辨性与实证性研究相结合、理论与实践相结合的综合性研究，以实证研究为主。

在理论研究方面，本课题着眼于对多门学科的结合与融通，力求在更高水平上阐释理论观点，并力图能更好地指导、分析实证性研究。

在实证研究方面，本课题采用了问卷调研和实地访谈调研相结合的方式，在实证调研的基础上，对获得的调研数据和材料进行统计分析，然后在此基础上进行研讨，提出较为系统并具有特色的对策与建议。

首先，我们编印了两种类型包含六套的调研问卷，用以全面调研河南省高校思想政治教育工作和社会主义核心价值观培育和践行情况。

其次，我们选取几所学校进行实地访谈调研，通过与高校一线教师和思政工作人员进行面对面接触和交流访谈，获得更加直观的调研情况。

再次，我们对调研问卷和访谈资料进行统一整理、统计与分析，以呈现河南省高校思想政治教育工作和社会主义核心价值观培育和践行的基本情况，发现其中存在的问题，分析问题产生的原因。

最后，我们在充分调研与分析的基础上，提出相应的对策建议，以期为河南省高校思想政治教育工作和社会主义核心价值观培育和践行工作的提升提供有价值的依据、参考和借鉴。

第二章 高校思想政治教育基本情况调研（学生部分）

一 思想政治教育调研问卷的编印

为全面了解高校思想政治教育实际情况，课题组首先以大学生群体为调研对象进行了调研问卷的编制工作。

2017年2月，在李申申教授的组织带领下，课题组随即启动了学生调研问卷的编制。在课题立项之前，课题组已有半年多时间在做前期准备和积累工作，此次问卷编制历时两个多月，先后召开近十次问卷编制研讨会，对问卷调研目的、调研思路、问卷题目内容等进行充分研究，最终于2017年6月完成了《高校思想政治教育调查问卷》的编制工作。

《高校思想政治教育调查问卷》主要面向河南省高校大学生群体进行调研，目的是详细了解河南省高校思想政治教育实施过程和基本现状。在问卷编制之后，课题组印制问卷5000份，后根据调研需要先后加印2次（分别加印500份、200份），最终该问卷共印制5700份用于实际调研。

二 思想政治教育问卷调查的开展

根据课题研究需要和计划安排，课题组经过讨论并与有关高校参与支持调研人员进行多次协商，决定学生问卷调研工作于 2017 年 9 月正式展开，至 2018 年 1 月全部结束。调研基本情况如下。

（一）调研学校、问卷发放与回收和有效问卷录入情况

《高校思想政治教育调查问卷》调研高校共计 26 所，具体高校名单、发放问卷数、回收问卷数、有效问卷数见表 2－1。

表 2－1　河南省高校思想政治教育情况调查高校及问卷情况

单位：份

序号	学校名称	发放问卷数	回收问卷数	有效问卷数
1	华北水利水电大学	200	187	169
2	南阳师范学院	200	195	182
3	河南财政金融学院(原河南财税高等专科学校)	200	183	156
4	郑州旅游职业学院	200	196	167
5	郑州师范学院	200	194	179
6	河南工业大学	200	175	165
7	许昌学院	200	160	149
8	河南牧业经济学院	200	197	185
9	郑州大学	200	183	183
10	河南科技大学	200	196	182
11	郑州工程技术学院	200	200	192
12	安阳工学院	200	191	181
13	中原工学院	202	202	195
14	南阳理工学院	200	200	171
15	河南大学(系多次发放合计结果)	584	577	558
16	黄河水利职业技术学院	300	296	259
17	开封大学	200	130	108
18	三门峡职业技术学院	200	187	150
19	驻马店职业技术学院	200	183	169
20	河南农业大学	200	191	181
21	信阳师范学院	200	197	191
22	开封文化艺术职业学院	200	192	170
23	商丘师范学院	200	198	187

续表

序号	学校名称	发放问卷数	回收问卷数	有效问卷数
24	洛阳师范学院	200	190	180
25	周口师范学院	200	199	180
26	河南财政金融学院（原河南教育学院）	200	191	169
	合计	5686	5390	4958

注：序号排名不分先后；发放问卷数是指问卷印制后交由调研高校的问卷的数量（该数量一般为整数，部分高校由于发放数量有微小误差而出现零数，因在列入本表时以事实为准，故有整有零）；回收问卷数是指问卷回收时的数量，个别高校由于特殊原因回收数与发放数差别稍大，在此按实际情况列出，这从一定程度上反映了本调研的工作量；有效问卷数是指对回收问卷进行甄别后录入统计系统、能够用于统计的有效问卷数量；河南财政金融学院是最近一年合并的高校，当时校区还没有深度融合（处于一校两处办公状态），调研时问卷发放在不同校区内，故表中有原河南财专和河南教育学院的区分。

（二） 调研对象基本情况统计

思想政治教育工作情况调研的具体对象包括本科生、专科生、研究生三个层次的在校大学生，其性别比、年级、政治面貌、专业类别、生源地、是否学生干部、是否独生子女等基本信息如表2-2～表2-8所示。

表2-2 河南省高校思想政治教育专题调研对象性别及比例

单位：人，%

性别选项	小计	比例
1. 男	1796	36.22
2. 女	3162	63.78
合计	4958	100

表2-3 河南省高校思想政治教育专题调研对象年级及比例

单位：人，%

年级选项	小计	比例
1. 大一	803	16.20
2. 大二	2459	49.60
3. 大三	1224	24.69
4. 大四	353	7.12

续表

年级选项	小计	比例
5. 硕一	51	1.03
6. 硕二	38	0.77
7. 硕三	22	0.44
8. 博一	1	0.02
9. 博二	5	0.10
10. 博三及以上	2	0.04
合计	4958	100

表 2 - 4　河南省高校思想政治教育专题调研对象政治面貌情况及比例

单位：人，%

选项	小计	比例
1. 中共党员	218	4.40
2. 共青团员	4569	92.15
3. 其他	171	3.45
合计	4958	100

表 2 - 5　河南省高校思想政治教育专题调研对象所在专业类别及比例

单位：人，%

专业选项	小计	比例
1. 人文社科	1622	32.71
2. 理工农医	1834	36.99
3. 体育艺术	520	10.49
4. 军警国防	11	0.22
5. 其他	971	19.58
合计	4958	100

表 2 - 6　河南省高校思想政治教育专题调研对象生源地及比例

单位：人，%

生源地选项	小计	比例
1. 农村	3043	61.38
2. 中小城市（县城、地级市）	1628	32.84
3. 大城市（省会级城市）	287	5.79
合计	4958	100

表 2 - 7　河南省高校思想政治教育专题调研对象是否为学生干部情况及比例

单位：人，%

是否学生干部	小计	比例	
1. 是	1479		29.83
2. 否	3479		70.17
合计	4958	100	

表 2 - 8　河南省高校思想政治教育专题调研对象是否为独生子女情况及比例

单位：人，%

是否独生子女	小计	比例	
1. 是	1076		21.70
2. 否	3882		78.30
合计	4958	100	

由表 2 - 2 到表 2 - 8 可以看出，在调研对象的性别上，男女生均占一定相当的比例，女生比例较大些；在年级分布上，本科大二是主体，几乎占据一半，其次是本科大一和大三，共占比例超过 40%；在学生政治面貌上，党员数量较少，占比为 4.4%，团员数量较多，超过了 90%；在专业类别方面，主要是理工农医和人文社科类，二者分别占 36.99%、32.71%，合计近 70%；在生源方面，来自农村的大学生占比超过 60%，来自市县级城市的大学生占比超过 30%；在调研学生中，学生干部的比例接近 30%；在关于是否为独生子女的调查情况中，独生子女和非独生子女比例基本为 1 : 4。

三　思想政治教育问卷调查内容统计与分析

《高校思想政治教育调查问卷》共 35 题，有 34 个客观题（含 3 个评价题）和 1 个主观题。从问卷设计内容和调研情况看，本次调查涉及内容比较全面，获得了比较有价值的调查结果。下文主要分为六个方面，即思想政治教育内容的调研与分析，思想政治教育影响的调研与分析，大学生的道德素质状况，高校思政课授课情况，高校思政教育组织与管理情况，大学生对思政教育的认识、评价与建议。首先对每一方面调查内容的调查结果情况进行呈现，然后进行总体性分析，大致梳理了河南省高校思想政治教育的基本情况和面貌。

（一）思想政治教育内容的调研与分析

表2-9为我们呈现了当前河南省高校思想政治教育内容的主要方面。我们主要从两个角度进行统计分析。

1. 思想政治教育内容包含的具体方面

从表2-9可以看出，思想政治教育内容比较丰富，涵盖许多具体方面。80%以上的学生都基本认为思想政治教育内容包括道德素质，政治教育，价值观、世界观、人生观，爱国主义；接近80%的学生认为思想政治教育内容还包括法制观念教育、心理健康等；大家对传统文化也持比较肯定的态度，63.17%的学生认为思想政治教育内容中包括传统文化，这说明大多数学生注意到了思想政治教育内容的传统文化教育成分。

2. 思想政治教育内容具体方面之间的比较

从表2-9还可以看出，思想教育内容所包含的这几方面之间相比较而言，大多数学生还是认为，思想政治教育内容更多的主要还是包括道德素质、政治教育这些传统内容方面，这是更多人提及思想教育内容时首先想到的方面。虽然也有较多（达到了70%左右）的人认为，思想教育内容也包括心理健康教育、传统文化教育两方面，但这两方面不如道德素质、政治教育而广为学生想到，这也相对表明这两方面的分量还较小，还略显薄弱。

表2-9　河南省高校思想政治教育内容

单位：人，%

思想政治教育选项	小计	比例
A. 政治教育	4321	87.15
B. 道德素质	4455	89.85
C. 法制观念	3903	78.72
D. 心理健康	3772	76.08

续表

思想政治教育选项	小计	比例
E. 传统文化	3132	63.17
F. 爱国主义	4001	80.70
G. 价值观、世界观、人生观	4002	80.72
调研数量	4958	

（二）思想政治教育影响的调研与分析

表 2-10～表 2-15 为我们呈现了当前河南省高校思想政治教育对大学生成长与发展各个方面产生的影响的情况。

表 2-10　思想政治教育对提高大学生道德素质的作用

单位：人，%

选项	小计	比例
A. 非常大	1022	20.61
B. 较大	2285	46.09
C. 一般	1525	30.76
D. 较小	126	2.54
合计	4958	100

表 2-11　思想政治教育对增强大学生法制观念的作用

单位：人，%

选项	小计	比例
A. 非常大	953	19.22
B. 较大	2269	45.76
C. 一般	1587	32.01
D. 较小	149	3.01
合计	4958	100

表 2-12　思想政治教育对提高大学生心理素质的作用

单位：人，%

选项	小计	比例
A. 非常大	912	18.39
B. 较大	1990	40.14
C. 一般	1825	36.81
D. 较小	231	4.66
合计	4958	100

表 2 - 13 思想政治教育对大学生树立人生观、价值观、世界观的作用

单位：人，%

选项	小计	比例
A. 非常大	1060	21.38
B. 较大	2234	45.06
C. 一般	1483	29.91
D. 较小	181	3.65
合计	4958	100

表 2 - 14 思想政治教育对大学生了解国家政策、方针的作用

单位：人，%

选项	小计	比例
A. 非常大	924	18.64
B. 较大	2128	42.92
C. 一般	1646	33.20
D. 较小	260	5.24
合计	4958	100

表 2 - 15 思想政治教育对大学生的帮助情况

单位：人，%

选项	小计	比例
A. 提高道德素养	4097	82.63
B. 增强爱国意识和民族自豪感	3917	79.00
C. 增强法制观念	3704	74.71
D. 完善人生观、价值观、世界观	3824	77.13
E. 促进心理健康	3517	70.94
F. 继承和弘扬中华优秀传统文化	3079	62.10
G. 提高思想政治水平	3340	67.37
H. 其他	131	2.64
调研数量	4958	

1. 思想政治教育对大学生成长各方面的影响作用情况

从表 2 - 10 到表 2 - 15 可以看出，当前高校思想政治教育对大学生身

心成长与发展、各种素质养成的影响与作用，在整体上是较好或很好的。具体来说，60%以上的大学生认为，思想政治教育对他们的道德素质形成，法制观念的增强，心理素质的提高，人生观、价值观、世界观的树立和完善，以及时事政策教育作用和政治思想水平提高，等等，总体上起到了较大甚至很强的作用。但从表2-10到表2-15也可以看出，有相当一部分（基本上是三分之一的比例）大学生群体认为，思想政治教育对他们的影响作用还是很一般的，有些甚至认为比较小。

2. 思想政治教育对大学生成长影响作用各方面之间的程度比较

思想政治教育对大学生成长发展的各个方面都产生了影响，但其对这些方面产生影响的程度相比较，还有一定差异。从表2-10～表2-15可以看出，60%以上的大学生均认为，通过思想政治教育工作，对他们提高道德素养、增强爱国意识和民族自豪感、增强法制观念、完善人生观价值观世界观、促进心理健康、继承和弘扬中华优秀传统文化、提高思想政治水平等各方面的成长，以及各种素质的提升均具有帮助。但是，对这几个方面在大学生中的影响作用程度相比较而言，对于这几个方面对大学生产生的作用效果大小，以及影响学生群体大小的情况来讲，分别是提高道德素养、增强爱国意识和民族自豪感、完善人生观价值观世界观、增强法制观念、促进心理健康、提高思想政治水平、继承和弘扬中华优秀传统文化。相对来说，思想政治教育对更多大学生的心理健康的促进、提高思想政治水平、中华优秀传统文化的继承和弘扬的进一步提升所起的作用，还有更多的增强空间。

（三）大学生的道德素质状况

表2-16显示了大学生对当今大学生群体道德素质状况的认识，从表2-16可以看出：认为整体非常好的比例为6.64%，不足10%，比例比较小；近60%的人认为大学生道德素质整体较好；而认为大学生群体道德素质整体一般的比例为33.26%，基本达到了三分之一之多。由此也可以看出，虽然大多数人对当今大学生群体道德素质持肯定态度，但这一比例也就基本达到65%（不到三分之二），而认为大学生群体道德素质一般化的比例接近三分之一。这样的认识情况十分值得我们关注。

表 2 - 16　当今大学生的道德素质状况

单位：人，%

选项	小计	比例	
A. 整体非常好	329		6.64
B. 整体较好	2886		58.21
C. 整体一般	1649		33.26
D. 整体较差	94		1.90
合计	4958	100	

（四）高校思政课授课情况

我们这里所说的思政课，也就是指我国现阶段在普通高校开设的马克思主义理论课和思想政治教育课专门课程。思政课是高校开展思想政治教育的主渠道之一，具有重要的地位和作用。高校思政课开设情况也是本课题调研的重点内容之一。表 2 - 17 到表 2 - 24 的统计数据为我们呈现了当前河南省高校思政课开展的基本情况。

表 2 - 17　高校思想政治课的主要教学目的

单位：人，%

选项	小计	比例	
A. 提高学生思想政治素质	2751		55.49
B. 传授思政课本的知识	832		16.78
C. 提升学生道德修养	925		18.66
D. 完成教育主管部门任务	450		9.08
合计	4958	100	

表 2 - 18　思政课任课教师的授课内容与社会现实问题的结合情况

单位：人，%

选项	小计	比例	
A. 经常结合	1378		27.79
B. 较多结合	3009		60.69
C. 很少结合	552		11.13
D. 从未提及	19		0.38
合计	4958	100	

表 2-19　思政课任课教师的授课内容涉及中国传统文化的情况

单位：人，%

选项	小计	比例
A. 非常多涉及	644	12.99
B. 较多涉及	2838	57.24
C. 较少涉及	1435	28.94
D. 没有涉及	41	0.83
合计	4958	100

表 2-20　思想政治课的内容编排的合理性

单位：人，%

选项	小计	比例
A. 非常合理	703	14.18
B. 比较合理	3576	72.13
C. 不太合理	631	12.73
D. 非常不合理	48	0.97
合计	4958	

表 2-21　激发思想政治课学习积极性的因素

单位：人，%

选项	小计	比例
A. 课程内容丰富,兼顾趣味性	3995	80.58
B. 课程知识对自己有用	2858	57.64
C. 课堂环境宽松,与学生互动灵活	3120	62.93
D. 任课老师语言具有艺术性,课堂不枯燥	3521	71.02
E. 任课老师个人魅力	2637	53.19
F. 教育手段多样化	2156	43.49
G. 老师考前会划重点,给分高	1162	23.44
H. 其他	67	1.35
调研数量	4958	

表 2-22　思政课老师的授课方式

单位：人，%

选项	小计	比例
A. 以讲授课本内容为主	3218	64.91
B. 能结合实例或补充资料讲授	3609	72.79
C. 组织课堂讨论	2258	45.54
D. 经常让学生授课	946	19.08

续表

选项	小计	比例	
E. 组织课堂游戏或其他活动	1083		21.84
F. 组织观看视频资料	2676		53.97
G. 其他	43		0.87
调研数量	4958		—

表 2 - 23　思政课上对大学生表达的个人观点予以尊重的教师数量

单位：人，%

选项	小计	比例	
A. 大多数老师	2799		56.45
B. 部分老师	1188		23.96
C. 少数老师	345		6.96
D. 未表达过个人观点	626		12.63
合计	4958	100	

表 2 - 24　大学生在思想政治课上的学习情况

单位：人，%

选项	小计	比例	
A. 积极主动地理解老师教授的内容	1954		39.41
B. 遇到自己喜欢的内容会认真听	2198		44.33
C. 被动听课，为了应付考试	382		7.7
D. 在课上做其他事情，考前突击	320		6.45
E. 经常逃课，考前突击	54		1.09
F. 对于上课和考试都无所谓	50		1.01
合计	4958	100	

从表 2 - 17 到表 2 - 24 可以看到，本课题调研主要关注了高校思政课开设中的以下几个主要方面和其现实状况，这些方面在一定程度上显示了当前高校思政课出现的问题或存在的困境。

1. 大学生对高校开设思政课的主要教学目的的认识

高校思政课开设的目的肯定不止一个，这些目的是综合性的。本问卷中列举了几种大家认为的主要开设目的的选项，让学生回答自己所认为的

（最）主要的开设目的，这种问卷设计也是有意让大学生对思政课最主要、最根本的教学目的进行思考认识，让他们表达自己所认识的、现实正在接受的思政课开设的主要教学目的是什么。调研结果显示，超过五成的大学生认为思政课开设的主要目的还是提高学生思想政治素质；有近两成的大学生认为思政课开设的主要目的是提升学生道德修养；而有一定数量（比例达到了27.74%）的大学生认为，思政课开设的主要目的是传授思政课本的知识（比例为18.66%）或完成教育主管部门的任务（比例为9.08%）。这是值得我们关注的方面。

2. 高校思政课授课内容

关于高校思政课中的具体授课内容情况，我们主要调研考察了三个方面的主要问题：一是思政课任课教师授课内容与社会现实问题的结合情况，调查结果显示，当前的思政课授课内容能够较多地或经常性地与社会现实问题相结合（这一认同比例达到88%），这也肯定了思政课对社会现实性的关照问题；二是任课教师授课中涉及中国传统文化的情况，调查结果显示，超过70%的人认为或者比较肯定当前思政课授课中非常多或较多涉及了中国传统文化内容，但也还有近三成的大学生反映思政课教学内容中较少或未涉及中国传统文化；三是思政课内容编排的合理性问题，86%以上的大学生认为思政课内容编排还是比较合理的，这也肯定和反映了当前思政课内容改革的成效，但也有超过10%的大学生认为思政课内容编排还不够合理。

3. 思政课授课具体情况

一是本调研关注了激发思想政治课学习的积极性因素方面。从表2-21可以看出，激发思想政治课学习的积极性因素主要集中体现在课程内容、任课教师授课语言、课堂环境、教学有效性、任课教师个人魅力等诸方面。这几个方面值得思政课教学的深入研究。这几个方面最突出、最明显的因素在于，或者可以归结为两大方面，即课程内容和任课教师的教学方面。二者暗含着辩证关系，即需要有内容还需要有教学，内容与教学即课程与师资问题应该还是思政课教学中最重要的问题。此外，有23%的大学生还存在对思政课考试具有功利性认识的问题。

二是关于思政课老师的授课方式调查。统计结果显示，70%左右的大学生认为任课教师的主要授课方式是课程讲授与实例案例分析相结合，有较多的大学生认为讨论形式或活动形式进一步丰富了授课方式，这也说明思政课教学需要充实资料、丰富素材，避免沦为说教，要融合更多材料，只有这样才能让思政课更加"有味""有趣""有吸引力""有实效"。

三是通过对思政课上对大学生表达个人观点予以尊重的教师数量进行调查，我们可以看出，56%的大学生认为大多数老师还是能够尊重学生表达个人观点的，这体现了课堂教学具有一定的民主性，但这一比例并不十分高。而且调查也显示，思政课上还有"沉默的一部分学生"，这没有体现出思政课的思想性互动的一面。

4. 大学生思想政治课的学习情况

关于学习思政课情况的调查，我们是一种整体性的调研，从问卷的选项中可以看出，我们主要调研考察了学生听课情况、上课纪律情况、对待考试与学习情况。通过调查分析得知，大学生思想政治课的学习整体情况良好，80%以上的大学生能够积极主动地理解老师教授的内容或遇到自己喜欢的内容会认真听课，但也有16%的大学生存在消极应对思政课学习的现象。

（五）高校思政教育组织与管理情况

这一方面内容的调查情况如表2-25到表2-32所示，从中我们进行了总结分析。对于高校思政教育组织与管理情况，我们主要从以下几个方面进行了调研。

1. 关于高校辅导员和党团部门老师与学生之间的关系

从表2-25可以看出，近四成的大学生认为高校思政工作的老师与学生之间关系密切，注重帮助学生成长；而超过一半的大学生认为高校思政工作的老师与学生之间关系一般，主要在于布置工作、传达文件、组织活动等方面；甚至超过10%的大学生认为高校思政工作的老师与他们之间的关系不容乐观。师生关系是教育中的最重要的关系，关系紧张、关系不容乐观，尤其是辅导员和党团部门老师，对学生思想成长和素质养成的影响，会直接投射和影响大学生今后的社会关系营造。调查结果显示，尽管这种不乐观的情况的比例小，但也超过了10%，十分值得我们注意。

2. 关于高校思想政治教育组织实践活动情况

从表2-26可以看出，近四成的大学生认为高校组织思想政治教育活动较多，而近一半的学生则认为组织活动情况一般，有超过10%的学生则觉得组织活动很少。这一方面反映了高校组织思想政治教育活动虽然达到一定要求，但还有提高的空间；另一方面也反映了组织活动覆盖面不是很大，部分大学生参与性较低。

3. 关于高校进行思想政治教育的主要途径

从表2-27、表2-28调研显示情况和对比情况可以看出，高校实际中进行思想政治教育的途径主要是思政课程、党团活动、年级班会、讲座等，社会实践活动和网络途径也是其中的重要途径。而大学生更愿意接受的思想政治教育途径排在第一位的是开展社会实践活动，当然近四成的大学生认识到思政课程的重要性和必要性。此外，许多大学生也更愿从网络和讲座途径接受思想政治教育。这说明这几种途径各有优势，需要各高校根据实际情况综合运用。再者，结合表2-29、表2-30又可以看出，大学生一方面愿意接受党团活动这种形式或途径，但也反映了党团活动不能很好内化于学生心里，使其从根本上愿意接受，这方面仍需改进，而较多学生更乐意接受社会实践活动这种途径，反映了社会实践活动虽然总体上效果不错，但其意义和价值仍需进一步提升。

针对互联网时代，高校如何占领网络阵地加强思想政治教育也是一项重要课题，从表2-31可以看出，目前高校已经较为重视网络平台对于思想政治教育的宣传和教育作用，但重视程度还不够，还有待进一步加强。

4. 关于高校的校园文化建设

高校校园文化建设涉及的内容也很多，我们主要调研了当前高校校园文化建设中涉及中国传统文化的情况。表2-32调查数据显示，当前高校校园文化建设中比较重视传统文化进校园建设，大部分大学生认为校园文化建设涉及中国传统文化的因素比较多，但还有30%之多的大学生认为校园文化建设对中国传统文化还是较少涉及或涉及不够，这值得我们关注。

表 2 - 25　高校辅导员和党团部门老师与学生的关系情况

单位：人，%

选项	小计	比例	
A. 关系亲密,注重帮助学生成长	1826		36.83
B. 关系一般,主要在于布置工作、传达文件、组织活动	2613		52.70
C. 关系淡漠,交流少	460		9.28
D. 关系较差,学生有抵触情绪	59		1.19
合计	4958		100

表 2 - 26　大学生参加高校组织的思想政治教育活动的情况

单位：人，%

选项	小计	比例	
A. 经常	398		8.03
B. 较多	1521		30.68
C. 一般	2451		49.44
D. 较少	588		11.86
合计	4958		100

表 2 - 27　高校进行思想政治教育的主要途径

单位：人，%

选项	小计	比例	
A. 思政课程	3798		76.60
B. 党团活动	2998		60.47
C. 年级或班会	3126		63.05
D. 社会实践活动	2282		46.03
E. 网络	1577		31.81
F. 讲座	2484		50.10
G. 其他	62		1.25
调研数量	4958		

表 2 - 28　大学生更愿意接受的思想政治教育途径

单位：人，%

选项	小计	比例	
A. 思政课程	1886		38.04
B. 党团活动	1660		33.48
C. 年级或班会	1530		30.86
D. 社会实践活动	3459		69.77

续表

选项	小计	比例
E. 网络	1950	39.33
F. 讲座	1870	37.72
G. 其他	76	1.53
调研数量	4958	

表 2－29　大学生对所在学校进行的党团活动的看法

单位：人，%

选项	小计	比例
A. 高效且有意义	1081	21.80
B. 尚可接受	2961	59.72
C. 枯燥,浪费时间	748	15.09
D. 无所谓,不关心	168	3.39
合计	4958	100

表 2－30　大学生对所在学校思想政治教育组织的实践活动的看法

单位：人，%

选项	小计	比例
A. 非常有意义	843	17.00
B. 比较有意义	2305	46.49
C. 一般	1614	32.55
D. 意义不大	196	3.95
合计	4958	100

表 2－31　高校开设的网络平台对于思想政治教育的宣传频次

单位：人，%

选项	小计	比例
A. 非常多	482	9.72
B. 较多	2049	41.33
C. 一般	2110	42.56
D. 较少	317	6.39
合计	4958	100

表 2 - 32　　高校的校园文化建设中涉及中国传统文化的情况

单位：人，%

选项	小计	比例	
A. 非常多涉及	669		13.49
B. 较多涉及	2713		54.72
C. 较少涉及	1531		30.88
D. 没有涉及	45		0.91
合计	4958	100	

（六）大学生对思政教育的认识、评价与建议

为了更深入地了解和探讨高校思想政治教育的有关问题，我们设计了部分问题用来调研大学生对思政教育工作本身的认识、评价与建议等情况，主要有两个目的，一是从理论上进一步探讨如何更好地深入开展思想政治教育工作，二是从大学生角度获得他们对高校思政教育工作的总体性评价，为我们进一步反思和改进高校思想政治教育实践提供现实支撑。这一方面内容的具体调研情况如表 2 - 33 ~ 表 2 - 39 和图 1 - 1 ~ 图 1 - 4 所示。

1. 关于大学生对思想政治教育工作有关问题的认识

本问题的调研主要从以下三个方面展开。

一是对当前高校思想政治教育中存在的主要问题的认识。从表 2 - 33、表 2 - 34 可以看出，当前高校思想政治教育工作中较为突出的问题依次是：学生参与度不高、内容枯燥乏味、缺乏浓厚的校园氛围、脱离学生实际需要、缺乏良好的社会环境、教育过程流于形式、不考虑学生个体差异等。调查结果显示，产生这些问题的原因主要在于：思想政治教育的吸引力不足、社会环境复杂、思想政治教育不能内化于心、网络对思想政治意识的淡化、外来文化对价值观的冲击，当然也与高校对思想政治教育本身不够重视、校园风气不良、教师队伍建设不够有一定关系。

二是优秀传统文化与思想政治教育之间的关系问题。从表 2 - 35、表 2 - 36 可以看出，大部分大学生认识到我国优秀传统文化与思想政治教育

之间具有密切的联系，具体表现在我国优秀传统文化为思想政治教育提供大量史料、提供民族精神传承的土壤、促进思想政治教育的创新上，思想政治教育应当与我国优秀传统文化融为一体，尤其是我国优秀传统文化为思想政治教育提供民族精神传承的土壤，这一观点得到了绝大部分大学生的高度认同。调研进一步指出，优秀传统文化融入思想政治教育创新的途径主要有：营造校园环境、举办各种主题活动、充分利用新媒体以及加强课程建设等。

三是大学生对思想政治教育工作者需要具备有关知识素质的问题看法。这一调研问题主要考察了大学生对思想政治教育工作者是否需要学习心理辅导知识技能的认识。从表 2-37 可以看出，近 30% 的大学生认为思想政治教育工作者学习心理辅导知识技能这一点非常需要，近 45% 的大学生认为比较需要，这两种比较肯定的认识比例已达到 74%，而且 24% 的大学生还认为有一定需要，这说明大学生十分呼吁思想政治教育工作者学习和具备较好的心理辅导知识技能，这也反映了思想政治教育工作者在实际教育工作中掌握较好的心理辅导知识技能的必要性和重要性，表明了大学生迫切需要具有良好心理素质和心理教育与辅导能力的辅导员带领和引导他们健康成长。

表 2-33　当前高校思想政治教育中存在的主要问题

单位：人，%

选项	小计	比例
A. 缺乏良好的社会环境	2129	42.94
B. 缺乏浓厚的校园氛围	2417	48.75
C. 脱离学生实际需要	2157	43.51
D. 不考虑学生个体差异	1768	35.66
E. 内容枯燥乏味	2464	49.70
F. 学生参与度不高	3126	63.05
G. 教师队伍水平不一	870	17.55
H. 教育过程流于形式	1893	38.18
I. 其他	46	0.93
调研数量	4958	

表 2 - 34　高校思想政治教育存在问题的原因

单位：人，%

选项	小计	比例
A. 校园风气不良	1144	23.07
B. 社会环境复杂	2415	48.71
C. 网络对思想政治意识的淡化	2262	45.62
D. 外来文化对价值观的冲击	2070	41.75
E. 思想政治教育不能内化于心	2406	48.53
F. 对思想政治教育不够重视	1677	33.82
G. 思想政治教育的吸引力不足	2653	53.51
H. 教师队伍建设不够	669	13.49
I. 其他	44	0.89
调研数量	4958	

表 2 - 35　大学生对我国优秀传统文化与思想政治教育之间的关系的认识

单位：人，%

选项	小计	比例
A. 我国优秀传统文化为思想政治教育提供大量史料	3013	60.77
B. 我国优秀传统文化为思想政治教育提供民族精神传承的土壤	4030	81.28
C. 我国优秀传统文化促进思想政治教育的创新	2967	59.84
D. 思想政治教育应当与我国优秀传统文化融为一体	2624	52.92
调研数量	4958	

表 2 - 36　优秀传统文化融入思想政治教育创新的途径

单位：人，%

选项	小计	比例
A. 营造校园环境	3828	77.21
B. 加强课程建设	2960	59.70
C. 举办各种主题活动	3599	72.59
D. 充分利用新媒体	3096	62.44
E. 其他	74	1.49
调研数量	4958	

表2-37　大学生对思想政治教育工作者是否需要学习心理辅导的知识技能的认识

单位：人，%

选项	小计	比例	
A. 非常需要	1463		29.51
B. 比较需要	2208		44.53
C. 有一定需要	1204		24.28
D. 无所谓	83		1.67
合计	4958	100	

2. 关于大学生在思想政治教育视野下的自我认识问题

思想政治教育对大学生的学习生活及其成长发展具有重要的影响，成为他们学习生活重要的组成部分。本调研主要考察了大学生在思想政治教育视野下对思想教育影响及其自身发展的自我认识问题。

一方面，关于思政政治教育对大学生学习生活的地位和影响问题，如表2-38所示，65%以上的大学生认为思想政治教育在大学生的学习生活中占有非常重要或比较重要的地位，而超过30%的大学生认为思想政治教育在其学习生活中地位一般，当然还有个别大学生认为思想政治教育在其学习生活中可有可无，尽管这部分比例较小，但是我们认为，即便有1人，高校思想政治教育工作者和全体教育者都不可小觑，毕竟面对复杂现实社会影响和信息化多元化社会影响，任何一名大学生的成长与发展若出现一定问题，那对他就是100%的影响。

另一方面，在思想政治教育视野下，通过调研，我们也看到了许多大学生认识到自己所在的大学生群体存在的不足。从表2-39可以看出，大学生认为他们（大学生群体）存在的最主要的几种不足分别是：首先是社会经验不足、缺乏集体意识、心理素质较差、缺乏责任感、自我中心，其次是缺乏艰苦奋斗精神、适应能力差，最后是理想信念缺乏、道德观念淡薄、价值取向偏离等。这些不足尤其是首先提到的最主要的这几种不足，为很大一部分同学所认同。这也反映了高校在思想政治教育实际工作中应着重加强的方面。

表 2 - 38　当前思想政治教育在大学生的大学学习生活中占有的地位

单位：人，%

选项	小计	比例
A. 非常重要	875	17.65
B. 比较重要	2356	47.52
C. 一般	1565	31.57
D. 可有可无	162	3.27
合计	4958	100

表 2 - 39　目前大学生群体普遍存在的不足

单位：人，%

选项	小计	比例
A. 心理素质较差	2721	54.88
B. 缺乏集体意识	2832	57.12
C. 缺乏责任感	2687	54.20
D. 适应能力差	1965	39.63
E. 社会经验不足	3383	68.23
F. 道德观念淡薄	1842	37.15
G. 自我中心	2560	51.63
H. 缺乏艰苦奋斗精神	2428	48.97
I. 价值取向偏离	1398	28.20
J. 理想信念缺乏	1875	37.82
K. 其他	91	1.84
调研数量	4958	

3. 关于大学生对当前高校思政教育情况的总体性评价

本次调研数量为 4958 人次，评议者对各项指标打分从最低 1 分至最高 10 分，评分在 1 ~ 4 分属于较低，评分在 5 ~ 7 分属于中等稍好，评分在 8 ~ 10 分的属于很好。具体评分情况见图 2 - 1 到图 2 - 3 所示，图中的横轴为评分等级、纵轴为评分比例，柱状图显示该评分下的具体比例。

一是对思政教育的内容的整体评分。如图 2 - 1 所示，评分为 8 分以上的比例达到了 48.21%，接近 50%；评分在 5 ~ 7 分的比例为 46.06%，比较接近 50%；评分在 1 ~ 4 分的比例为 5.72%，较少一些。这说明大学生比较肯定思政教育的内容，但优秀率并不很高，一般程度的也占较大比例，思政教育的内容有待于进一步优化。

二是对当前高校思政教育方式的整体评分。如图2-2所示，评分为8分以上的比例达到了41.41%；评分在5～7分的比例为49.33%；评分在1～4分的比例为9.26%。同样，优秀率并不是很高，一般程度占比较大。

三是对当前高校思政教育工作者的整体评分。如图2-3所示，评分为8分以上的比例达到了57.48%，超过50%；评分在5～7分的比例为38.25%；评分在1～4分的比例为4.27%。与内容评分和教育方式评分相比较，大学生对思政教育工作者的评分优秀率上升，达到57%，这也是对思政教育工作者的肯定。

从以上三方面可以看出，高校思政工作在整体上值得被肯定，但还需要加强和提高，尤其是我们调研的这三个方面更需要进一步的优化和提升。

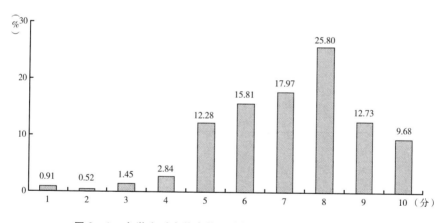

图2-1　大学生对当前高校思政教育内容的整体评分一览

4. 大学生对当前高校的思想政治教育工作建议的调查

本次调研设计了一个开放题，请参与调研的大学生谈谈对当前高校的思想政治教育工作的建议。本问卷调研数量共4958份，由于是开放题，需要调研对象写出具体的意见和建议的文字，有部分调研者并没有对此回答，但有相当一部分参与者对本题进行了很好的回答，这个比例

图2-2　大学生对当前高校思政教育方式的整体评分一览

图2-3　大学生对当前高校思政教育工作者的整体评分一览

从图2-4可以看出还是比较高的。从对他们原话的整理统计分析来看，他们回答的内容很丰富，有的语言十分中肯，有的语言言简意赅，有的语气充满期望，有的建议十分到位，这些都是他们比较自然的回答。经过对这些回答内容进行梳理和分类，通过统计分析工具进行处理，我们得到如图2-4所示的大学生对思想政治教育工作主要建议内容提出频次图表。图2-4中的横坐标为大学生提出的主要建议分类内容，纵坐标数字显示大学生对该建议的提出频次。由图2-4可以看出，大学生强烈呼吁高校在思想政治教育工作中多组织实施实践活动，通过丰富的活动形式更好地开展思想政治教育；强烈呼吁要提高学生参与度，让更多甚至全部学生更好地参与到各种思想政治教育中；切实呼吁高校开展思想政治教育要在教育方式多样化、注重创新、加强思想政治教育的趣味性、注重理论与现实相结合、营造良好氛围上多下功夫。

图 2－4　大学生对思想政治教育工作主要建议内容提出频次

第三章　高校思想政治教育基本情况调研（教师部分）

一　访谈基本情况

2018 年 5～7 月，为了更进一步获得第一手的资料，课题组开展了针对教师的访谈调研工作。在李申申教授的带领下，课题组分为两个访谈调研小组（一组是李申申、李小妮；另一组是陈永强、李志刚），对河南省五所高校即 A 大学、B 大学、C 大学、D 大学、E 大学，进行实地考察和访谈调研。

（一）访谈具体过程

一是访谈调研路径的选择。主要采取实地访谈的方式，即课题组成员深入这些高校，针对访谈对象进行面对面的访谈调研和实地考察。其中一所高校根据实际情况进行了委托访谈。

二是访谈调研对象的确定。通过比较熟悉和负责的高校联系人，抽取了这些高校中具有一定代表性的思政课教学和思政教育工作教师进行访谈。所选择的这些教师一般来说要具有一定的工作年限（高校教龄不能太短，至少 3 年及以上工作经历），比较热爱思政工作、认真负责，由此可以获得更多的、具有一定价值的信息材料。

三是访谈基本方式的选择。采用非结构化访谈方式，拟定一个主题，围绕主题展开访谈，目的在于营造宽松的访谈气氛，多方面获取有价值的信息材料。课题组拟定的访谈主题是：从您个人工作的角度谈一谈，您认为当前高校思想政治教育工作，以及培育和践行社会主义核心价值观，存在的主要问题是什么，或者最大的困惑是什么？并简述其中的原因；您对改进和提升高校思想政治教育工作，培育和践行社会主义核心价值观长效机制构建等，有哪些意见和建议？

（二）访谈记录情况

本次访谈采用无记名、开放式方式进行，记录下访谈对象的基本信息，包括姓氏、性别、年龄、教龄、职称、岗位或职务、本硕博等毕业学历及其专业和学校、从事思政工作或教学工作情况，以及访谈内容等。

访谈一共进行了16人。我们主要采用到所在高校进行实地考察、面对面访谈的方式。其中一所高校的一位访谈对象到河南大学出差，见到了课题组成员，我们随即对其进行了访谈，并列出一份调查提纲委托该访谈对象在其所在高校进行访谈，其他均是到访谈对象所在高校进行当面访谈，收到了很好的效果。每次访谈，访谈者和访谈对象都紧紧围绕中心问题进行充分的交流谈话，必要时进行追问和讨论，大家畅所欲言，尤其是听到了访谈对象对高校思政教育工作、思政课教学等各方面、全方位的看法，更多、更好地聆听了高校一线思政教学和工作人员的心声，发现了许多问题与困惑，收到了许多十分宝贵的意见和建议。为了更好地记录保存访谈内容，我们采用专门稿纸进行记录，共33页，整理成 Word 文档，字数达13000多字。

二 访谈内容及整理

（一）访谈对象基本信息

本次访谈共调研16人，访谈基本内容和信息整理如表3-1所示。

表 3 - 1　访谈对象基本信息

访谈对象代号	访谈学校	访谈对象	性别	年龄	教龄	职称	学历	岗位/职务	工作内容	备注
FT01	A 大学	C 老师	女	52	27	教授	硕士	思政课任课教师	主讲《毛泽东思想和中国特色社会主义理论体系概论》《中国近现代史纲要》	
FT02	A 大学	L 老师	男	50	26	讲师	本科	思政课任课教师	主讲《毛泽东思想和中国特色社会主义理论体系概论》《中国近现代史纲要》	
FT03	A 大学	H 老师	女	39	10	副教授	博士	思政课任课教师	主讲《思想道德修养与法律基础》《毛泽东思想和中国特色社会主义理论体系概论》	
FT04	A 大学	J 老师	男	40	16	副教授	博士	思政课任课教师	主讲《科学技术哲学》《形势与政策》	
FT05	B 大学	L 老师	女	39	10	讲师	硕士	思政课任课教师	主讲《思想道德修养与法律基础》	

续表

访谈对象代号	访谈学校	访谈对象	性别	年龄	教龄	职称	学历	岗位/职务	工作内容	备注
FT06	B大学	Z老师	女	41	17	副教授	硕士	思政课、大学生就业与创业课任课教师	主讲《职业规划与职业素质养成训练》《思想道德修养与法律基础》《毛泽东思想和中国特色社会主义理论体系概论》	
FT07	B大学	H老师	男	45	12	讲师	硕士	思政课任课教师	思政课都教	
FT08	C大学	J老师	男	38	15	讲师	本科	思政课任课教师/学院办主任	主讲《马克思主义基本原理概论》《形势与政策》	
FT09	C大学	L老师	女	55	32	教授	本科	思政课任课教师	主讲《毛泽东思想与中国特色社会主义思想概论》	
FT10	C大学	Z老师	男	43	20	副教授	博士	思政课任课教师/校纪委办主任	主讲《形势与政策》	
FT11	C大学	C老师	女	35	5	副教授	博士	专业课任课教师	教育学	
FT12	D大学	N老师	女	33	5	讲师	硕士	思政教育工作者	学生工作办公室副主任/辅导员	

续表

访谈对象代号	访谈学校	访谈对象	性别	年龄	教龄	职称	学历	岗位/职务	工作内容	备注
FT13	D大学	L老师	女	38	16	副教授	硕士	思政课任课教师	主讲《中国近现代史纲要》《形势与政策》	
FT14	D大学	F老师	女	47	23	副教授	本科	专业课任课教师/教研室主任	主讲《普通心理学》《青少年心理发展与教育》	
FT15	E大学	W老师	男	38	16	副教授	博士	思政课任课教师	主讲《形势与政策》	
FT16	E大学	乙老师	男	55	31	教授	博士	思政课任课教师	主讲《马克思主义基本原理概论》	
合计	5所高校，16位老师，男7人、女9人，平均年龄43岁，高校教龄平均18年。									

注：访谈对象代号只是为了对其访谈内容整理分析时更方便一些；岗位或职务的分类包括思政课任课教师、专业课任课教师、思政教育（专职）工作者（即思想政治辅导员）、其他管理工作者（除辅导员之外的党群团学各岗位老师）；学历指最高学历。

从表 3-1 可以看出，在 16 位访谈对象中，男教师 7 人、女教师 9 人，他们平均年龄 43 岁，在高校的教龄平均为 18 年，教授 3 人、副教授 8 人、讲师 5 人，辅导员 1 人、专业任课教师 2 人，其余 13 人均为思政课一线任课教师，有的甚至从教达 30 余年。从面对面的访谈中我们清楚地感受到，他们对思政工作和思政课教学均十分认真投入、敬业上进，大多数承担繁重的思政课教学任务，部分教师主持多项思政课题研究，并获得教学、科研、师德等各种层次类别的奖励和荣誉称号。

（二）访谈内容整理

本次访谈采取非结构化方式，获取了十分丰富的信息资料，使我们较为直观、如同亲历、深刻地感受到我省高校思想政治教育工作和思政课教学的现实状况，也使我们多方面、多角度发现其中存在的一些问题。每位访谈对象还本着认真负责、爱岗敬业的精神与态度，向我们提出富有积极意义和现实价值的意见和建议。

为了更加清晰、深入地了解和分析访谈内容，我们对每一位访谈对象谈论的原始内容按照每句话表达一个意思的标准进行了梳理，列出了 261 条访谈信息，再对这些访谈信息中的每句话所包含的主题及其关键词进行基本梳理和厘定，统计分析于后。

我们根据访谈时的原始记录，较为详细清楚地呈现了我们与每位访谈对象进行谈话时所涉及的访谈内容，如表 3-2 所示。

表 3-2　河南省高校思想政治教育工作教师访谈调研内容

1. 访谈对象 FT01 的访谈内容 [第（1）～（13）条，共 13 条] （1）从（思政课）内容来看，交叉重叠多 （2）学生（对思政课）没有了新鲜感 （3）（思政课）知识弹性大，缺乏刚性要求 （4）学生几乎对所有的理论性、偏宏观的（思政课）课程都缺乏兴趣 （5）学生对（思政课）缺乏学习动力，或兴趣使然不愿学（随着性子不想学） （6）学生价值取向多元化

（7）大多数（思政课）教师实际上付出了比专业课教师更多的努力，而且对自己的要求也高于其他教师，尽管也有用各种科技手段吸引学生的做法，但成效难一概而论

（8）思政课教师还得以文化人、以理服人

（9）从哲学科学研究角度来看，思政课仍缺乏足以服人的研究成果，这使其沦为说教

（10）思政课的问题是全社会的问题，仅靠改革实在是思政课不能承受之重

（11）全社会需要共同营造重视思想政治教育、关注思想政治教育的氛围

（12）来源于网络等的各种各样的信息对思想政治工作产生极大影响

（13）需要（对网络等来源的信息）通过行政手段、技术手段加以甄别和处理，光靠思政老师效果并不好

2. 访谈对象 FT02 的访谈内容［第（14）～（23）条，共10条］

（14）学生对政治理论课学习的兴趣不高

（15）（学生）上课玩手机、做其他科作业，甚至睡觉的现象比较多

（16）（学生）迫于考勤压力，虽然旷课迟到的情况不多，但这种情况属于情非得已，一旦考勤放松，这种情况就会很快反弹

（17）（学生思政课的）作业抄袭、慕课刷课情况普遍

（18）部分（思政课）教师责任心不强，对学生上课情况不管不问

（19）部分（思政课）教师教学方法死板生硬，离开课件就不会上课

（20）学校相关负责领导和教学主管部门应该关注政治理论课教学，给予政治理论课足够的重视，比如在对其办公室的分配和教学的投入上，不能有歧视

（21）（思政课）教师要改变传统的教学方法，利用慕课等教学资源，采用课堂讨论、翻转课堂等形式，逐步改变学生上课被动接受知识的模式，调动学生学习的积极性

（22）改变大班上课情况，方便教学各环节的开展和对学生课堂学习进行管理

（23）允许老师对教学过程和方法进行探讨，不被条条框框所约束

3. 访谈对象 FT03 的访谈内容［第（24）～（31）条，共8条］

（24）课程内容变动大，让老师和学生有应接不暇之感。有的教材几乎每两年变动一次，每一次教材修改都要对教学内容进行较大改动

（25）老师备课量较大

（26）课程内容的变化也会对教育内容的稳定性、系统性造成一定的影响

（27）不同教师对思政课内容理解的深度、广度有一定差异，这也造成其对思政课内容的传达效果有一定差异

（28）大班额上课问题很多。学生数量太多，这非常不利于教师对关键问题做出深入讨论，也不利于教师检测学生对学习内容的掌握程度

（29）（大班额上课时）维持课堂纪律会占用教师挺长时间，还影响教师心情

（30）保持教材和教学内容的相对稳定性。可以通过使教材相对稳定、学材动态修改的方式解决教学内容变化过大的问题；或者教师主要讲解教材中相对稳定的内容，然后由教师和学生对变化较大的问题做出讨论性安排，而不是采用传统的讲授方式

（31）采用多种形式扩大思想政治课教师的数量规模。老师数量少，但思政任务非常重，在老师数量不增加的情况下，光靠大班额是没办法解决的，必须通过各种方式解决

4. 访谈对象 FT04 的访谈内容［第（32）～（49）条，共18条］

（32）学生对政治理论的重要性认识不足。让学生写为何学理论、学政治，很多人认识不清

（33）（学生）认为政治离自己遥远，这使得政治理论不容易被接受

（34）老师（要）把重要性灌输给学生，就不得不借助故事、视频等，这虽有形式上的创新，但理论、政治教育的高度不够，失去了其应有的理论高度

（35）下一步需集体攻关，告诉学生理论与政治密切相关。政治老师本身对政治的认识高度不够，对问题认识不清，（将思政课）仅视为一种职业

（36）看到意识形态形势严峻，青年人易被国外的一些敌对势力利用、占有。老师要认真地给青年人讲意识形态，不能只追求形式生动

（37）思政课的实践领域（有）博物馆、福利院等

（38）说到（思政课）实践效果如何，现在的学生写作业是在应付，如参观二七塔（之后写的作业）

（39）许多学校都让学生（在上思政课过程中进行）调研，但据我了解这样做的效果并不好，效果目标达不到服务思想政治教育的目标

（40）理论教学枯燥，下一步应通过实践体验、熏陶，使学生体会各种情感；应该通过实践教学，让学生有历史感、责任感，提高学生的理论认知。

（41）（实践和实践课教学）比（一味）学习思政理论更重要。现在的孩子看到国旗有庄严感，在人民英雄纪念碑前回忆先烈有崇敬感？（疑问反思，话外之音是没有庄严感、崇敬感）

（42）想要有重大突破就要在思政课的实践方面立国家重大课题

（43）在上形势政策课时，老师不应（只）讲事实，应引导学生思考为什么出现该状况，因为事实学生会通过各种媒体获得，而原因却不能。讲时事政治，在讲具体事例的同时，我就重点分析事态发生的原因、实质及评价，例如讲朝鲜半岛争执为何牵涉如此多的问题

（44）（形势政策课）要给学生方法、思想上的引导，给学生传授思想比传授事实更重要，要让学生离开课堂后，能有方法去判断、理解事情

（45）互联网时代影响学生的因素太多，甚至比影响老师的还多，因此老师要教方法

（46）新时代是信息、数据的时代，学生接触信息的途径多种多样，教师应更加侧重于对学生思想、方法上的引导

（47）我自己也有孩子，（在信息时代）也担心孩子如何发展

（48）（在信息时代）我感觉思政更重要

（49）原认为给学生传授知识重要，现认为（发展）思想更重要，要能解释事实

5. 访谈对象 FT05 的访谈内容［第（50）～（72）条，共 23 条］

（50）大班额上课，实践课不好开展

（51）（本校）学生入学（高考成绩）才 200 分，学生听课的专注力不是很高，同本科学生有差异

（52）我校开展的思政课活动，如戏剧等，还有志愿者活动——"天鹅使者"，获全国银奖

（53）学生听课情况不太好，但戏剧表演、微电影活动很好，如医护学院的《因为爱》还是不错的，宣传十九大知识竞赛的效果也可以

（54）戏剧表演等活动在学生行为上起指引作用

（55）我们在课程中也有项目研究，但效果不如实践课。带学生去函谷关、三门峡大坝，也有学生会背《道德经》。另外，在校体育馆摆"中国心"，对职业道德很有好处，也可摆中国地图

（56）还是要多一些视频、案例

（57）豫西高校思政论坛主题——"让思政课活起来"，主要是引导学生使用手机 App

（58）我院对工科更重视些

（59）除师资不足外，老师们外出培训的机会也很少，没听过其他高校老师讲课

（60）按学校要求，老师（上课）用手机 App 点名获得学生出勤率。

（61）本校单招生的学习积极性、主动性更差，无学习欲望

（62）五年制是针对考不上高中的学生，这种学生比单招生更差（河南中招 700 分，本校的五年制录取分数不到 350 分）

（63）我感觉现在讲的社会主义核心价值观挺好的，但抵不住手机里的内容

（64）让学生讲时政播报时，有的学生讲的专题很好。如三门峡黄河旅游文化节、体育新闻、马航失联、环保等，都很好；还有两会，做得也很好；微电影校园公益，做得也很好

（65）老师在思想道德修养课上要出一些思考题，不能让学生只写（传统形式的）作业

（66）（思政课考试）不（应）只靠一张考卷

（67）思政课得考虑如何提高学生兴趣

（68）学生对社会主义核心价值观的认同感还可以，只是在责任感方面还需要加强引导

（69）教师自身还要多学习

（70）我们愿选中文、教育等师范类的学生教（思政），（这些学生）素质较高。但是我们是教务处安排教师到一定专业去授课

（71）往年校级科研（立项）偏其他专业方向，今年还好，校级课题有思政方面

（72）思政课教学与校园文化建设是融为一体的，二者教材中都有社会主义核心价值观部分

6. 访谈对象 FT06 的访谈内容［第（73）～（87）条，共 15 条］

（73）学校抓（思政课）教学质量

（74）即使是上课好的老师，学生（在上这些老师的课时）也玩手机

（75）（学生）理想信念缺乏

（76）我教职业生涯课，学生在价值观拍卖中，对金钱、环球旅行机会、豪宅、家庭、友情涉及多，对学习涉及较少

（77）前几年，湖南株洲一教师称学生努力学习可以有金钱、美女，学生表示认同（此事）。我经常让学生思考，如此选择对不对

（78）（高职高专教育）要唤醒学生职业意识

（79）我们也想搞活动

（80）原来讲案例就可以，现在不行了

（81）教师培训少

（82）（思政课）考试把平时活动也计算在内

（83）思政课应开放

（84）不能过于分专业，但也要照顾不同专业的特点

（85）校领导说不搞科研就上不好课，由此鼓励（思政课）教师搞科研

（86）教师科研方法、理论基础缺乏，思政课涵盖范围较广，如经济、法律、环保等，导致教师搞科研不知从何下手

（87）现在（学校）要求各专业都要结合思政

7. 访谈对象 FT07 的访谈内容［第（88）～（95）条，共 8 条］

（88）（本人）思政课和其他课都教，本院教师少，还要聘请党校教师

（89）（思政课是）大班上课

（90）（思政课）实践课少

（91）（本校学生是高职高专学生）与本科生差距很大

（92）"毛泽东思想和中国特色社会主义理论体系概论"课不好上，老师为吸引学生用各种方法

（93）有的同学（对思政课）感兴趣，（愿意）参加活动；有的同学无论如何也提不起兴趣。老师上课问到国务院有几部委时，一学生连一个都答不出来。

（94）上专业课时，（专业课老师让学生把）手机放到手机袋中。我的思政课没有收手机，还利用手机看案例。其实他（学生）不看手机，也是睡觉

（95）上海某高校思政与音乐结合（得很好）

8. 访谈对象 FT08 的访谈内容［第（96）～（112）条，共 17 条］

（96）思政课考试现在改革了，考试内容基本上是主观题

（97）对于学生玩手机，老师只能疏导，不能卡压

（98）李老师（本校教思政课的一位资深老教师）对微信、雨课堂（智慧课堂的一种）运用得相对成熟，教育部专家听过李老师的课，本校校长、书记也听过李老师的课

（99）（上思政课）不用手段，学生就用手机听歌、看剧，现在要引导学生正向利用手机

（100）有部分学生，请再知名的专家（来讲思政课）也不听

（101）（上思政课时）学生喜欢听点课本以外的东西，如故事、笑话、段子等

（102）你讲很多内容，挡不住一件事就把他思想转了

（103）学生（对思政课教师的）评价不客观公正，讲得好的老师，学生评价并不高

（104）考试改为过程性评价，这是正确的

（105）我在上大学时，对有些（思政）课也不想听，但毕业后想一想，老师讲得还是很系统的

（106）老师对学生的影响很大，（学生）喜欢一个老师，也会喜欢这个老师讲授的这门课程

（107）课件只是依托，每个人对问题的理解不一样

（108）老师对教师职业的看法不一，有人认为是一种事业，就会教好；有人认为是一种职业，若当负担，就不会有好效果

（109）学生在选课时，喜欢选堂要求宽松、容易过关的老师的课，要求严格的老师的课程很少有人选。这是听上届学生说的

（110）（思政课）内容涉及多方面，需多联系资料来讲

（111）思政课教师所讲的内容必须与中央、国家保持高度一致，不得随意发挥

（112）教思政课的教师语言难度要比专业教师大

9. 访谈对象 FT09 的访谈内容〔第（113）～（145）条，共 33 条〕

（113）这几年从上到下对思政课都很重视，但学生是否重视，需打问号

（114）让领导上一学期课，体验如何调动学生积极性，这样他才能理解思政课教师的困境

（115）北京、上海、江苏对一线教师（的待遇）每月增加 2000 元

（116）我在学校 30 多年，对思政教师的起起伏伏了解得太清楚了

（117）我们的老教研室主任 70 多岁了，亲自对邓小平理论一字一句下功夫研究，他敬业精神很强，这对我影响很大。现在的年轻人有几个学原著的？

（118）原来我们为教学亲自到农村、到企业去调研，去之前写调研报告。刘庄我去过两次，到农民家走访；1995 年我去了华西村

（119）（思政课教学）强调过程性评价，平时成绩占 50%、考试成绩占 50%

（120）雨课堂便于大班点名，更重要的是加强师生互动。以前课结束老师就走，现在可以随时联系。课堂提问用此软件，所有人可回答，且老师可见谁对谁答错。此软件 2016 年由清华大学开发，我 2016 年即使用，待学校此方面改革时我已使用此软件一年。以前上课学生不听，所以现在教师得关注改革的事

（121）师生之间互动、沟通加强之后，学生对老师很亲，甚至比对专业课老师还亲

（122）学生进入课堂扫码（即签到）后，我的PPT即输入他们手机。对专业课而言，这对记录学生学习过程、课堂表现很有用

（123）思政课老师都很努力、敬业，但效果不好，不能把板子都打在教师身上，我看此情况很纠结

（124）不管如何，老师都在下功夫备课中提高自身了。

（125）有学生说，老师讲的内容高中时听过了，但一问三不知。学生也纠结，认为这是耽误时间。

（126）不能否认有老师是在应付（教）课

（127）有一名思政课教师教学水平很高，领导去听课，对其高度评价，评上了校长教学质量奖，被评为推门课，但学生向学校评教中心告状，主要是对该教师的教学内容不满意。教师本身很努力，下了很大功夫，也在运用软件。教师内心也纠结，不知是迎合学生，还是该好好上课，怎样才算好。若学生能瞪眼听讲，老师的情绪也会越来越高涨

（128）一次考前，我看学生在背题，问教研室领导今年是这些题吗？回答不是。可见，学生只背代代相传（上一年级传下来）的考题

（129）去年我出的（思政课考试）题，押中了国家高考题：对共享单车使用过程中出现问题解决的思考。这就是改革考试起到了作用。促使学生思考现状，就是思政课的目的

（130）我出的题看起来不难，但是让他从宏观、理论上分析时就有难度。如：纪念马克思诞辰二百周年的感想

（131）思政课老师应加强每年的培训

（132）我研究教学是为了实用，对学生教学有用，很少为发表论文做研究。我已有十多年没发文章、没申请项目了

（133）我在网上看"对分"教学模式，主旨为精讲，并留一部分时间（留白）给学生。关键是如何留白

（134）有些教师采用翻转课堂的方法，效果不好

（135）许多教师模仿一些教学方法、改革的表面，只是用这些方法的皮毛，没有掌握其精髓

（136）（思政课教学）方法已事先预定，表演性质的教学，起不到任何作用

（137）思政课是最难讲的课。学生认为其不是专业课，因此，转变学生的看法，要下更大功夫

（138）我有次备课到凌晨4点还未睡觉，后来一看天亮了

（139）共享课件行不通，每个人知识储备不一样。集体备课并不是用同一个课件

（140）听（其他）老师的课，讲的内容与教材精神不一致，甚至有错。由此可见，集体备课也有必要

（141）集体备课在操作过程中流于形式，没有很好地被执行

（142）有些私立学校用网络视频课取代课堂教学修学分，这是教育部不允许的

（143）对思政课下了功夫还达不到效果，自己心里很纠结

（144）不能把（思政）课教成娱乐课

10. 访谈对象 FT10 的访谈内容［第（145）～（157）条，共 13 条］

（145）学生（上思政课）是用得着就听、就学，用不着就不学

（146）社会现实与教材有矛盾，你讲的与现实不一致，一些负面的东西对学生影响很大

（147）现在全国性的相关会议很多。我准备跟院领导申请咱院承办全国思政研讨会。上海师范大学马克思主义学院（曾）承办研讨会，除代表往返路费外，其他一律不收费

（148）探索新的教学方法、新的教学尝试

（149）课堂上随时随地出现一些问题，以及学生们的提问，这些对教师素质要求很高。在讲课中，学生发生一些新情况时如何应对，这就要求教师要有驾驭课堂的能力

（150）无论哪种教学方法，教师最终要实现对学生的引导

（151）思政课的知识性与趣味性结合很重要，很受学生欢迎

（152）中国人民大学王易（中国人民大学马克思主义学院副院长）讲课座无虚席，他将思政课在很多情况下与传统文化结合，使传统文化结合当代社会，使知识与趣味结合

（153）思政课教师备课压力很大

（154）每个老师对课程的侧重点的把握和理解不一样

（155）当今对学生进行世界观、人生观、价值观的引导更难，因为学生们了解掌握到的负面的信息量比老师还大，现在的学生理解能力较强，一旦思想有错误倾向，转变他们就有难度了

（156）领导要调动老师积极性，使其切实与学生互动

（157）中国社会科学院要求思政教师读马列原著

11. 访谈对象 FT11 的访谈内容［第（158）～（164）条，共 7 条］

（158）有的学生认为自己学校层次低、教师层次低，所以不好好学。这是误区

（159）也有学生说老师（上课）老跑题（讲课程内容以外的东西）

（160）同样一门课，不同班的学生情绪不一样

（161）我上专业课（学生认为是考试课），一开始学生为了考试，学得很认真，后来了解是考察课，学生明显不认真听了

（162）现在的教师拿的还是几年前的讲稿

（163）我院从下学期开始每门课由两位老师来教（AB 角教师配备）

（164）学生在评教时，对讲错内容的教师评分有时会很高（学生评教不是很看重教学内容的好坏）

12. 访谈对象 FT12 的访谈内容 ［第（165）～（170）条，共 6 条］

（165）现在的学生很势利

（166）学生上课迟到，不愿意及时给老师说明情况，而在其（网络媒体）空间"说说"，栏目中发表"动态"：今天又迟到了。（这种做法）让人无语

（167）现在学生基本离不开手机，（在学校学习和生活中）一直用手机

（168）学生攀比情况较多，如一个女生宿舍 6 个人中有 5 个人谈朋友了，而剩余 1 个人没有谈朋友，那这个人就被别人说是"另类"

（169）学生干部选拔很重要

（170）对学生加强信念教育

13. 访谈对象 FT13 的访谈内容 ［第（171）～（192）条，共 22 条］

（171）上思政课时最大的问题不只是知识性，更重要的是"育"，老师要引导好学生

（172）在网络时代，学生获取信息渠道多，老师要加强引导，但是课堂引导还是远远不够的

（173）思政课的课堂规模较大，（教师）关注学生就少，一般是 160 人左右，这样（教学）效果不好，应改变一下

（174）思想政治教育工作要做得更细一些，要关注现实

（175）上思政课时，学生如果缺课了，总是随便找个理由就行，常常说是辅导员找我有事，有的还说是某某领导找我，一副底气很足的样子来请假或解释

（176）上课纪律和考勤也与各学院的风气有关，有的学院抓得紧一些、好一些，缺课情况就少

（177）思政课要加强正能量的引导，与现实紧密结合，学习十九大，联系现实热点

（178）上思政课时，虽然课堂规模较大，但（尽力）与学生互动交流的老师也有不少

（179）作为思政课教师，对现实问题、思政教育问题，要寻根找因、寻求真实性，让学生做明白人，对待网络信息事件更是如此

（180）让学生有独立思维，这很关键；更重要的是要引导好学生（这位老师已经第三次，甚至后面还继续强调了要引导好学生，可见思政课教师自身垂范和学术能力的重要性及其对学生思想发展的引导的重要性和教育价值）

（181）学生对社会的关注和思考，一直是有一定看法、困惑的，作为老师，要引导学生，让他们实地、亲自看看自己身边、家乡、父母等的变化，了解生活环境，在社会现实和熟悉环境中亲身体验老师所讲内容是否属实、科学，要看到变化，认识到意义。或者反向推论，社会现实中当然会存在不好的东西（腐败、矛盾等），但要运用哲学思维，一分为二地分析问题，联系我国社会发展变化进行反思，就会更好地接受和理解思政课老师所讲的内容

（182）思想政治教育工作是一个长期过程

（183）思政课要多融入生活，生活化的东西要多一些

（184）（思政课要）关注现实，加强对学生的引导（第五次说引导学生了）

（185）在思政课教学中，进行调研活动，实地察看调查身边、家乡的变化，了解小人物、大历史，这使学生很积极，效果也很好

（186）（老师在思政课教学中）挖掘地方文化资源

（187）思政课要学知识，也要长见识（访谈者与其交流：长见识即让学生在学知识的同时也要促进其世界观、人生观、思想的发展等）

（188）在网络教育时代，（学生）通过微信、QQ与教师沟通多一些

（189）班干部很重要

（190）现在的学生干部是学生的"领导"，很牛。要知道，其他学生都是在看着他们（班干部）的，他们是有"榜样"（好与坏两种）作用的

（191）任课教师在与学生打交道时感觉到，辅导员对学生很管用，学生围绕辅导员转［访谈者与其交流：学生围绕任课教师包括思政课、专业课教师等的人数少了，围绕辅导员的多了，辅导员可以带来荣誉、光环，以及显眼的发展，而学生对知识、专业，以及其他教师（育人）的漠视，也是比较势利的表现吧］

（192）思政教育工作是多方面合力的结果

14. 访谈对象FT14的访谈内容［第（193）～（207）条，共15条］

（193）我对专业课教学的认识是：（我所教的）心理学（即心理学课程）本身是给人带来幸福的课程

（194）我主讲青少年心理发展与教育，（在现实教学中）不得不围绕教师资格能力培养来讲，这样理论性强，难一些，所有关于人性、幸福、健康的东西少了，甚至没有了，就无法充分发挥学科课程本身的育人作用了

（195）课程内容可以有讲座性质的安排

（196）心理学科的作用是：学会思考，拥有辩证思维，尊重别人和自己。（学生）需要被引导

（197）（学生在）专业课程学习中，看问题的态度、视角、心境更重要

（198）结合学生自身分析教学问题

（199）网络害了几代人，对学生影响大（访谈者与其交流：要做好网络教育工作）

（200）在专业课教学中，学生还需要主动与教师沟通。学生愿意与你沟通说明学生还是有心智的，能认识自己，清楚要改变自己

（201）班干部要有试用期，要做好服务学生的工作，不行的（有功利目的的）要换，有些官腔十足的也要换

（202）说到网络暴力，网络发达，网络舆情没法控制（表示忧虑）

（203）对（网络）信息解读很重要（信息的获取与利用）

（204）现在的孩子是不缺乏自我表达能力和机会的，缺乏的是自律、自我管理的能力，

他们总是通过微信、QQ、微博等发表"动态"，以此来表达自己、表现自己

（205）我对自己孩子的教育是从小让其放松（不禁止，宽松环境），让其自己解决问题（自我教育），同时注重引导（访谈者的体会：由此可见对大学生的教育引导作用的重要性）

（206）心理学课程的作用是，让学生在纷乱（社会现象）中笃定、认识自己，明白自己到底需要什么样的生活

（207）大学生不爱读书，爱"读"手机（访谈者的体会：大学生的手机利用、手机素养、手机与健康、手机与生活、手机与学习方式、手机与习惯等问题比较突出；疑问：有没有手机的替代品）

15. 访谈对象 FT15 的访谈内容［第（208）～（228）条，共 21 条］

（208）我根据多年的思政课教育教学工作经验，认为大学的思想政治教育和思政课的教育教学，存在很大的弊端：在大学新生入学教育时，相关人员在对其专业培养方案中的课程性质（公共基础平台课、学科基础平台课、专业基础平台课等）进行介绍时，多带有"等级"色彩，认为公共基础平台课主要是思政课，但不如专业课重要，使得学生对思政课有了"先入为主"的认识，即在大学学习一开始就形成了对思政课地位的认识，未把其放在主要位置，造成学生在思想上认为其不重要，这种"先入为主"的影响很大，一直影响着学生对思政课的学习和老师的教育教学工作的开展。虽然有考勤等纪律进行约束，但是学生人到了课堂而心不在课堂上，尤其是理科生更有如此表现，多数在玩手机、做作业等

（209）据我自己的了解，部分院系甚至在"三评"时不把思政课的成绩计入（综合性大学院系较多、三评标准细则会有差别），这很功利，导致学生更不把思政课放在眼里，大部分抱着应付的态度

（210）思政课教育教学一是进行了有关知识的教育，如核心价值观等知识性的内容解读和学习；二是不纯粹的知识教育和学习，这一部分属于思想品德的教育，也就是高大上的人生观、价值观、意义等方面的教育，这一方面的教育更是未浸入人心

（211）据我不断地了解，有些辅导员老师认为思政课的学习时间过长，"太耽误事"，甚至想改变学时，减少思政课学习时间

（212）在学校里，学生对思政课教师的地位也认识不足，这些教师收入较低（课时费低）、课时量（学校规定的完成教学工作量）大，像副教授就被规定一学年 350 节（学时）及以上

（213）学生（上思政课的选课人数）多，老师（开课的师资）不多，都是 135 人的大班教学

（214）大班组织教学很难进行，教室空间大，（老师）只要离开讲台就得用麦克风

（215）（大班教学中的）小组活动难进行

（216）现在一个教学班连 90 人都不让排了（多数都排 135 人的大班）

（217）学校督导组和领导们去听课，（看到思政课都是大班教学后）提出老师要在讲台上讲一会儿，还要走下讲台到学生中间去互动一会儿。但（这样）不行，教室太大，空间大，声音

总是听不清，（走到中间的话）前面学生听清了后面学生听不清、后面学生听清了前面学生又听不清

（218）在管理上，教务处好像充当了灭火队员，（主要是由于师资紧张）学生选不上课（选不上课也有别的原因，主要是开班少），学生就反映到教务处那里，教务处就压任务到马克思主义学院，说我们开班少，要多开班（说得很轻松的样子），每个人（每位思政课教师）开 8 个班（每班都是 135 人的规模），男老师甚至开 10 个班，一个老师的授课人数就可能达到近 1500 人，天天上课，一堂课重复 8 次、10 次，（期末考试）改卷都得改多少天（很多天）。督导组、领导来听课，有可能是这一节的第 8 个班，你想想，老师讲了 8 遍，哪还有激情，（为了让课生动和丰富而举例，此时）连例子也不想举了

（219）我们一线教师提议要减少教学班，提了 10 多年，无任何改变

（220）在教师层面，（再次强调）辅导员（在对学生进行教育管理时）会把思政课放在二等地位，认为（学习这些课程）净耽误事，不（把思政课成绩）放在评优奖先（标准）的行列

（221）在学生选课上，（实行选课制的大学）选得顺利的话，一般 2 学年就可以学完（思政课）；选得不顺利的话（有挂科或选课不得当）得两年半、三年（学完思政课）

（222）在教学层面，最主要的问题，一是大班教学的问题，二是教师个人的问题。你也知道，每个教师的情况不一样，有的讲得好，（而）有的水平就低一些，水平高的（讲课）效果好一些，水平低的有些可以努力提高一些，有些就一直不好（教学效果欠佳），但这些水平低的教师有的还能申请国家级课题，所以也受单位重用，不影响其评职称

（223）思政课教师评职称与各学院的专业课教师标准相同，有论文、科研项目方面的同等要求

（224）教材内容（的特点是）主要以宣传教育为主，讲授上以灌输教育为主，不是启发、诱导，学生听多了就烦

（225）在内容上，如 24 字社会主义核心价值观，有多少人（任课教师）对其内涵真正弄懂了？西方研究自由、公正历时 2000 年，老师们才学习了多长时间就教给学生。教师只是告诉学生（24 字社会主义核心价值观的）一个词语，只能面上粗浅地讲，学生学到的也是表面含义，要深入人心才行

（226）要加大社会主义核心价值观个人层面的教育

（227）思政课教学的内容与形式问题：思政课老师上课，普遍只注重形式，理论上（内容上）不够深入。有些大学的老师穿皇帝服、学生扮大臣，穿上戏服演情景剧，（思政课）形式新颖、吸引人，那么问题来了，有多少人能去买戏服？这种形式也花费不少时间，必然压缩其他内容的课时，（这种做法）特别注重形式，要知道，形式对内容有反作用，而内容决定形式，讲课成了表演，语言（太）优美，有诗歌，唱个红歌之类的，也有好的方面，当然更多的是要讲透理论，用理论吸引人，用思想和教导吸引人，不要多年后学生只记住当时老师组织了一次活动，自己扮演了什么角色，有什么有意思的地方，而没有记住老师的教导、思想、理论

（228）提升学生的思想和品质更重要

16. 访谈对象 FT16 的访谈内容［第（229）～（261）条，共 33 条］

（229）我最初工作时，教 2 个系学生的课程，后来（大约 1995 年后）逐渐扩招，每学期增加了教学班，达到 8～10 个，尤其是选课制出现（2001 年）后，平均每学期教 10 个班，每个班 54 学时，80～180 人规模不等，小班数量很少，只有 1～2 个，一般为大中型班，一学期下来授课人数在 1000 人以上

（230）现在教研室里的老师有的生二胎，有的出国进修提高自身，我作为老教师也是承担了很大的教学任务量，每年都超工作量

（231）在教学中严格按照国家规定的教学大纲进行教学，深知教学目的和任务，18 个周 54 学时至少 8 个章节部分的内容（含绪论），紧抓一条主线（人类社会发展规律），务必使知识内容重点突出

（232）教学主题很鲜明。思政课是铸魂工程，信仰争夺的战场，无硝烟的较量。要与资产阶级、非无产阶级世界观进行斗争，政治是必修课

（233）（教学）目的就是转变学生思想观念，让他们对世界观、方法论进行掌握，这些思想的方法，看起来是软指标，但实际上是硬标准，形软实硬

（234）强调确立信念、转变观念，通过联系实际，进行多样化的、科学的讲解，使学生对其内化于心、外化于行

（235）现在大环境变了，市场经济发展迅速，网络化、信息化逐渐发展，学生信息知识来源广，大学生思想多变、处于敏感期，很容易因为形式上的东西受到影响

（236）有些学生表面上对政治课不叛逆，但（老师上课）必须抓住学生的心

（237）（一节课的）前半小时（任课教师）如果不能紧紧抓住学生的心，学生就会对老师有看法，有所定位，觉得其不是学者、老师，而是政治传声筒，这自然影响学生对政治课的学习

（238）（教师）上课要先入为主，擦亮牌子、演好角色，不高高在上，要抓住学生的思想，通过自己的学科、学术的内在魅力，赢得学生认可，感染学生；不要说必须怎么之类的话，你是挡不住学生想什么的

（239）（我校思政课教师）整体上是可以的，有敬业精神，有些（对待教育教学）超认真

（240）有的（思政课教师）科研能力不强，不能把最前沿的东西拿来，知识厚度不够，课堂温度不够，（上课时）会有冷场现象

（241）学生学习（思政课）与院风有关，有的（学院）学生逃课、上课看手机现象（多一些），如艺术体育学生上课纪律不是很好

（242）大学生看手机（影响课堂学习）等现象，是学生思想认识问题

（243）课堂上（老师）也说，通过讲看手机的危害，从学生角度去引导，让学生知道老师是为他们好，替他们着想，为他们成长设计，他们会接受（老师建议的）

（244）（上课时）课本上讲一下，还要结合现代化的动态资料，通过看视频资料，进行引导，看有哪些问题，并进行点评，让视频资料活起来，使其（成为）课本真正的延伸

（245）《马克思主义哲学原理》是一门方法论的课程，教给学生世界观，是讲理论、理性的

（246）（《马克思主义哲学原理》授课时要将）四个环节联系起来：课题回顾、历史追踪、精讲原理、归结意义

（247）课题回顾：对每个原理、每个主题的研究现状进行梳理，进行学术史回顾

（248）历史追踪：使原理成为正确科学的世界观指导真理，探寻它的发展历史，进行历史比较

（249）原理内容：要精讲，这是重点，要讲得精确、准确，观点亮明，立场态度端正

（250）归结意义：联系现实、国家社会发展，印证原理的科学性，从而上升到学术理论高度（中学也学，但大学要更进一步，让学生系统把握，有所提升）

（251）教学要多环节、多手段综合运用，要通过多媒体运用

（252）根据学生特点和专业的不同，采用不同的方式方法

（253）（关于实践活动）以前带过整班学生参观考察南街村、刘庄、郑东新区等，后来扩招学生多了，就带学生干部代表去

（254）现在人数多，无法开展社会实践活动，课时中的实践学时就取消了

（255）现在有分组讨论、分组进行调研写报告，有的还用 PPT 进行汇报，很好

（256）调研前要给学生开调研证明，写上调研提纲，还要有介绍证明材料，使学生方便调研

（257）这门课主要是在理论上要服人，学生世界观形成了，内化于心，并上升高度，实现理论化、系统化，形成理论体系

（258）仅使学生的这种学识提高还不够，（老师）要考虑如何"转识成智"，把学生学到的、掌握的学识（理论、理性认识等）转为方法、技术、德行（这三方面），使其有可操作性、可实行，让学生形成一种特定的境、道德自觉，必须给学生提供这些，并使学生明白。这就是理论理性向实践理性的转变，实践理性是工具、价值，是可操作、可运行的，这样理论与实践才能结合起来，才能真正促进学生发展，才能通过理论指导实践，使实践上升为理论，把学术水平转化为能力素质水平

（259）教学相长，思政课老师要研究这门课，使教学科研互相促进

（260）注重学生能力培养、品质培养，真正做到外化于行

（261）思政课除了有传授知识、方法的作用外，还要有育人作用

注：为方便统计分析，对所有访谈内容按顺序延续编号；每一条内容的括号中的文字是访谈者根据访谈情景和访谈对象表达的意思所加，为了更清楚地显示访谈对象的意思或者进行强调；括号外的文字是访谈对象的访谈内容；若不特别说明，访谈内容均针对的是思政课。

三 访谈内容的分析

（一）访谈内容中涉及的高校思政课教学及思想政治教育工作的关键词分析

我们对表3－2罗列的261条访谈信息中所涉的高校思政课教学及思想政治教育工作的关键词进行了厘定，统计发现：一是访谈信息中涉及的关键词数量及其频率庞大，关键词达500来个，频次超过1000；二是关键词的种类繁多，涵盖高校思政课教学及思想政治教育工作的方方面面；三是关键词内含的内容很丰富，对高校思政课教学及思想政治教育工作各个方面的问题都有详尽而明确的点明，虽然有些关键词比较相近，但多是来自基层教师简单而朴素的表达，言简意赅、铿锵有力。从这些关键词的出现及其频次，可以大致看出访谈对象对高校思政课教学及思想政治教育工作的关注点、聚焦点，也可以呈现高校思政课教学及思想政治教育工作的基本问题、突出问题。下文对关键词从三大类进行统计分析（三大类中的关键词并非完全不重叠，对这三类分类罗列主要是为了更好地说明或反映高校思政课教学及思想政治教育工作的情况，从而进行分类与统计分析）。

1. 第一类关键词分析

第一类关键词主要是基本概括了高校思政课教学及思想政治教育工作的主要方面、主要因素或主要角度等。这些关键词主要有：教师、学生、课程内容（教材内容）、教学（过程）、教学管理、教学评价、思政课地位、思想政治教育价值目标等。在此我们大致统计了一些关键词出现的频次，分别是：教师58次；学生125次；课程内容（教材内容）49次；教学（过程）279次；思政课地位15次；思想政治教育价值目标29次。这些统计还不完全，但也可以看出访谈对象在不断强调和呈现的高校思政教育中的问题。

2. 第二类关键词分析

第二类关键词主要是较多地、具体地呈现了高校思政课教学及思想政治教育工作的突出问题、聚焦点等。这类关键词出现频次较多的主要有：手机、引导学生、大班教学、师资、育人、理论教育、学习兴趣、思想教育、政治学习、效果、考试、社会现实、结合、一致性、实践活动、网络、信息等。这些关键词的出现和频次的增多，使我们能够较为强烈地感受到高校思政课教学及思想政治教育重要性的问题，以及亟待解决的问题在哪里，这也是高校思想政治教育教学改革与提升的关键点、切入点和重难点。

3. 第三类关键词分析

第三类关键词主要是一些典型性、特殊性的关键词，无论出现的频次是多少，都能从中最真实、最直接、最形象地反映高校思政课教学及思想政治教育工作的相关主题。这类关键词列举如下：雨课堂、转识成智、多元化、引导、学生干部、势利、过程性评价、宏观把握能力、唤醒职业意识、教师语言、学生思想、教学表演、教学精髓、教学情绪、合力、浸入人心、理想信念教育、历史感、责任感、马列原著、慕课刷课、沦为说教、流于形式、攀比、明白人、认同感、生活化、实践理性培养、学校层次、严肃教育、意识形态、庄严感、崇敬感、作业抄袭、自我表达能力、自律管理能力、资料、转变思想等。这些关键词最大的特点在于，向我们呈现了包含问题、建议等在内的高校教学基层的最真实的、丰富的教育教学实践现状，其中也不乏教学一线教师的教育教学智慧、教育洞察力和教育忧患意识、敬业精神等。

（二）访谈内容中涉及的高校思政课教学及思想政治教育工作的基本问题分析

通过对表 3 - 2 所罗列的 261 条访谈信息进行分析，我们对其中涉及的高校思政课教学及思想政治教育工作的基本问题进行了梳理总结，主要包括如下四个大的方面。

1. 对高校思政课教学及思想政治教育工作的理论认识

从对 261 条访谈信息的研读来看，涉及高校思政课教学及思想政治教育工作的理论认识、思想观点的信息达 74 条。主要内容包括：访谈对象谈到辅导员的一些自身行为，他们作为思政教育工作者却对思政课地位价值认识存在一些问题，特别谈到了他们的认识具有较大偏差，甚至出现认为思政课教学可以减少学时、不列入学生学习评价、地位弱化边缘化问题；谈到思政课教育教学对大学生成长和发展的影响问题，例如教思想、教方法、唤醒职业意识、提高思想水平、应对社会现实能力等；有的还谈到了思政课教学和思想政治教育对大学生进行政治教育、理论教育、理想信念教育的作用、重要性等。

2. 对思政课教学及思想政治教育工作现状问题的叙述

从对 261 条访谈信息的研读来看，涉及对当前高校思政课教学及思想政治教育工作现状与问题的叙述的信息达 174 条。主要内容包括以下几个方面。

一是思政课教学问题，主要谈到了班级规模问题，普遍反映班级规模较大，一般都是 100 人左右的大班教学；谈到了思政课教学的文化因素包括利用地方文化资源、与传统文化相结合、加强学校文化建设等；有的谈到了教师对待教学的态度、努力程度、教学方法、教学研究问题；有的谈到了教材内容问题及教学中的内容处理和发挥问题；还有的谈到了教学实践问题，包括组织社会实践活动、小组调研活动等；此外还有课堂教学纪律问题，包括学生带手机、手机带来的影响、学生学习兴趣积极性问题、师生互动问题等。

二是思政课教学成效问题，有的认为教师尽管采用各种方法手段，但成效难一概而论，有的教师尽管很努力思政课教学，但成效不佳，获得学生认同度低；有的很想通过改革提升思政课教学水平，但是社会大环境影响的副作用、学校管理和政策支持跟不上等使得思政课教学出现一些困境。

三是思政课教师工作量以及地位待遇问题，用一句话概括就是思政课教师大部分承担着繁重的教学任务、普遍工作量较大、评定职称方面条件与其他专业教师没有区别、地位边缘化待遇（课时费较低）等。此外还有其他一些问题，非常多，也非常细，与其访谈时我们不断产生一些共鸣，逐渐加深了许多感受，这让我们切实体会到，高校思政课教学及思想政治教育工作的每一个细节问题，都是值得被关注和研究的。

3. 对思政课教学及思想政治教育工作现状问题的原因分析

从对 261 条访谈信息的研读来看，访谈对象对当前高校思政课教学及思想政治教育工作现状问题存在的原因分析的信息达46条。主要内容包括：一是师资不足问题，班级规模较大的原因更多在于师资不足，此外还在于经费和重视问题；二是大学生生源问题，高考分数高低的学生、高校层次水平问题等，造成了思政课教学一些问题的产生；三是对思政课地位和价值认识问题，访谈对象谈到了从学生到辅导员再到学校层面均存在对思政课地位和价值认识不足和重视程度不够的情况；还有思政课教学和思政教育工作中对校园文化建设不足、对待传统文化重视不够、与传统文化结合不多等，也是目前高校思政课教学和思政教育现状问题存在的一些原因。

4. 对改进与提升思政课教学及思想政治教育工作对策建议的表达

从对261条访谈信息的研读来看，访谈对象针对改进、提升高校思政课教学及思想政治教育工作水平的对策建议表达的信息达64条。主要内容包括：与上述三个方面主题内容相对应，访谈对象从提高理论认识、认真研究现状问题、全面进行原因分析等角度谈论了诸多非常中肯的意见建议。例如，要对学生加强引导教育，尤其是面对互联网和信息化社会，必须提高大学生思想水平，注重大学生自我教育能力的培养与提高；要形成全社会都关注和重视思想政治教育的氛围和环境，注重考虑长期性、坚持性因素；提升思想政治教育认识和地位；加大投入力度，增强社会实践活动效果；改革教育教学方法；开展思政课教学和思想政治教育科研立项；加强师资队伍建设，开展师资培训和学习提升；等等。

通过进一步分析，我们发现，在以上基本问题中，有些具体问题是老师们反映比较强烈、在访谈中反复提到的典型或突出的问题，主要有以下方面。

一是思政课教学班级规模和教学工作量问题。从访谈信息中可以获知，不少老师对思政课教学的班级设置、班级规模问题提出了看法。大家普遍提出，思政课的教学班级规模都是比较大的，小的班级规模不让设置，一般设置都达到100人及以上规模，有的甚至达到近200人。大家反映，大班教学由此带来一系列教学问题，例如社会实践活动的组织问题、小组分组讨论和调研问题、师生互动和交流问题、讲课效果问题等。大班教学也普遍反映高校思政课师资不足，有的还存在不受重视的问题。这一问题的主要内容罗列如下（在此我们不再重复展示文字叙述，仅列出表3－2访谈信息中的有关条目内容编号，下同）：（022）、（028）、（029）、（031）、（088）、（089）、（120）、（173）、（178）、（212）、（213）、（214）、（215）、（216）、（217）、（218）、（219）、（222）、（229）、（230）、（253）、（254）、（255）。

二是思政课堂上学生带手机及手机影响问题。许多教师反映学生上课带手机的问题，一方面是学生对思政课不感兴趣而玩手机打发时间；另一方面是手机时代"机不离身"已成为大学生生活的习惯方式，似乎见怪不怪。由此带来一系列问题，一是手机中负面信息危害；二是对学习的危害，耽误学习、影响课堂秩序；三是对使用者本身即学生身心健康的危害，占用学生大量时间和耗费大量精力而使其身心疲惫。这一问题的主要内容罗列如下：（015）、（057）、（060）、（063）、（074）、（094）、（097）、（098）、（099）、（120）、（122）、（166）、（167）、（207）、（208）、（241）、（242）、（243）。

三是网络信息时代对思政课教学和思政教育工作影响问题。访谈对象一致认为，网络信息时代对思政课教学和思政教育工作带来很大挑战，信息来源广泛和多样，信息混杂，难以辨别，对许多青年人来说，信息素养不足造成其信息选取、甄别、整合、应用能力缺乏；同时信息时代也造成了多元化价值观问题。这一问题的主要内容罗列如下；同时（012）、（013）、（045）、（046）、（047）、（048）、（063）、（064）、（102）、（110）、（155）、（172）、（179）、（199）、（202）、（203）、（235）。

四是对思政课及思政教育的价值认识和宣讲问题。对思政课价值的认识和宣讲问题，是思政课教师必修的功课。大部分的访谈对象已经认识到这一问题，这也应该是成为思政课老师和进行思政教育教学的首要条件。在思政课教学和思政教育中，老师应促进学生思想观念的形成和发展，使学生具有独立思维能力，从而达到思政育人目的。这一问题的主要内容罗列如下：（008）、（010）、（011）、（032）、（044）、（171）、（179）、（180）、（182）、（183）、（184）、（192）、（193）、（197）、（206）、（208）、（210）、（220）、（224）、（226）、（227）、（228）、（232）、（233）、（234）、（245）、（246）、（257）、（258）、（261）。

五是思政课教学和思政教育工作中的学生引导和教育问题。面对信息化时代、网络化时代、学生成长发展问题等，不少访谈对象提及了对学生加强引导和教育的问题，以及切实转化思想、树立正确思想观念的问题。有一位访谈对象前后近 10 次不断提及对学生的引导问题。这一问题的主要内容罗列如下：（006）、（036）、（046）、（054）、（057）、（068）、（097）、（099）、（150）、（155）、（171）、（172）、（177）、（180）、（181）、（184）、（196）、（205）、（244）。

六是学生学习思政课兴趣问题。访谈对象普遍反映学生对思政课兴趣不足、学习动力不够、主动性不强。例如，有访谈对象说道，学生对思政课没有了新鲜感，几乎对所有的理论性、偏宏观的思政课程都缺乏兴趣，缺乏学习动力，甚至请再知名的专家来讲课也不愿意听。这一问题的主要内容罗列如下：（002）、（004）、（005）、（014）、（021）、（061）、（062）、（067）、（076）、（091）、（092）、（093）、（100）、（101）、（113）、（114）、（125）、（127）、（137）、（145）、（151）、（158）、（160）、（161）、（227）、（236）。

如上所述的突出问题还有很多，例如思政课教师的教育教学投入问题、师资问题、学生的社会实践活动问题、思政教育教学研究问题等。这些方面为我们进行思政教育问题分析和对策建议研究提供了很好的着眼点和思路。

第四章 高校培育和践行社会主义核心价值观专题调研（学生部分）

一 培育和践行社会主义核心价值观专题调研系列问卷的编印

（一）系列问卷编制概况

2016年3月，《高校培育和践行社会主义核心价值观长效机制研究》课题开题会顺利进行。在开题会的评议意见中，与会专家提出了许多中肯的研究意见，其中着重向课题组强调了加强实证调研的必要性和重要性。为落实专家组意见，根据课题既定研究计划，课题组立即着手开展了针对高校培育和践行社会主义核心价值观的专题调研工作。

2016年5月，为加强和加快课题的实证调研工作，课题组经过商议，成立了问卷编制小组，由首席专家李申申总负责，李志刚负责具体实施，具体成员包括李申申、李志刚、陈永强、万淼、李玉倩、王立、李小妮等。2016年11月，历经近半年的时间，问卷编制小组先后召开20多次的研讨会，反复对问卷调研目的、调研思路、问卷类型和题目内容等进行广泛研究和系统分析，基本完成了《大学生社会主义核心价值观认同感问卷》（试测版）的编制工作。

2017年3~4月，课题组印制了500份《大学生社会主义核心价值观认同感问卷》（试测版），在河南部分高校的一定范围内进行试测。2017 年 5 月，课题组对回收的试测问卷进行数据分析，经过教育心理测量专家的指导，课题组与测量专家进一步进行了研讨，于 2017 年 6 月最终确定了《大学生社会主义核心价值观认同感问卷》（正式施测版）（课题组对试测版和正式施测版的调研对象进行了区分，是完全没有重复地进行调研的）。

2017 年 1~6 月，课题组同时进行了高校培育和践行社会主义核心价值观情况调研的其他问卷编制工作，由此形成和最终确定了培育和践行社会主义核心价值观调研的系列问卷。

（二）系列问卷编制种类及问卷印制

1. 系列问卷的编制种类

培育和践行社会主义核心价值观调研的系列问卷共有五套，面向三类群体，包含三个方面的内容。

五套问卷（名称）分别是：《大学生社会主义核心价值观认同感量表》，分为试测版、正式施测版；《高校培育和践行社会主义核心价值观调查问卷》（学生版）；《大学生中华优秀传统文化知识测验问卷》；《高校培育和践行社会主义核心价值观调查问卷》（专业教师版）；《高校培育和践行社会主义核心价值观调查问卷》（思政人员版）。其中，《高校培育和践行社会主义核心价值观调查问卷》（含学生版、专业教师版、思政人员版）的编制工作，基本上与本书第二章中的《高校思想政治教育调查问卷》（该问卷主要面向学生进行调研）的编制工作同步进行，因此在设计时课题组已经充分考虑了课题研究需要以及二者之间的相关性和一致性问题。这两类问卷面向河南区域同时取样和发放，调研同步展开。

面向的三类群体是指高校大学生群体、专业教师群体（主要是指承担大学生专业课授课任务的教师）、思政人员群体（主要是指专门或主要从事高校思想政治教育工作的辅导员、党群部门学生管理人员和其他部分行政管理人员）。

三个方面的内容包括：大学生社会主义核心价值观认同调研、高校师生（包括大学生、专任教师、思政人员三大群体）对高校培育和践行社会主义核心价值观的看法和建议、大学生中华优秀传统文化知识测验。

2. 系列问卷的印刷

问卷印刷数量主要是根据面向河南高校调研的情况而确定的，具体如下。

《大学生社会主义核心价值观认同感量表》，该问卷主要基于大学生对社会主义核心价值观的认同情况进行调研。其中试测版问卷共编印 500 份、正式施测版问卷共编印 5000 份。

《高校培育和践行社会主义核心价值观情况调研问卷》（学生版），该问卷主要从大学生角度深入了解高校社会主义核心价值观的培育和践行情况，共编印问卷 5000 份。

《大学生中华优秀传统文化知识测验问卷》，此问卷主要对大学生中华优秀传统文化教育情况进行设计和测验，旨在了解当代大学生思想政治教育和社会主义核心价值观培育和践行的传统文化根基，以期对课题的对策研究提供依据，共编印问卷 5000 份。

《大学生社会主义核心价值观认同感量表》《高校培育和践行社会主义核心价值观情况调研问卷》（学生版）、《大学生中华优秀传统文化知识测验问卷》被合在一起印刷装订。

《高校培育和践行社会主义核心价值观调查问卷》（专业教师版）、《高校培育和践行社会主义核心价值观调查问卷》（思政人员版），分别面向高校专业教师、思政工作人员，从中了解他们对社会主义核心价值观的培育和践行情况，编印问卷均为 500 份。

本章主要对面向大学生群体的三个问卷调研情况进行统计分析，即《大学生社会主义核心价值观认同感量表》《高校培育和践行社会主义核心价值观情况调研问卷》（学生版）、《大学生中华优秀传统文化知识测验问卷》。下一章再对《高校培育和践行社会主义核心价值观调查问卷》（专业教师版）、《高校培育和践行社会主义核心价值观调查问卷》（思政人员版）的调研情况进行统计分析。

下文首先对《大学生社会主义核心价值观认同感量表》的试测情况进行统计分析，并对其进行修正分析，从而获得正式施测版问卷。

二　《大学生社会主义核心价值观认同感量表》的试测分析

（一）　大学生社会主义核心价值观认同感量表的编制意义

在社会主义核心价值观正式被提出后，培育和践行社会主义核心价值观成为国民教育中无比重要的一部分，倡导全社会认同和践行社会主义核心价值观在建设中国特色社会主义事业中扮演着十分重要的角色。尤其是在高校中，培育和践行社会主义核心价值观已成为高校思想政治教育工作的核心内容。大学生是朝气蓬勃的新一代，肩负着中华民族伟大复兴的光荣使命，青年大学生需要将其全部的信念、热情与活力投入中华民族伟大复兴的建设事业中去，才能担得起这一历史重任和使命。基于大学生对社会主义核心价值观的认同情况进行探讨，首先，能够为高校培育和践行社会主义核心价值观提供坚实的理论基础；其次，通过调查研究对大学生社会主义核心价值观培育面临的挑战及其存在的问题进行深入的成因分析，有助于树立高校培育社会主义核心价值观的理想目标；最后，掌握大学生社会主义核心价值观的认同与践行现状，可有效提高大学生社会主义核心价值观培育的精确性和有效性。目前已有的对社会主义核心价值观的研究主要是关于培育和践行社会主义核心价值观的路径研究，关于大学生群体对社会主义核心价值观的认同感研究虽然有一部分，但是量化研究相对较少，目前还没有一套信度和效度较为良好的工具对大学生社会主义核心价值观的认同感进行测量。基于此，本课题研究立足于前人研究，从社会主义核心价值观的三个层面及其精神内涵出发，编制了一套信效度较好的可以对大学生社会主义核心价值观认同感进行调查的量表，并在全省高校进行取样测验，获取了较为宝贵的第一手资料。

（二）　大学生社会主义核心价值观认同感量表试测版的编制过程

在编制量表之前，我们首先考虑社会主义核心价值观在社会主义核心价值体系中是十分重要且中心的地位，是独属于中国的，它既是我国在建设现代化国家进程中努力追求的目标，也是我国在坚持中国特色社会主义道路中始终如一的价值理念和公民基本道德规范。本研究关注的是高校学生对社会主义核心价值观的认同感情况，这不仅包括对其内涵的理解与评价，也包括公民在日常行为中如何体现其内涵。换言之，本研究既考虑态度，也考虑行为——态度是具有内隐性的，而对行为的考察则更为容易和准确。关于研究工具，《大学生社会主义核心价值观认同感量表》是由我们自己编制的，这不仅是一个具有评价性质的量表，也是具有一定调查性质的综合性量表。至于研究对象，需要具有一定的代表性，大学生群体是社会主义核心价值观培育中不可忽略的群体，也是社会主义现代化建设事业中的一股清流，因此我们在量表编制时要紧密结合当前大学生的心理发展状态以及与其切实相关的社会问题，从社会主义核心价值观的内涵出发，确定了量表编制的理论框架。

1. 确定量表框架

由于研究变量的特殊性，我们在编制量表时，对其理论框架是这样界定的：先将社会主义核心价值观的三个层面作为其三个分量表；在各分量表内部保留其原本的四个词作为它的四个维度。对于国家分量表来说，富强维度主要包括对国家经济水平的认同程度、对生活水平的认同程度、对国家实力的认同程度、对国家主权的认同程度；民主维度则主要包括对选举制度、政府信息公开度、基层民主制度、政党制度方面的认同程度；文明维度主要包括对教育水平、科学技术水平、国民整体素质、传统文化、现代文化等方面的认同程度。对于社会分量表来说，和谐维度主要包括对社会稳定、民族团结、人际交往、生态和谐、地域和谐方面的认同程度；自由维度则包括言论自由、意志自由、行动自由（例如行为艺术等）、恋爱自由（例如同性恋等）；平等维度则包括城乡平等、性别平等、官民地位平等、贫富平等；公正维度则主要是公安机关执法、正义行为、分配制度公平、教育公平；法治维度主要是法律体系的完善（包括公民权利、惩罚犯罪行为、法律的约束力或震慑力）。对于个人分量表来说，在爱国维度上主要考察对代表国家形象的标志维护、服兵役、报效祖国、理性爱国、民族团结、祖国统一等方面的认同程度；敬业维度主要包括对工作的热情、对工作中迟到早退现象的看法、对工作误差的态度以及集体利益和个人利益冲突时的个体行为等；诚信维度则包括信守承诺、对于作弊行为的态度、守时、诚实；友善维度则包括助人行为、主动结交他人、尊重他人等。

2. 量表的初步编制

通过查阅国家相关政策文件及相关文献，参考前人研究成果，根据已确定的量表框架进行量表编制，形成 115 道题。通过征询心理测量学专家的意见，删去意义重复、表述有歧义的 28 道题，最终形成 87 道题的预试版量表（见表 4 -1）。

表 4 -1　各分量表及其维度项目分布情况

分量表及其各维度	项目分布情况
国家层面分量表	29 道题
富强	8 道题：1,13,25,36,48,60,72,82
民主	6 道题：2,14,26,37,49,61
文明	8 道题：3,15,27,38,50*,62,73,83
和谐	7 道题：4,16,39,51,63,74,84*
社会层面分量表	27 道题
自由	7 道题：5,17,28,40*,52*,64,75
平等	7 道题：6,18,29*,41,53,65,76
公正	7 道题：7,19,30*,42,54*,66,77
法治	6 道题：8,20,31,43*,55,67
个人层面分量表	31 道题
爱国	8 道题：9,21,32,44,56,68*,78*,85
敬业	8 道题：10,22,33,45*,57,69,79,86
诚信	7 道题：11,23*,34,46,58,70,80
友善	8 道题：12,24,35*,47,59,71,81*,87

注：标 * 的为反向计分题。

（三）大学生社会主义核心价值观认同感量表试测版测试与分析校正

1. 试测版问卷的取样测试

2017 年 3 ~4 月，课题组在河南省抽取了河南大学、河南师范大学、华北水利水电大学、河南农业大学 4 所高校，采用自编的认同感预试量表，利用整群抽样的方法，共发放量表 500 份，回收 480 份，剔除无效问卷57份，获有效问卷423份，有效率为88.13%，选取有效样本作为预试被试。

2. 试测版问卷的测试数据处理

在试测版问卷回收后，我们对试测调研数据进行了录入系统工作。我们使用SPSS21.0处理数据，进行项目分析和因子分析等操作。

（1）项目分析

项目分析的目的在于检验量表的可行性和适切性。该过程对试测量表的三个分量表依次进行了题项与其所在维度总分之间的相关分析以及题项间同质性检验。决定题项删除与否的标准为：校正后的题总相关低于0.4，删除题项后α值有无明显提高，题项因素负荷量小于0.45。[①] 在具体筛选题项时，考虑到部分题项的适切性，对满足上述删题标准中至少两条的题目予以删除。各分量表的项目分析结果见表4-2～表4-4。

表4-2 国家层面分量表项目分析情况

维度	题项	题总相关（已校正）	题项删除后α值	因素负荷量	备注
富强	1	0.423	0.741	0.558	
	13	0.515	0.724	0.661	
	25	0.464	0.732	0.632	
	36	0.529	0.721	0.694	
	48	0.546	0.716	0.708	
	60	0.472	0.734	0.632	
	72	0.460	0.733	0.623	
	82	0.307	0.765	0.419	删除
	删题标准	低于0.4	大于0.759	小于0.45	
民主	2	0.382	0.781	0.535	删除
	14	0.473	0.756	0.628	
	26	0.575	0.731	0.745	
	37	0.676	0.704	0.821	
	49	0.599	0.724	0.766	
	61	0.458	0.761	0.627	
	删题标准	低于0.4	大于0.777	小于0.45	

[①] 吴明隆著《问卷统计分析实务——SPSS操作与应用》，重庆大学出版社，2010，第192页。

续表

维度	题项	题总相关（已校正）	题项删除后 α 值	因素负荷量	备注
文明	3	0.375	0.659	0.563	
	15	0.448	0.642	0.601	
	27	0.492	0.63	0.659	
	38	0.479	0.638	0.625	
	50	−0.004	0.755	−0.006	删除
	62	0.427	0.646	0.641	
	73	0.455	0.640	0.687	
	83	0.481	0.636	0.680	
	删题标准	低于 0.4	大于 0.688	小于 0.45	
和谐	4	0.361	0.519	0.613	
	16	0.433	0.497	0.682	
	39	0.344	0.526	0.570	
	51	0.254	0.562	0.464	
	63	0.277	0.552	0.506	
	74	0.250	0.569	0.470	
	84	0.220	0.568	0.444	删除
	删题标准	低于 0.4	大于 0.580	小于 0.45	

表 4-3 社会层面分量表项目分析情况

维度	题项	题总相关（已校正）	题项删除后 α 值	因素负荷量	备注
自由	5	0.304	0.359	0.585	
	17	0.258	0.387	0.559	
	28	0.316	0.360	0.578	
	40	0.079	0.485	0.182	删除
	52	0.045	0.504	0.121	删除
	64	0.300	0.365	0.697	
	75	0.258	0.389	0.583	
	删题标准	小于 0.4	大于 0.446	小于 0.45	
平等	6	0.229	0.364	0.611	
	18	0.376	0.287	0.699	
	29	−0.015	0.486	0.002	删除
	41	0.272	0.339	0.506	
	53	0.315	0.299	0.676	
	65	−0.026	0.468	−0.028	删除
	76	0.197	0.385	0.460	
	删题标准	小于 0.4	大于 0.421	小于 0.45	

65

续表

维度	题项	题总相关 （已校正）	题项删除 后 α 值	因素 负荷量	备注
公正	7	0.272	0.649	0.453	
	19	0.432	0.603	0.640	
	30	0.244	0.656	0.413	删除
	42	0.442	0.597	0.673	
	54	0.286	0.643	0.446	删除
	66	0.490	0.583	0.714	
	77	0.405	0.609	0.629	
	删题标准	小于 0.4	大于 0.657	小于 0.45	
法治	8	0.177	0.500	0.425	删除
	20	0.414	0.373	0.691	
	31	0.292	0.447	0.605	
	43	0.046	0.570	0.098	删除
	55	0.317	0.440	0.636	
	67	0.350	0.413	0.645	
	删题标准	小于 0.4	大于 0.509	小于 0.45	

表4-4　个人层面分量表项目分析情况

维度	题项	题总相关 （已校正）	题项删除 后 α 值	因素 负荷量	备注
爱国	9	0.413	0.453	0.656	
	21	0.470	0.444	0.741	
	32	0.385	0.451	0.600	
	44	0.357	0.461	0.554	
	56	0.489	0.429	0.742	
	68	-0.038	0.618	0.100	删除
	78	-0.036	0.616	0.060	删除
	85	0.286	0.486	0.514	
	删题标准	低于 0.4	大于 0.533	小于 0.45	
敬业	10	0.398	0.551	0.593	
	22	0.330	0.573	0.517	
	33	0.450	0.544	0.701	
	45	0.122	0.638	0.245	删除
	57	0.294	0.583	0.478	
	69	0.155	0.631	0.284	删除
	79	0.392	0.556	0.658	
	86	0.502	0.546	0.736	

续表

维度	题项	题总相关（已校正）	题项删除后 α 值	因素负荷量	备注
	删题标准	低于 0.4	大于 0.611	小于 0.45	
诚信	11	0.355	0.447	0.666	
	23	0.160	0.534	0.391	删除
	34	0.390	0.434	0.692	
	46	0.188	0.519	0.324	删除
	58	0.263	0.482	0.532	
	70	0.203	0.506	0.325	
	80	0.313	0.467	0.620	
	删题标准	低于 0.4	大于 0.523	小于 0.45	
友善	12	0.340	0.399	0.580	
	24	0.330	0.396	0.650	
	35	− 0.007	0.556	− 0.080	删除
	47	0.268	0.427	0.577	
	59	0.399	0.399	0.585	
	71	0.308	0.410	0.584	
	81	− 0.091	0.554	− 0.247	删除
	87	0.362	0.393	0.644	
	删题标准	低于 0.4	大于 0.480	小于 0.45	

（2）因素分析

在项目分析后，为了检验量表的建构效度，需要进行因素分析，即检测该量表能测量理论的概念或特质的程度。该过程主要包括分别计算各分量表的变量间的相关矩阵、估计因素负荷量（本研究采用的是主成分分析法）、决定转轴方法使因素负荷量易于解释（本研究采用直交转轴法中的最大变异法），并最终选取因素层面，获得较大的解释量。在此过程中我们保留共同因素的原则主要有：对各分量表强行萃取 4 个因素；保留特征根大于 1 的因素；所萃取的共同因素能解释的全体变量累计变异量在50% 以上。

在国家层面分量表的因素分析过程中，共删题 12 道，依次删除的题目为：27、38、39、13、74、15、72、63、3、1、51、14。最终保留 13 道题。KMO 值达到 0.839，表明很适合进行因素分析，具体结果见表 4 - 5。

表4-5 国家层面分量表因素分析结果摘要表

题项变量及题目	最大变异法直交转轴后的因素负荷量				共同性
	民主	文明	富强	和谐	
26	0.815				0.705
37	0.785				0.718
49	0.771				0.712
61	0.522				0.470
62		0.827			0.705
83		0.683			0.548
73		0.678			0.593
60			0.857		0.751
48			0.654		0.599
36			0.574		0.564
4				0.783	0.627
16				0.633	0.544
25				0.529	0.500
特征值	2.373	2.098	1.823	1.740	8.034
解释变异量%	18.253	16.140	14.024	13.386	61.803
累计解释变异量%	18.253	34.392	48.417	61.803	

在社会层面分量表因素分析过程中，共删题6道，依次删除的题目为：20、19、7、67、31、6。最终保留13道题。KMO值达到0.805，表明很适合进行因素分析，具体分析结果见表4-6。

表4-6 社会层面分量表因素分析结果摘要表

题项变量及题目	最大变异法直交转轴后的因素负荷量				共同性
	平等	公正	法治	自由	
66	0.776				0.614
18	0.698				0.594
53	0.693				0.503
42	0.659				0.609
76		0.813			0.718
75		0.795			0.680
77		0.565			0.521
41			0.799		0.680
28			0.556		0.428

续表

题项变量及题目	最大变异法直交转轴后的因素负荷量				共同性
	平等	公正	法治	自由	
55		0.512			0.413
5				0.741	0.613
17				0.729	0.605
64				0.515	0.468
特征值	2.346	1.864	1.649	1.585	7.444
解释变异量%	18.048	14.336	12.685	12.194	57.263
累计解释变异量%	18.048	32.384	45.068	57.263	

　　在个人层面分量表的因素分析过程中，共删题8道，删除题目的顺序为：80、34、47、9、70、12、85、86。最终保留15道题。KMO值达到0.858，说明很适合进行因素分析，具体分析结果见表4-7。

表4-7　个人层面分量表因素分析结果摘要表

题项变量及题目	最大变异法直交转轴后的因素负荷量				共同性
	爱国	友善	敬业	诚信	
33	0.709				0.617
79	0.684				0.566
56	0.652				0.512
32	0.638				0.524
44	0.592				0.477
21	0.492				0.432
24		0.774			0.623
87		0.687			0.513
71		0.595			0.404
59		0.378			0.356
22			0.744		0.629

续表

题项变量及题目	最大变异法直交转轴后的因素负荷量				共同性
	爱国	友善	敬业	诚信	
10			0.638		0.570
11			0.614		0.549
58				0.742	0.631
57				0.685	0.611
特征值	2.796	1.931	1.809	1.479	8.015
解释变异量%	18.642	12.871	12.060	9.861	53.435
累计解释变异量%	18.642	31.514	43.574	53.435	

（3）信效度检验

经过项目分析与因子分析后，保留了41道题，形成正式量表，此时对其进行信效度的检验。对于信度，本文采用克伦巴赫 α 系数来鉴定该量表的信度，结果见表4－8。

表4－8　各分量表及正式量表信度情况

	项数	克伦巴赫 α 系数
国家层面分量表	13	0.830
社会层面分量表	13	0.765
个人层面分量表	15	0.814
总量表	41	0.907

一般认为，α 系数值介于 0.7～0.8 说明信度相当好，介于 0.8～0.9 说明信度非常好，从表4－8来看，各分量表与总量表的信度在 0.765～0.907，这说明该量表具有较高的内部一致性和可靠性。

对于效度，除了在因素分析中得到的建构效度，即各分量表中特征根大于1的因素方差解释量达到 53.435%～61.803%，本研究还采用皮尔逊积差相关系数考察了各维度与总分之间的相关，即为内部效度，结果见表4－9。

表4-9　各维度之间以及各维度与总分之间的相关

	总分	个人层面分量表	友善	诚信	敬业	爱国	社会层面分量表	法治	公正	平等	自由	国家层面分量表	和谐	文明	民主	富强
富强	1															
民主		1														
文明			1													
和谐				1												
国家层面分量表					1											
自由						1										
平等							1									
公正								1								
法治									1							
社会层面分量表										1						
爱国											1					
敬业												1				
诚信													1			
友善														1		
个人层面分量表															1	
总分																1

注：** 在0.01水平（双侧）上呈显著相关。

相关分析的结果显示，分量表之间的相关在 0.547～0.716，说明各分量表之间的独立性一般；各分量表与总分之间的相关在 0.810～0.883，相关达到极为显著的水平；各维度之间的相关在 0.012～0.583，说明各维度之间存在较好的区分性；各维度与总分之间的相关在 0.379～0.709，达到显著水平，表示该量表具有较好的内容效度。

关于量表的信度，一般认为，α 系数值介于 0.7～0.8 说明信度相当好，介于 0.8～0.9 表明信度非常好，从表 4－8 来看，各分量表与总量表的信度在 0.765～0.907，说明该量表具备较高的内部一致性和可靠性。而对于内容效度来说，因为研究变量本身已有较为明确的结构，因此我们保留了三个层面作为三个分量表，将各层面下的四个关键词作为各自分量表的小维度，但是在确定各小维度的操作定义时，我们发现各个维度虽然是分开的，但并不是毫无关系的，各层面、各维度之间是紧密联系、相辅相成的。国家层面是社会主义核心价值观中的最高层次，统领社会层面和个人层面，个人层面包含公民社会道德生活的各个范畴，是公民道德行为的尺度，这既是基于个人对祖国的依赖关系，也是基于个人社会层面的内涵所表现的价值取向。因此各层面之间、各维度之间的相关性较高，区分性相对较低。但是总体来说，其与总量表的相关程度达到显著水平，表明该量表能较好地测量其对社会主义核心价值观的认同感这一变量。

3. 试测版量表校正基础上正式版量表的形成与编制

根据以上诸过程，我们编印了《大学生社会主义核心价值观认同感量表》（正式施测版），详见附录 2（2）。我们用量表正式施测版选取河南省高校大学生作为被试进行测试。下文将对正式施测的调研问卷进行统计分析。

三　《大学生社会主义核心价值观认同感量表》的正式施测

（一）　正式施测高校及发放问卷情况

《大学生社会主义核心价值观认同感量表》正式施测版编制以后，

我们立即着手进行正式施测调研。关于调研对象，我们选取了河南省 15 所高校的大学生。考虑到学校所在城市、学校水平等各方面因素，课题组于 2017 年 9～11 月抽取河南大学、安阳师范学院、河南财政金融学院、河南工业大学、河南牧业经济学院、华北水利水电大学、黄河水利职业技术学院、开封大学、三门峡职业技术学院、信阳师范学院、郑州大学、郑州旅游职业学院、郑州师范学院、周口师范学院、驻马店职业技术学院共 15 所高校，采用大学生社会主义核心价值观认同感正式量表，通过整群抽样的方式，共发放量表 4140 份，回收量表 3954 份，去除无效问卷后，获得数据录入的有效问卷 3565 份，有效率为 90.16%，选取有效样本作为正式测验的被试。具体高校名称、发放问卷数、回收问卷数和有效问卷数详见表 4－10。

表 4－10　社会主义核心价值观培育和践行专题调研问卷学生部分

单位：份

学校代码	学校名称	发放问卷数	回收问卷数	有效问卷数
2	周口师范学院	200	198	182
3	华北水利水电大学	200	197	221
8	河南大学－环境与规划学院	90	88	76
9	河南大学－经济学院	60	59	47
11	河南大学－生命科学学院	80	77	65
11	河南大学－研究生院（博士生）	40	40	40
12	河南大学－马克思主义学院	90	83	62
13	河南大学－文学院	80	77	71
14	河南大学－体育学院	50	48	38
15	河南大学－艺术学院	50	50	33
16	河南大学－医学院	80	78	66
17	河南大学－物理与电子学院	80	80	62
18	河南大学－历史文化学院	90	84	75
19	河南大学－土木建筑学院	100	98	85
20	河南大学－教育科学学院	130	118	113

续表

学校代码	学校名称	发放问卷数	回收问卷数	有效问卷数
21	河南大学－国际教育学院	160	158	157
22	河南大学－数学与统计学院	60	47	47
26	安阳师范学院	200	198	180
27	河南牧业经济学院	300	292	279
32	河南工业大学	200	181	151
33	驻马店职业技术学院	200	185	175
34	三门峡职业技术学院	200	197	171
35	郑州师范学院	200	198	200
36	郑州旅游职业学院	200	198	148
37	黄河水利职业技术学院	200	196	180
38	河南财政金融学院	200	176	134
39	开封大学	200	175	151
40	信阳师范学院	200	193	174
58	郑州大学	200	185	182
合计		4140	3954	3565

注：《大学生社会主义核心价值观认同感量表》《高校培育和践行社会主义核心价值观情况调研问卷》（学生版）和《大学生中华优秀传统文化知识测验问卷》三个问卷由于都是面向学生发放调研的，在印制时我们将其印制在一起，因此这三个问卷调研的高校和调研的对象信息是完全一致的；河南大学调研问卷录入时进行了学院层次的区分，以备统计分析使用；因当时录入学校代码设置局限，在录入河南大学生命科学学院调研问卷和河南大学部分博士生调研问卷时使用了同一个代码，但在统计中完全能进行分类区别，所以不影响统计分析结果。

（二）正式施测的调研对象具体情况梳理

如上文所述，社会主义核心价值观培育和践行专题调研问卷（学生问卷）包括三个分问卷：认同感量表、培育和践行情况调研问卷、优秀传统文化知识测试问卷。问卷被装订在一起分发，调研及调研对象完全同步一致，涵盖专科生、本科生、研究生三个层次的在校大学生，其性别比、年级、政治面貌、专业类别、生源地、是否是学生干部、是否是独生子女等基本信息情况如表4－11到表4－17所示。

表 4 - 11　社会主义核心价值观培育和践行专题调研对象的性别比例

单位：%

1. 男 2. 女	频率	百分比	有效百分比	累积百分比
1	1191	33.4	33.4	33.4
2	2374	66.6	66.6	100.0
合计	3565	100.0	100.0	

表 4 - 12　社会主义核心价值观培育和践行专题调研对象的干部比例

单位：%

1. 学生干部 2. 非学生干部	频率	百分比	有效百分比	累积百分比
1	1011	28.4	28.4	28.4
2	2554	71.6	71.6	100.0
合计	3565	100.0	100.0	

表 4 - 13　社会主义核心价值观培育和践行专题调研对象中的独生子女比例

单位：%

1. 独生子女 2. 非独生子女	频率	百分比	有效百分比	累积百分比
1	757	21.2	21.2	21.2
2	2808	78.8	78.8	100.0
合计	3565	100.0	100.0	

表 4 - 14　社会主义核心价值观培育和践行专题调研对象的年级情况

单位：%

1～10 依次为：大一、大二、大三、大四、硕一、硕二、硕三、博一、博二、博三及以上	频率	百分比	有效百分比	累积百分比
1	663	18.6	18.6	18.6
2	1562	43.8	43.8	62.4
3	1038	29.1	29.1	91.6
4	217	6.1	6.1	97.6
5	22	0.6	0.6	98.3
6	17	0.5	0.5	98.7
7	10	0.3	0.3	99.0
8	35	1.0	1.0	100.0
9	0	0	0	0
10	1	0	0	18.6
合计	3565	100.0	100.0	

表4-15　社会主义核心价值观培育和践行专题调研对象学生专业类别情况

单位：%

1～5依次为:人文社科、理工农医、体育艺术、军警国防、其他	频率	百分比	有效百分比	累积百分比
1	1465	41.1	41.1	41.1
2	1048	29.4	29.4	70.5
3	267	7.5	7.5	78.0
4	4	0.1	0.1	78.1
5	781	21.9	21.9	100.0
合计	3565	100.0	100.0	

表4-16　社会主义核心价值观培育和践行专题调研对象学生生源地情况

单位：%

1. 农村 2. 中小城市(县城、地级市) 3. 大城市(省会级城市)	频率	百分比	有效百分比	累积百分比
1	2190	61.4	61.4	61.4
2	1187	33.3	33.3	94.7
3	188	5.3	5.3	100.0
合计	3565	100.0	100.0	

表4-17　社会主义核心价值观培育和践行专题调研对象学生政治面貌情况

单位：%

1. 中共党员 2. 共青团员 3. 其他	频率	百分比	有效百分比	累积百分比
1	185	5.2	5.2	5.2
2	3250	91.2	91.2	96.4
3	130	3.6	3.6	100.0
合计	3565	100.0	100.0	

由此可以看出，社会主义核心价值观培育和践行专题调研问卷面向的学生群体的基本信息情况是：在性别上，男女生均占一定比例，女生所占比例较大，男女生比例为1:2；在年级层次上，本科大二学生是调研对象的主体，大三本科学生所占比例也不少，大二和大三本科学生共占比例超过70%；在学生政治面貌上，党员数量较少，不到10%，团员数量较多，

超过 90%；在专业类别方面，人文社科最多，其次是理工农医，二者总和超过 70%；在生源方面看，农村大学生超过 60%，来自一般城市的大学生占比达三分之一；在关于是否是学生干部方面，学生干部比例不到 30%，70% 以上为非学生干部；在独生子女比例上，独生子女占比超过 20%。

　　下文将着重分析大学生社会主义核心价值观认同感量表施测情况。此后再分别统计、分析对大学生眼中社会主义核心价值观的培育和践行情况的调研和大学生中华优秀传统文化知识测试情况。

（三）正式施测的结果分析与讨论

1. 正式施测的基本数据处理

　　在问卷有效数据录入后，我们使用 SPSS21.0 处理数据，以社会主义核心价值观认同感各分量表以及总分得分为指标，对不同性别、是否是学生干部、是否是独生子女进行独立样本的 t 检验，对政治面貌、生源地、年级、专业进行单因素方差分析等操作，结果见表 4-18 到表 4-24 所示。

表 4-18　不同性别大学生在社会主义核心价值观各层面的认同感差异比较

检验变量	性别	样本量	均值	标准差	t 值	p 值
国家层面	男	1191	51.88	7.75	1.796	0.073
	女	2374	51.40	6.78		
社会层面	男	1191	51.14	8.21	1.246	0.213
	女	2374	50.79	6.85		
个人层面	男	1191	63.91	7.71	1.763	0.078
	女	2374	63.45	6.64		
总量表	男	1191	166.93	22.10	1.717	0.086
	女	2374	165.65	18.65		

表 4-19　学生干部与否在社会主义核心价值观各层面认同感差异比较

检验变量	是否是学生干部	样本量	均值	标准差	t 值	p 值
国家层面	是	1011	51.75	7.14	0.972	0.331
	否	2554	51.49	7.12		
社会层面	是	1011	50.86	7.43	-0.220	0.826
	否	2554	50.92	7.30		

检验变量	是否是学生干部	样本量	均值	标准差	t 值	p 值
个人层面	是	1011	63.83	7.52	1.185	0.236
	否	2554	63.52	6.81		
总量表	是	1011	166.44	20.54	0.672	0.501
	否	2554	165.93	19.61		

表 4 - 20　独生子女与否在社会主义核心价值观各层面的认同感差异比较

检验变量	是否是独生子女	样本量	均值	标准差	t 值	p 值
国家层面	是	757	51.71	7.50	0.637	0.524
	否	2808	51.52	7.02		
社会层面	是	757	50.66	7.87	-1.011	0.312
	否	2808	50.98	7.18		
个人层面	是	757	63.77	7.38	0.737	0.461
	否	2808	63.56	6.92		
总量表得分	是	757	166.14	21.18	0.099	0.921
	否	2808	166.06	19.51		

由表 4 - 18～表 4 - 20 可知，不同性别、是否是学生干部以及是否是独生子女在分量表及总认同感量表得分上无显著差异。

F 检验表明，在国家层面、社会层面、个人层面以及总认同感量表得分上，不同年级的大学生存在显著差异（$p < 0.001$），因此需要对其进行进一步的事后检验。而在之前的方差同质性检验中，就社会层面分量表来说，Levene 统计量达到 0.965，$p = 0.425 > 0.05$，没有达到 0.05 的显著水平，应接受虚无假设，也就是说样本方差具有同质性，此时用最小显著差法（Least-Significant Difference，LSD）进行事后检验。而对于国家层面分量表（$p = 0.027$）、个人层面分量表（$p = 0.000$）以及总分（$p = 0.012$）来说，Levene 统计量均达到显著水平，应拒绝虚无假设，样本方差违反了同质性原则，此时用 Tamhane's T2 检验法进行事后检验，结果见表 4 - 21。

表 4 – 21　不同年级的大学生在社会主义核心价值观各层面的
认同感方差分析及事后比较

	国家层面分量表		社会层面分量表		个人层面分量表		总分	
	均值	标准差	均值	标准差	均值	标准差	均值	标准差
大一	53.78	6.58	52.87	6.94	65.55	6.65	172.21	18.54
大二	51.37	7.25	50.76	7.38	63.21	7.50	165.34	20.57
大三	50.21	6.85	49.54	7.18	62.66	6.29	162.41	18.65
大四	52.70	7.40	52.55	7.17	64.33	7.12	169.59	20.21
其他	51.41	6.94	50.75	7.79	65.38	5.50	167.54	18.33
F 值	27.996 ***		24.476 ***		21.083 ***		27.784 ***	
事后比较结果	1 > 2, 1 > 3, 1 > 5, 2 > 3, 4 > 3		1 > 2, 1 > 3, 1 > 5, 2 > 3, 4 > 2, 4 > 2		1 > 2, 1 > 3, 5 > 2, 4 > 3, 5 > 3		1 > 2, 1 > 3, 2 > 3, 4 > 2, 4 > 3	

注：*** 在 .001 水平（双侧）上显著；1、2、3、4、5 分别代表"大一""大二""大三""大四""其他"。

根据表 4 – 21，由事后比较的结果可知以下几点。就国家层面而言，大一组群体显著高于大二组群体、大三组群体和其他年级群体；大二组群体显著高于大三组群体；大三组群体显著低于大四组群体。就社会层面而言，大一组群体显著高于大二组群体、大三组群体和其他年级群体；大二组群体显著高于大三组群体，显著低于大四组群体；大三组群体显著低于大四组群体。就个人层面而言，大一组群体显著高于大二组、大三组群体；大二组群体显著低于其他年级组群体；大三组群体显著低于大四组和其他年级群体。就认同感量表总分而言，大一组群体显著高于大二组和大三组群体；大二组群体显著高于大三组群体，显著低于大四组群体；大三组群体显著低于大四组群体。

除了个人层面分量表以外，不同专业的学生在国家层面分量表、社会层面分量表以及总认同感量表得分上存在显著差异，需要进行进一步的事后检验。根据方差齐性检验的结果，国家层面分量表（p = 0.110）、社会层面分量表（p = 0.689）及总认同感量表（p = 0.447）均满足方差同质性假设，因此选用 LSD 检验进行事后比较，结果见表 4 – 22。

表 4 - 22   不同专业的大学生在社会主义核心价值观各层面的认同感方差分析

	国家层面分量表		社会层面分量表		个人层面分量表		总分	
	均值	标准差	均值	标准差	均值	标准差	均值	标准差
人文社科	51.10	6.96	50.33	7.10	63.27	6.76	164.69	19.14
理工农医	51.65	7.13	50.89	7.46	63.80	7.12	166.34	20.24
体育艺术	50.95	7.66	50.62	7.66	63.66	7.11	165.23	20.59
军警国防	48.75	10.11	50.75	9.18	61.25	6.55	160.75	25.30
其他	52.54	7.13	52.13	7.34	63.95	7.31	168.62	20.24
F 值	5.963***		7.856***		1.638		5.234***	
事后比较结果	5>1,5>2,5>3,		5>1,5>2,5>3,		—		5>1,5>2, 5>3,2>1	

注：** 在 .001 水平上显著；1、2、3、4、5 分别代表"人文社科""理工农医""体育艺术""军警国防""其他"。

由事后检验的结果可知，就国家层面而言，人文社科、理工农医、体育艺术专业均显著低于其他专业；社会层面和总认同感量表得分的结果亦是如此；而对于总量表得分来说，人文社科组还显著低于理工农医专业组。

由表 4 - 23 可得，不同生源地的大学生在社会主义核心价值观各层面以及总量表得分上不存在显著差异。

表 4 - 23   不同生源地的大学生在社会主义核心价值观各层面的认同感方差分析

	国家层面分量表		社会层面分量表		个人层面分量表		总分	
	均值	标准差	均值	标准差	均值	标准差	均值	标准差
农村	51.43	7.02	50.99	7.24	63.51	6.94	165.92	19.57
中小城市	51.77	7.34	50.89	7.49	63.76	7.22	166.41	20.52
大城市（省会城市）	51.80	6.91	50.10	7.41	63.80	6.65	165.70	19.29
F 值	1.012		1.278		0.538		0.271	

不同政治面貌的大学生在社会主义核心价值观个人层面的认同感有显著差异，因此需要进行事后检验。根据方差齐性检验的结果，个人分量表的 Levene 统计量达到 3.434，$p = 0.032 < 0.05$，达到显著水平，应拒绝虚

无假设，也就是说样本方差不具有同质性，此时用 Tamhane's T2 检验法进行事后比较，结果见表 4 - 24。

表 4 - 24　不同政治面貌的大学生在社会主义核心价值观各层面的认同感方差分析

	国家层面分量表		社会层面分量表		个人层面分量表		总分	
	均值	标准差	均值	标准差	均值	标准差	均值	标准差
中共党员	52.46	7.69	51.63	7.72	64.79	7.37	168.89	21.23
共青团员	51.53	7.05	50.90	7.26	63.57	6.97	166.00	19.66
其他	51.07	8.05	50.13	8.64	62.71	7.63	163.91	22.83
F 值	1.813		1.636		3.760 *		2.650	
事后比较结果	—		—		1 > 3		—	

注：* 在 0.05 水平上显著；1、3 分别代表"中共党员""其他"。

通过多重比较结果可知，对于个人层面来说，中共党员组群体显著高于其他组群体。

2. 正式施测的调查结果讨论分析

上述调查结果显示，性别、是否是学生干部、是否是独生子女在各层面认同感得分上均无显著差异，而不同年级、专业和政治面貌在各层面认同感得分上存在显著差异。

首先，在年级上，大三学生的认同感显著低于大一、大二年级，大一年级在各层面包括总量表的认同感得分上均呈现较高水平。这与已有的研究成果是基本一致的，不同的大学生群体表现显著不同的社会主义核心价值观认同感，在对大一至大四年级"社会主义核心价值观内涵了解程度"的调查中，大一学生所占比例最高，占总调查样本的百分之五十以上。[①]不管是已有研究，还是本研究均得出了与一般性认知有所出入的结果——因为一般认为，随着年级的增长，个体的知识储备、心智水平、想法情感均发展至相对更高的水平。结合大一至大四的个体年龄阶段以及发展心理学的观点来看，大一时个体应该刚进入成年早期，在进入大学之前，个体

---

① 郁艳花：《大学生社会主义核心价值观认同感的群体性比较研究》，《中共郑州市委党校学报》2014 年第 4 期，第 104 ~ 106 页。

习惯以他律为主的学习方式、生活方式，因此对于社会主义核心价值观也更易接受和理解内化；而对于大三年级学生来说，大三是学业较为紧张的一年，很多人也面临人生发展的重要节点，个体在这个阶段需要解决的问题除了对自我的认知还包括对自我该去向何处、如何发展、如何过完一生的思考，因此可能对社会主义核心价值观的认同感产生一定影响。

其次，对于专业来说，本研究发现在总的认同感量表得分上，理工农医类学生显著高于人文社科类学生，这与前人研究有所不同。一般认为，文科专业的理论素养略好于理工科专业，这与其专业知识结构、所处环境、思维方式和理解能力均有较大关系。[①] 但以往也有研究从大学生对社会主义核心价值观的认知认同、情感认同、行为认同三个方面进行现状调查，发现理科学生在认知认同方面要显著优于文科学生，而在情感认同和践行阶段又显著低于文科学生。[②] 本研究关注的大学生对社会主义核心价值观的认同感既包括该群体基于其内涵和精神所产生的认知认同，也包括行为认同，结合我们的量表结构不难发现，这二者不是割裂的，而是紧密联系不分彼此的，因此本研究中理工农医类学生认同感显著高于人文社科类学生的现象是有理可循的。

3. 正式施测的效果及推广使用

上述调研分析也表明，大学生社会主义核心价值观认同感量表具有较好的同质性信度、建构效度和内容效度，可以作为测评大学生对社会主义核心价值观认同状况的工具，在全国高校推广使用，为各高校有针对性地培育和践行社会主义核心价值观及其长效机制的构建提供有力的量化依据。这也是本课题研究取得的一项有益的成果。

四 社会主义核心价值观培育和践行 （学生问卷）调研分析

为具体了解河南省高校社会主义核心价值观培育和践行情况，我们在

---

① 杜春晓：《大学生对社会主义核心价值观的认同现状与对策——基于 T 学院新生的调查》，《安顺学院学报》2017 年第 5 期，第 44～47、64 页。

② 郗艳花：《大学生社会主义核心价值观认同感的群体性比较研究》，《中共郑州市委党校学报》2014 年第 4 期，第 104～106 页。

对河南省大学生进行社会主义核心价值观认同感调研的同时，同步展开了本调研。通过分析调研数据，我们获得了河南省高校社会主义核心价值观培育和践行的第一手资料，为该项目研究提供了丰富和宝贵的素材。调研基本情况如下。

（一）调研对象的基本信息情况

前文已述，本调研与大学生进行社会主义核心价值观认同感调研同时同步展开，调研对象完全一致，其基本信息情况如表 4 - 11 到表4 - 17 所示。

（二）调研问卷内容的统计分析

面向在校大学生对高校社会主义核心价值观培育和践行情况的调研内容也十分丰富。根据调研问卷具体内容，我们主要从以下几方面展开统计与分析。

1. 大学生对社会主义核心价值观有关问题的认识

一是关于大学生社会主义核心价值观的理论认识方面。从表 4 - 25 可以看出在对一个国家具有全民共同认可的核心价值观、形成伦理共识的认识中，63.3% 的大学生认为十分必要；35.2% 的大学生认为有一定必要；认为没有必要或无所谓的比例很小，占 1.5%。在对核心价值观与价值观多元化之间的关系的认识中，67.3% 的大学生认识到核心价值观是多元价值观的轴心和根基；但也有少量的大学生对核心价值观有泛化或一般化的认识。在高校宣讲和传播中华优秀传统文化方式上，62.1% 的大学生认为最好的方式是通过学院或院系组织的各种文化活动，而通过课堂主渠道和通过相关学术讲座或在线交流也是很好的方式。此外，在对"大众创业、万众创新"的时代中通晓文化与创新的关系的认识上，57.6% 的大学生认为通晓文化对推动和激励创新有一定作用，而 36.9% 的大学生更是认为通晓文化能够有力地推动和鼓励创新，5.6% 的大学生则有不同意见，认为通晓文化对创新的推动和激励作用不明显或可能是一种障碍。

表 4－25　大学生对社会主义核心价值观的理论认识

单位：%

(1)对一个国家具有全民共同认可的核心价值观、形成伦理共识的认识

选项	频率	百分比	有效百分比	累积百分比
没有必要	21	0.6	0.6	0.6
十分必要	2256	63.3	63.3	63.9
无所谓	32	0.9	0.9	64.8
有一定必要	1256	35.2	35.2	100.0
合计	3565	100.0	100.0	

(2)对核心价值观与价值观多元化之间的关系的认识

选项	频率	百分比	有效百分比	累积百分比
二者并行不悖	658	18.5	18.5	18.5
二者无本质的区别	27	0.8	0.8	19.3
核心价值观是轴心根基	2399	67.3	67.3	86.6
核心价值观只是多元价值观的一种	481	13.5	13.5	100.0
合计	3565	100.0	100.0	

(3)对高校宣讲和传播中华优秀传统文化的最好方式的认识

选项	频率	百分比	有效百分比	累积百分比
通过课堂主渠道	557	15.6	15.6	15.6
通过推荐读书活动	381	10.7	10.7	26.3
通过相关学术讲座或在线交流	413	11.6	11.6	37.9
通过学院或院系组织的各种文化活动	2214	62.1	62.1	100.0
合计	3565	100.0	100.0	

(4)对"大众创业、万众创新"的时代中通晓文化与创新的关系的认识

选项	频率	百分比	有效百分比	累积百分比
对推动和激励创新有一定作用	2052	57.6	57.6	57.6
会成为创新的障碍	59	1.7	1.7	59.3
推动和激励作用不明显	140	3.9	3.9	63.2
有力地推动和鼓励创新	1314	36.9	36.9	100 0
合计	3565	100.0	100.0	

二是关于大学生自身在认同和践行社会主义核心价值观方面的认识。通过调研可以看出，社会责任、价值取向、理想信念、诚信意识、团队协作观念、艰苦奋斗精神、心理素质均是重要的教育引导内容，尤其是社会责任、价值取向、理想信念三方面，而社会责任排在第一位。高校对大学

生进行社会主义核心价值观教育的重点方面包括：培养正确的价值观、加强校园文化建设、加强爱国教育、建设良好舆论环境和宣传法制观念等。其中的培养正确的价值观更是为大家所强调。在影响大学生确立社会主义核心价值观的最主要原因中，引起大学生强烈共鸣的主要有网络信息时代各种媒体传播负面信息的作用和影响、腐败现象和不正之风、当代大学生自身存在的弱点、理论上的社会主义价值与现实反差太大、全球化背景下西方价值理念的渗透和冲击等，这其中也包含了大学生具有对自身的反思性，此外有些原因也比较突出，如家庭教育的缺失、学校价值观教育效果不好等。关于大学生学习社会主义核心价值观更愿意通过的途径，依次是实践活动、学校教育、网络学习、电视广播等（见表4-26）。

表4-26　大学生自身在认同和践行社会主义核心价值观方面的认识

单位：%

（1）大学生在认同和践行社会主义核心价值观上需要更为重要的教育引导

选项	频率	百分比
理想信念	2460	69.00
价值取向	2696	75.62
社会责任	2714	76.13
诚信意识	2262	63.45
团队协作观念	2021	56.69
艰苦奋斗精神	1864	52.29
心理素质	1936	54.31
其他	69	1.94

（2）对大学生进行社会主义核心价值观教育的重点

选项	频率	百分比
培养正确的价值观	3165	88.78
加强校园文化建设	2507	70.32
建设良好舆论环境	2138	59.97
防止西方文化入侵	575	16.13
宣传法制观念	1837	51.53
加强爱国教育	2240	62.83

（3）影响大学生确立社会主义核心价值观的最主要原因

选项	频率	百分比
腐败现象、不正之风的影响	2298	64.46
全球化背景下西方价值理念的渗透和冲击	1643	46.09

续表

选项	频率	百分比
学校价值观教育效果不好	827	23.20
网络信息时代各种媒体传播负面信息的作用和影响	2562	71.87
家庭教育的缺失	1230	34.50
当代大学生自身存在的弱点	1834	51.44
遵循社会主义核心价值观,在现实生活中会吃亏	667	18.71
理论上的社会主义价值与现实反差太大	1691	47.43

（4）大学生学习社会主义核心价值观更愿意通过的途径

选项	频率	百分比
学校教育	2210	61.99
家庭教育	1347	37.78
电视广播	1720	48.25
网络学习	1761	49.40
社区宣传	961	26.96
实践活动	2500	70.13
其他	35	0.98

2. 大学生自身在培育和践行社会主义核心价值观方面的情况

一是通过本次调研，我们获得了大学生最初了解到核心价值观的主要途径。如表 4-27 所示，大学生最初了解到核心价值观的途径是多种多样的，最主要的途径是电视广播、网络媒体和教师，其次是书刊，也有不少人是从党团活动、家人或朋友以及榜样楷模那里了解的。可以看出，电视广播、网络媒体占绝对优势，党团活动略显劣势一些。

表 4-27　大学生最初了解到核心价值观的途径

单位：%

选项	频率	百分比
A. 电视广播	2770	77.70
B. 书刊	2019	56.63
C. 网络媒体	2369	66.45
D. 家人或朋友	1035	29.03
E. 榜样楷模	930	26.09
F. 教师	2361	66.23
G. 党团活动	1420	39.83
H. 其他	99	2.78

　　二是通过调研，我们在一定程度上知晓了大学生对重要时事和热点问题的关注度，从表4-28可以看出，大学生对国际关系、民生问题、反腐倡廉、民族团结、大学生就业、教育平等、社会道德现状等诸方面总体上的关注程度还是比较高的，但对于重要时事和热点问题偶尔关注的也不在少数。同时，我们也可以看出，大学生对其就业和社会道德现状的关注程度更高，这反映了大学生对自身切身利益的重视，也反映了大学生还是具有较强的社会道德责任感的，时刻关注着社会道德现状问题。

表4-28　大学生对重要时事和热点问题的关注度

单位：%

（1）对国际关系的关注程度

选项	频率	百分比	有效百分比	累积百分比
比较关注	1503	42.2	42.2	42.2
不关注	114	3.2	3.2	45.4
非常关注	502	14.1	14.1	59.5
偶尔关注	1446	40.6	40.6	100.0
合计	3565	100.0	100.0	

（2）对民生问题的关注程度

选项	频率	百分比	有效百分比	累积百分比
比较关注	1723	48.3	48.3	48.3
不关注	84	2.4	2.4	50.7
非常关注	571	16.0	16.0	66.7
偶尔关注	1187	33.3	33.3	100.0
合计	3565	100.0	100.0	

（3）对反腐倡廉的关注程度

选项	频率	百分比	有效百分比	累积百分比
比较关注	1433	40.2	40.2	40.2
不关注	134	3.8	3.8	44.0
非常关注	654	18.3	18.3	62.3
偶尔关注	1344	37.7	37.7	100.0
合计	3565	100.0	100.0	

续表

（4）对民族团结的关注程度

选项	频率	百分比	有效百分比	累积百分比
比较关注	1473	41.3	41.3	41.3
不关注	121	3.4	3.4	44.7
非常关注	658	18.5	18.5	63.2
偶尔关注	1313	36.8	36.8	100.0
合计	3565	100.0	100.0	

（5）对大学生就业的关注程度

选项	频率	百分比	有效百分比	累积百分比
比较关注	1281	35.9	35.9	35.9
不关注	32	0.9	0.9	36.8
非常关注	1858	52.1	52.1	88.9
偶尔关注	394	11.1	11.1	100.0
合计	3565	100.0	100.0	

（6）对教育平等的关注程度

选项	频率	百分比	有效百分比	累积百分比
比较关注	1498	42.0	42.0	42.0
不关注	49	1.4	1.4	43.4
非常关注	1411	39.6	39.6	83.0
偶尔关注	607	17.0	17.0	100.0
合计	3565	100.0	100.0	

（7）对社会道德现状的关注程度

选项	频率	百分比	有效百分比	累积百分比
比较关注	1681	47.2	47.2	47.2
不关注	43	1.2	1.2	48.4
非常关注	1285	36.0	36.0	84.4
偶尔关注	556	15.6	15.6	100.0
合计	3565	100.0	100.0	

　　三是大学生对多元文化采取的态度。从表4－29可以看出，在面对多种文化时，43.3%的大学生会经过自己独立思考来取舍，51.6%的大学生会有有自己的思考，但受教师或同学影响，4%的大学生具有跟风现象，一般以大多数人的选择为主，1.1%的大学生不假思索全盘接受。

表 4 – 29　大学生对多种文化采取的态度比较

单位：%

选项	频率	百分比	有效百分比	累积百分比
不假思索全盘接受	39	1.1	1.1	1.1
经过自己独立思考来取舍	1545	43.3	43.3	44.4
以大多数人的选择为主	142	4.0	4.0	48.4
有自己的思考,但受教师或同学影响	1839	51.6	51.6	100.0
合计	3565	100.0	100.0	

3. 大学生对高校培育和践行社会主义核心价值观方面情况的反馈

本调研从大学生途径了解到较为详细的学校层面培育和践行社会主义核心价值观的各个具体方面的情况。

一是大学生表达了对学校进行的核心价值观的培育和实践的看法。从表 4 – 30 可以看出，9.0% 的大学生认为高校培育和践行社会主义核心价值观高效且有趣，53.5% 的大学生认为尚可接受，33.8% 的大学生认为过于形式化，3.7% 的大学生持无所谓不关心态度。

表 4 – 30　大学生对高校培育和践行社会主义核心价值观总的看法

单位：%

选项	频率	百分比
过于形式化	1205	33.8
尚可接受	1906	53.5
无所谓,不关心	132	3.7
高效且有趣	322	9.0
无用且浪费时间	0	0
合计	3565	100.0

二是社会主义核心价值观的宣传方面。从表 4 – 31 可以看出，关于学校网站对社会主义核心价值观的更新情况，53.8% 的大学生认为更新及时，9.8% 的大学生认为更新滞后，1.0% 的大学生认为从不更新，而尚有 35.4% 的大学生不清楚是否更新；关于学校宣传社会主义核心价值观的主要方式，包括思政课程、党团教育、学生手册和各类评优活动、课外实践活动、网络互动等，而思政课程是最主要的宣传方式；关于学校开设的微信平台对中华优秀传统文化的宣传力度，频次较多的占 31.0%，频次一

般的占44.1%，偶尔有涉及的占20.3%，尚未涉及的占4.6%；进一步追踪调查发现，学校对中华优秀传统文化宣传的专家在线辅导情况是，有且经常辅导的占9.9%，每学期有1～2次的占19.5%，不定期辅导的占28.8%，没有开通专家在线辅导占41.8%。由此可见，学校对中华优秀传统文化的重视程度。

表4－31　高校社会主义核心价值观的宣传情况

单位：%

(1)学校网站关于社会主义核心价值观内容的更新情况

选项	频率	百分比
不清楚	1261	35.4
从不更新	37	1.0
更新及时	1917	53.8
更新滞后	350	9.8

(2)学校宣传社会主义核心价值观的主要方式

选项	频率	百分比
思政课程	2986	83.8
党团教育	2827	79.3
课外实践活动	1436	40.3
网络互动	1111	31.2
读书评论活动	820	23.0
学生手册和各类评优活动	1913	53.7
不清楚	0	0
其他	42	1.2

(3)学校开设的微信平台对中华优秀传统文化的宣传

选项	频率	百分比
偶尔有涉及	722	20.3
频次较多	1106	31.0
频次一般	1572	44.1
尚未涉及	165	4.6

(4)学校关于中华优秀传统文化宣传的专家在线辅导情况

选项	频率	百分比
没有开通专家在线辅导	1489	41.8
有，但不定期地辅导	1027	28.8
有，每学期1～2次辅导	695	19.5
有且经常辅导	354	9.9

　　三是培育和践行社会主义核心价值观的氛围和基础。从表 4 - 32 可以看出，学校的文化氛围对大学生有一定影响和影响较大的比例是 81.3%；大学生印象最深刻的学校文化活动依次是志愿者服务活动、知识竞赛与演讲和学术讲座；学校较多和普遍开设通识课程的比例占到了 70% 以上；而就通识教育课程对大学生整体素质的提升情况来看，认为影响非常大的大学生占 9.6%，认为影响比较大的大学生占 28.6%，认为有一定影响的大学生占 56.2%，认为没有影响的大学生占 5.6%。此外，我们还调研了学校心理咨询中心在疏导学生心理方面的工作情况，17.6% 的大学生认为学校心理咨询中心在疏导学生心理方面起到了重要作用，56.6% 的大学生认为起到了一定的作用，17.0% 的大学生认为起到的作用较小，8.8% 的大学生认为几乎没有作用。以上这些方面对于我们分析、思考培育和践行社会主义核心价值观提供了有意义的参考依据。

表 4 - 32　高校培育和践行社会主义核心价值观的氛围和基础调研情况

单位：%

(1) 学校的文化氛围对大学生的影响

选项	频率	百分比	有效百分比	累积百分比
非常强烈, 不可磨灭	338	9.5	9.5	9.5
没什么影响	330	9.3	9.3	18.8
影响较大	1237	34.7	34.7	53.5
有一定影响	1660	46.6	46.6	100.0
合计	3565	100.0	100.0	

(2) 大学生印象最深刻的学校文化活动

选项	频率	百分比	有效百分比	累积百分比
其他	112	3.1	3.1	3.1
学术讲座	617	17.3	17.3	20.4
知识竞赛与演讲	815	22.9	22.9	43.3
志愿者服务活动	2021	56.7	56.7	100.0
合计	3565	100.0	100.0	

(3) 学校开设通识教育课程的情况

选项	频率	百分比	有效百分比	累积百分比
较多开设	1607	45.1	45.1	45.1
较少开设	912	25.6	25.6	70.7
没有开设	140	3.9	3.9	74.6
普遍开设	906	25.4	25.4	100.0
合计	3565	100.0	100.0	

（4）通识教育课程对大学生整体素养的提升情况

选项	频率	百分比	有效百分比	累积百分比
没有影响	198	5.6	5.6	5.6
影响比较大	1021	28.6	28.6	34.2
影响非常大	342	9.6	9.6	43.8
有一定影响	2004	56.2	56.2	100.0
合计	3565	100.0	100.0	

（5）学校心理咨询中心在疏导学生心理的工作中的作用

选项	频率	百分比	有效百分比	累积百分比
几乎没有作用	315	8.8	8.8	8.8
起到的作用较小	606	17.0	17.0	25.8
起到了一定的作用	2017	56.6	56.6	82.4
起到了重要作用	627	17.6	17.6	100.0
合计	3565	100.0	100.0	

五　大学生中华优秀传统文化知识测验

（一）传统文化测验的调研对象基本信息情况

前文已述，本调研与大学生社会主义核心价值观认同感调研同时同步展开，二者调研对象完全一致，具体可见大学生社会主义核心价值观认同感调研对象基本信息分析，如表4-11到表4-17所示。

（二）传统文化测验的调研问卷内容统计分析

该问卷主要面向在校大学生，通过专家研讨和精心设计的具有一定代表性的中华优秀传统文化教育知识点进行测验考察。

1. 大学生回答传统文化知识的正确率情况

通过对回收问卷进行统计分析，我们对河南省大学生中华优秀传统文化知识测验诸题进行了正确率统计，统计结果如表4-33、图4-1所示。

表 4 – 33　河南省大学生中华优秀传统文化知识测验正确率

单位：人次，%

题号	答对人数	答错人数	正确率
1	3451	114	96.80
2	3485	80	97.76
3	3336	229	93.58
4	3332	233	93.46
5	3247	318	91.08
6	3152	413	88.42
7	3154	411	88.47
8	3050	515	85.55
9	3063	502	85.92
10	2797	768	78.46
11	2961	604	83.06
12	2822	743	79.16
13	2837	728	79.58
14	2561	1004	71.84
15	2463	1102	69.09
16	2465	1100	69.14
17	2237	1328	62.75
18	1670	1895	46.84
19	1351	2214	37.90
20	1210	2355	33.94
21	1311	2254	36.77
22	1172	2393	32.88
合计	57127	21303	(78430)
比例	72.84	27.16	(100)

从表 4 – 33 和图 4 – 1 可以非常直观地看到，经过专家精选、课题组研讨所命制的中华优秀传统文化知识测验，共计 22 道题，大部分试题

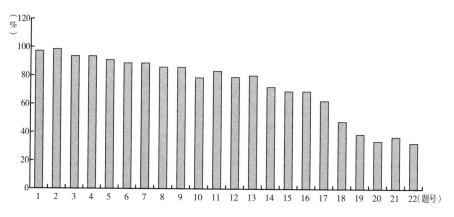

图 4-1　河南省大学生中华优秀传统文化知识测验正确率比较

（17 道题）正确率在 60% 以上，其中一半多的试题正确率在 80% 以上，近四分之一的试题正确率在 90% 以上。正确率很高（90% 以上）的试题有 5 道，分别是 1～5 题；正确率较高（80% 以上）的试题有 10 道，分别是 1～9 和 11 题；正确率较低（不足 40%）的试题有 4 道，分别是 19～22 题。由此也可以看出，大学生对我国优秀传统文化代表性知识的学习、了解和掌握情况。

2. 大学生传统文化知识测验的得分情况

本问卷共计 22 道知识测验题。若以每道题回答正确获 1 分、回答错误获 0 分计算，则 3565 份试卷得分情况如表 4-34 所示。

表 4-34　河南省大学生中华优秀传统文化知识测验得分情况

测验分数（分）	百分制换算（四舍五入取整）（分）	得分人数（人）	分数段得分人数（人）	比例（%）
22	100	228		
21	95	219	优 704	19.75
20	91	257		
19	86	275		
18	82	321	良 596	16.72
17	77	364		
16	73	384	中 748	20.98

94

续表

测验分数（分）	百分制换算（四舍五入取整）（分）	得分人数（人）	分数段得分人数（人）	比例（%）
15	68	362	及格 687	19.27
14	64	325		
13	59	236	不及格 830	23.28
12	55	194		
11	50	131		
10	45	89		
9	41	68		
8	36	37		
7	32	28		
6	27	18		
5	23	11		
4	18	11		
3	14	5		
2	9	2		
合计		3565	3565	100.00

由表 4 - 34 可以看出，河南省大学生中华优秀传统文化知识测验的平均得分是 16 分，平均得分率是 72.84%。

若按照学校教育中百分制进行换算，60 分为及格分数线，具体分数等级为：90 分以上为优秀，80 ~ 90 分为良好，70 ~ 79 分为中等，60 ~ 69 分为及格，59 分及以下为不及格（差）。由表 4 - 34 可以看出，在大学生优秀传统文化知识测验结果中：优秀、良好、中、一般、较差的人数分别是 704 人、596 人、748 人、687 人、830 人，所占比例分别为 19.75%、16.72%、20.98%、19.27%、23.28%；优良率为 36.47%；如果我们把优、良、中均看作是高分段的话，这部分人数共占比 57.45%，这一比例并不很高，在一定程度上反映了大学生对中华优秀传统文化知识掌握得并不十分扎实，还有较大的提升空间，这也为高校在中华优秀传统文化教育和思想政治教育中大力弘扬和加强中华优秀传统文化教育提供了一定依据。

第五章 高校培育和践行社会主义核心价值观专题调研（教师部分）

一 河南省高校思政人员调研情况

（一）思政人员问卷发放高校及情况

2017 年 9 月 ~2018 年 2 月，我们面向河南省高校思想政治教育工作者群体发放了《高校培育和践行社会主义核心价值观调查问卷》（思政人员版）。具体发放高校和问卷发放与回收情况如表 5 - 1 所示。

表 5 - 1 河南省高校思政人员问卷发放高校及问卷发放与回收情况

单位：份

学校代码	学校	发放思政人员问卷数	回收思政人员问卷数	有效思政人员问卷数
2	河南 – 周口师范学院	30	29	27
3	河南 – 华北水利水电大学	30	25	24
8	河南 – 河南大学	103	71	67
26	河南 – 安阳师范学院	30	30	30
27	河南 – 河南牧业经济学院	30	13	13
32	河南 – 河南工业大学	34	34	32
33	河南 – 驻马店职业技术学院	30	30	28
34	河南 – 三门峡职业技术学院	30	30	28
35	河南 – 郑州师范学院	30	30	30
36	河南 – 郑州旅游职业学院	30	30	28

续表

学校代码	学校	发放思政人员问卷数	回收思政人员问卷数	有效思政人员问卷数
37	河南 – 黄河水利职业技术学院	31	31	31
38	河南 – 河南财政金融学院	30	28	27
39	河南 – 开封大学	30	30	28
40	河南 – 信阳师范学院	30	30	29
58	河南 – 郑州大学	30	30	27
	合计	528	471	449

由表 5 - 1 可以看出，我们共向 15 所河南省高校的思政人员群体发放问卷。另据统计，我们在面向河南大学发放问卷时，共计发放了 12 个基层学院（培养单位）。本问卷一共面向河南高校发放 528 份，回收问卷 471 份，经过筛选，用于录入数据统计分析的有效问卷数是 449 份。面向河南高校发放问卷，学校及办学层次、发放数量等具有一定代表性，因此可以用于统计分析。

（二）思政人员调研对象基本信息情况

面向河南省高校思想政治教育工作者群体中被调研的对象，我们对其基本信息进行了统计分析，包括性别、学历、职称、岗位、从事思政工作时间和学校等信息。具体情况如表 5 - 2 所示。

表 5 - 2　河南省高校思政人员调研对象基本信息

单位：%

	一、性别				
		频率	百分比	有效百分比	累积百分比
有效	1. 男	190	42.3	42.3	42.3
	2. 女	259	57.7	57.7	100.0
	合计	449	100.0	100.0	—
	二、学历				
		频率	百分比	有效百分比	累积百分比
有效	1. 博士	49	10.9	10.9	10.9
	2. 硕士	302	67.3	67.3	78.2
	3. 本科	93	20.7	20.7	98.9
	4. 其他	5	1.1	1.1	100.0
	合计	449	100.0	100.0	—

三、职称		频率	百分比	有效百分比	累积百分比
有效	1. 教授	16	3.6	3.6	3.6
	2. 副教授	69	15.4	15.4	19.0
	3. 讲师	194	43.2	43.2	62.2
	4. 其他	170	37.9	37.9	100.0
	合计	449	100.0	100.0	—

四、思政工作（主要）岗位或类别		频率	百分比	有效百分比	累积百分比
有效	1. 辅导员	207	46.1	46.1	46.1
	2. 科级领导	87	19.4	19.4	65.5
	3. 处级及以上领导	37	8.2	8.2	73.7
	4. 其他	118	26.3	26.3	100.0
	合计	449	100.0	100.0	—

五、从事思政工作时间		频率	百分比	有效百分比	累积百分比
有效	0～4 年	177	39.4	39.4	39.4
	5～8 年	123	27.4	27.4	66.8
	9～12 年	90	20.0	20.0	86.8
	12 年以上	59	13.1	13.1	100.0
	合计	449	100.0	100.0	—

　　从表 5-2 可以看出，在接受调查的河南省高校思政人员中，在性别上，男教师比例为 42.3%，女教师比例为 57.7%。在学历层次上，获得博士学位的比例为 10.9%，获得硕士学位的比例为 67.3%，获得本科学位的比例为 20.7%，其他占 1.1%，获得硕士学位的思政人员居大多数，但也有超过 10% 的博士学位思政人员。在职称方面，教授一级人员的比例为 3.6%，副教授一级的比例为 15.4%，而讲师一级的人员居大多数，为 43.2%，但也有不少其他职称，占 37.9%，与从事思政工作时间相对应进行比较分析，可以看出，这一其他层次的人员应该主要是初级职称、新进的思政工作者，这也符合各高校近几年思政人员来源和水平的实际情况。从思政人员的具体工作岗位或职务

级别看，辅导员占据比例为 46.1%，科级领导占 19.4%，处级及以上领导占 8.2%，其他情况的占 26.3%，这说明我们调研的思政人员中包含了党政管理部门的部分学生管理人员，他们也为我们从其自身工作角度提供了难能可贵的意见和建议。从从事思政工作的时间上看，我们选取了以本科四年为时间段的选项，0～4 年工作时间的占 39.4%，占据多数，5～8 年的占 27.4%，与 0～4 年的合计占比超过了三分之二，9～12 年的占 20%，这个数量也占据一定比例和分量，12 年以上的占 13.1%，比例较小些。

（三）河南高校思政人员调研内容情况统计与分析

高校思政人员的调研问卷共计 14 道题，其中含最后 1 道主观题。具体调研内容和调研结果统计分析如下。

1. 思政人员对高校培育与践行社会主义核心价值观及其有关问题的看法

表 5 - 3 列出了思政人员对高校培育与践行社会主义核心价值观的基本情况及有关问题的看法。

首先，思政人员本身对高校培育与践行社会主义核心价值观这一重要思想政治教育工作的基本态度情况从表 5 - 3 可以看出，97.6% 的人赞成，认为有必要进行，但其中有些人（占 34.3%）认为其方式需要改善。2.5% 的人持不赞成的态度，其中有 0.9% 的人不赞成是因为效果很不明显，甚至 1.6% 的人认为是在浪费时间，虽然这一比例极低，绝对人数仅 11 人，却值得我们注意，因为思政人员本身承担着培育与践行社会主义核心价值观的重要思政教育工作任务，所以他们的态度也很重要。

其次，思政人员对社会主义核心价值观对大学生思想教育作用的看法从表 5 - 3 可以看出，76.1% 的人认为社会主义核心价值观对大学生思想教育具有一定成效和作用，32.7% 的人认为成效显著，22.5% 的人认为成效一般，1.3% 的人认为没有成效。

最后，思政人员对当前社会主义核心价值观培育过程中存在问题的看法从表 5 - 3 可以看出，其中存在的问题从认为的人数由多到少分别为：

缺乏创新，难以引起学生兴趣；不注重理论与实践相结合；过于形式化，流于表面；不注重因材施教，压抑学生个性；过于频繁，引起学生反感；间隔时间太长，没有效果。其中，前三个方面得到大多数思政人员的一致认可，说明这几个方面是十分明显的问题，而太压抑学生个性、引起学生反感、间隔时间太长也是一些比较明显的问题，值得我们关注和思考。

表5－3 思政人员对高校培育和践行社会主义核心价值观及有关问题的看法

单位：%

（1）思政人员对高校培育和践行社会主义核心价值观的看法

选项	频率	百分比	有效百分比	累积百分比
A. 赞成，认为很有必要	284	63.3	63.3	63.3
B. 赞成，但方式需要改善	154	34.3	34.3	97.6
C. 不赞成，效果很不明显	4	0.9	0.9	98.5
D. 不赞成，浪费时间	7	1.6	1.6	100.0
E. 无所谓，有没有都可以	0	0	0	0
合计	449	100.0	100.0	—

（2）思政人员对社会主义核心价值观对于大学生思想教育作用的看法

选项	频率	百分比	有效百分比	累积百分比
A. 成效显著	147	32.7	32.7	32.7
B. 比较有成效	195	43.4	43.4	76.1
C. 成效一般	101	22.5	22.5	98.6
D. 没有成效	6	1.3	1.3	100.0
合计	449	100.0	100.0	—

（3）思政人员对当前社会主义核心价值观培育过程中存在问题的看法

选项	频率	百分比（%）	有效百分比（%）
A. 过于形式化，流于表面	239	53.23	53.23
B. 缺乏创新，难以引起学生兴趣	352	78.40	78.40
C. 不注重理论与实践相结合	261	58.13	58.13
D. 不注重因材施教，压抑学生个性	151	33.63	33.63
E. 过于频繁，引起学生反感	109	24.28	24.28
F. 间隔时间太长，没有效果	56	12.47	12.47
G. 其他	9	2.00	2.00
调研数量	449		

2. 思政人员在培育和践行社会主义核心价值观中的一些工作做法的调研情况

表5-4列出了思政人员在培育和践行社会主义核心价值观过程中的一些具体工作做法的调研情况，主要有以下几个方面。

一是思政人员在做学生工作时对待不同民族学生的情况。从表5-4可以看出，33.6%的人是一视同仁，不加区别，这里的不加区别指的是平等对待的意思，没有因学生民族不同而有不平等对待的情况；42.5%的人是照顾不同民族差异，区别对待；19.2%的人是更注重少数民族同学的思想发展，说明他们更加关注这一问题；也有4.7%的人在面对这个问题时有些担心不同民族同学之间是否可以和谐相处。

二是思政人员对待学生干部的情况。大学生是走向或已经成年的群体，他们中的学生干部从某种意义上讲社会性很强，可以说学生干部是高校思想政治教育工作的重要助手和影响者。首先是关于学生干部产生的办法方面，18.5%的人的做法是完全根据学生选举产生；74.4%的人的做法是结合学生选举和个人任命产生；1.3%的人的做法是个人直接任命产生；2.9%的人的做法是学生轮流担任学生干部。从上述可以看出，辅导员更多时候是起到决定性作用。其次是在看待学生干部和普通学生的态度方面，16.5%的人对待他们的态度是完全相同，没有区别；2.4%的人的态度是学生干部犯错应从轻处罚；15.1%的人的态度是评优奖先应更多考虑学生干部；54.1%的人的态度是对学生干部更加严格要求；11.6%的人的态度是平时更注重给普通学生提供历练机会。由此可以看出，在对待学生干部和普通学生的态度上，思政人员的态度存在较大差异，尽管对学生干部更加严格要求的态度似乎占了主流，但是学生干部选拔、培养和教育问题，学生干部工作问题是高校思想政治教育工作的重要内容，有17.5%的人却出现了有差别对待且是偏向学生干部一方的态度，这值得我们注意。

三是思政人员对学生提出的工作建议的态度。从表5-4可以看出，有47.0%的人的态度是不管学生提出何种建议，首先鼓励学生敢于提出不同意见的勇气；43.7%的人的态度是视情况而定，对的就可以接受；8.0%的人的态度是学生的建议有道理，但为维护尊严，表面拒绝，实际采纳；1.3%的人的态度是不予接纳，学生的建议太过片面。

表 5 - 4   思政人员在培育和践行社会主义核心价值观中的一些做法的调研情况

单位：%

(1)思政人员在做学生工作时对待不同民族学生的情况

	选项	频率	百分比	有效百分比	累积百分比
有效	A. 一视同仁,不加区别	151	33.6	33.6	33.6
	B. 照顾不同民族差异,区别对待	191	42.5	42.5	76.1
	C. 更关注少数民族同学的思想发展	86	19.2	19.2	95.3
	D. 担心不同民族同学之间是否可以和谐相处	21	4.7	4.7	100.0
	合计	449	100.0	100.0	—

(2)思政人员所管理的学生干部的产生办法

	选项	频率	百分比	有效百分比	累积百分比
有效	A. 完全根据学生选举产生	83	18.5	18.5	18.5
	B. 结合学生选举和个人任命产生	334	74.4	74.4	92.9
	C. 个人直接任命产生	6	1.3	1.3	94.2
	D. 学生轮流担任学生干部	13	2.9	2.9	97.1
	E. 不清楚	13	2.9	2.9	100.0
	合计	449	100.0	100.0	—

(3)思政人员对学生干部和普通学生的态度

	选项	频率	百分比	有效百分比	累积百分比
有效	A. 完全相同,没有区别	74	16.5	16.5	16.5
	B. 学生干部犯错应从轻处罚	11	2.4	2.4	18.9
	C. 评优奖先应更多考虑学生干部	68	15.1	15.1	34.0
	D. 对学生干部更加严格要求	243	54.1	54.1	88.1
	E. 平时更注重给普通学生提供历练机会	52	11.6	11.6	99.7
	F. 不清楚	1	0.2	0.2	100.0
	合计	449	100.0	100.0	—

(4)思政人员对学生提出的工作建议的看法

	选项	频率	百分比	有效百分比	累积百分比
有效	A. 不予接纳,学生的建议太过片面	6	1.3	1.3	1.3
	B. 学生的建议有道理,但为维护威严,表面拒绝,实际采纳	36	8.0	8.0	9.3
	C. 视情况而定,对的就可以接受	196	43.7	43.7	53.0
	D. 不管学生提出何种意见,首先鼓励学生敢于提出不同意见的勇气	211	47.0	47.0	100.0
	合计	449	100.0	100.0	—

3. 思政人员对培育和践行社会主义核心价值观和思政教育相关问题的认识

表5-5列出了思政人员对于培育和践行社会主义核心价值观及思想政治教育中一些相关内容和具体问题的认识与感受，主要有以下几个方面的情况。

一是思政人员认为目前和谐校园文化建设应加强的方面，从表5-5中看出主要包括以下几个方面的内容：首先是要加强师德师风和学术道德建设（79.7%的人认同），其次是开展丰富多彩的校园文化活动（71.7%的人认同），再次是加强校园环境设施建设（63.0%的人认同），最后是宣传学校核心价值追求（57.9%的人认同）、利用网络技术加强文化宣传（55.2%的人认同）。从表5-5中还可以看出在这几个方面的内容中，大家呼声较高的是加强师德师风和学术道德建设、开展丰富多彩的校园文化活动，这应成为和谐校园文化建设的核心内容。

二是思政人员对教师如何更好疏导学生心理、塑造学生健康人格的认识。82.4%的人认为应开展谈心活动，倾听学生心理困惑；76.2%的人认为应通过课堂渗透人生观、价值观教育；75.7%的人认为应为人师表，做学生榜样；64.8%的人认为应加强心理学知识的学习。由此可见，这几方面均获得了大多数思政人员的认同，开展谈心活动、倾听学生心理困惑获得的认同人数最多。

三是思政人员对中华优秀传统文化对其本人价值观影响的感受情况。57.9%的人认为中华优秀传统文化强烈影响其本人的日常行为和生活，33.4的人认为影响一般，有时会在行动中参照，8.2%的人认为影响较小，0.4%的人认为完全没有影响。由此可见，中华优秀传统文化还是较强地影响了思政人员个人价值观和日常行为，但是影响效果一般的比例也达到了三分之一之多，这应引起我们思考。

四是思政人员对中华民族伟大的凝聚力内涵的认识。39.2%的人认为是爱国主义，34.7%的人认为是中华传统文化，21.2%的人认为是国家富强统一，4.9%的认为是人民生活水平。由此可见，中华民族伟大凝聚力内涵也是多方面的，大部分人比较认同爱国主义和中华传统文化，当然也包括国家富强统一。这也为我们加强爱国主义、中华传统文化教育提供了依据。

五是思政人员对我国传统士人的情怀与担当在当今的态度。26.9%的人认为我国传统士人的情怀与担当在当今很好地得到了传承与发扬；30.7%的人认为我国传统士人的情怀与担当在当今有所淡薄，应加强传承；40.5%的人认为应根据时代要求，有选择地继承发扬；1.8%的认为新的时代，旧东西已过时。

六是思政人员对主要影响学生价值观念的文化类型或理论体系来源的看法。调查显示，13.1%的人认为主要是西方外来文化，44.1%的人认为主要是核心价值体系；12.2%的人认为主要是传统文化，30.5%的人认为主要是大众流行文化。可见，人们的认识并没有压倒性地倾向于某一种，但大多数还是认为是核心价值体系，而认为是大众流行文化的人也占到了30.5%，这说明大众流行文化的影响作用还是较大的。此外，还有部分人认为是西方外来文化，这也表明了西方外来文化具有一定的影响作用，不可忽视。

表5-5　思政人员对培育和践行社会主义核心价值观和思政教育相关问题的认识

单位：%

（1）思政人员认为目前和谐的校园文化建设应加强的方面

	选项	频率	百分比
有效	A. 宣传学校核心价值追求	260	57.9
	B. 加强师德师风和学术道德建设	358	79.7
	C. 开展丰富多彩的校园文化活动	322	71.7
	D. 加强校园环境设施建设	283	63.0
	E. 利用网络技术加强文化宣传	248	55.2
	F. 其他	9	2.0
	合计	449	—

（2）思政人员对教师如何更好疏导学生心理、塑造学生的健康人格的认识

	选项	频率	百分比
有效	A. 加强心理学知识的学习	291	64.8
	B. 开展谈心活动，倾听学生心理困惑	370	82.4
	C. 为人师表，做学生榜样	340	75.7
	D. 课堂渗透人生观、价值观教育	342	76.2
	E. 其他	7	1.6
	合计	449	—

续表

（3）思政人员对中华优秀传统文化对其本人价值观影响的感受

	选项	频率	百分比	有效百分比	累积百分比
有效	A. 强烈影响日常行为和生活	260	57.9	57.9	57.9
	B. 影响一般，有时会在行动中参照	150	33.4	33.4	91.3
	C. 影响较小，偶尔会在行动中参照	37	8.2	8.2	99.5
	D. 完全没有影响	2	0.4	0.4	100.0
	合计	449	100.0	100.0	—

（4）思政人员对中华民族伟大的凝聚力的认识

	选项	频率	百分比	有效百分比	累积百分比
有效	A. 中华传统文化	156	34.7	34.7	34.7
	B. 爱国主义	176	39.2	39.2	73.9
	C. 国家富强统一	95	21.2	21.2	95.1
	D. 人民生活水平	22	4.9	4.9	100.0
	合计	449	100.0	100.0	—

（5）思政人员对我国传统士人的情怀与担当在当今的情况的认识

	选项	频率	百分比	有效百分比	累积百分比
有效	A. 很好地传承与发扬	121	26.9	26.9	26.9
	B. 有所淡薄，应加强传承	138	30.7	30.7	57.6
	C. 根据时代要求，有选择地继承发扬	182	40.5	40.5	98.1
	D. 新的时代，旧东西已过时	8	1.8	1.8	100.0
	合计	449	100.0	100.0	—

（6）思政人员认为主要影响学生价值观念的文化类型或理论体系

	选项	频率	百分比	有效百分比	累积百分比
有效	A. 西方外来文化	59	13.1	13.1	13.1
	B. 中国社会主义核心价值体系	198	44.1	44.1	57.2
	C. 中国传统文化	55	12.2	12.2	69.4
	D. 大众流行文化	137	30.5	30.5	100.0
	合计	449	100.0	100.0	—

二　河南省高校专业教师调研情况

（一）专业教师问卷发放高校及情况

2017 年 9 月至 2018 年 2 月，我们面向河南省高校专业教师群体发放了《高校培育和践行社会主义核心价值观调查问卷》（专业教师版）。具体发放高校和问卷发放与回收情况如表5-6所示。

表5-6 河南省高校专业教师问卷调研高校名单及问卷发放情况

单位：份

学校代码	学校	发放专业教师问卷数	回收专业教师问卷数	有效专业教师问卷数
2	河南－周口师范学院	30	28	24
3	河南－华北水利水电大学	30	19	19
8	河南－河南大学	118	105	97
26	河南－安阳师范学院	30	30	29
27	河南－河南牧业经济学院	30	10	10
32	河南－河南工业大学	30	18	17
33	河南－驻马店职业技术学院	30	30	29
34	河南－三门峡职业技术学院	30	28	25
35	河南－郑州师范学院	30	27	27
36	河南－郑州旅游职业学院	30	23	9
37	河南－黄河水利职业技术学院	30	30	30
38	河南－河南财政金融学院	30	28	28
39	河南－开封大学	30	25	25
40	河南－信阳师范学院	30	30	30
58	河南－郑州大学	30	30	30
	合计	538	461	429

由表5-6可以看出，我们面向河南省高校专业教师群体发放问卷，共计发放河南高校15所。另据统计，我们面向河南大学发放时，共计发放了13个基层教学学院（培养单位）。本问卷一共面向河南高校发放538份，回收问卷471份，经过筛选，用于录入数据统计分析的有效问卷数是429份。面向河南高校发放问卷，学校及办学层次、发放数量等具有一定代表性，因此可以用于统计分析。

（二）专业教师调研对象基本信息情况

面向河南省高校专业教师群体进行调研的对象基本信息包括性别、学历、职称、政治面貌、专业类别、教龄等。具体情况见表5-7所示。

表5－7　河南省高校专业教师调研群体的基本信息

单位：%

一、性别					
	选项	频率	百分比	有效百分比	累积百分比
有效	1. 男	193	45.0	45.0	45.0
	2. 女	236	55.0	55.0	100.0
	合计	429	100.0	100.0	—

二、学历					
	选项	频率	百分比	有效百分比	累积百分比
有效	1. 博士	134	31.2	31.2	31.2
	2. 硕士	206	48.0	48.0	79.2
	3. 本科	83	19.3	19.3	98.5
	4. 其他	6	1.4	1.4	100.0
	合计	429	100.0	100.0	—

三、职称					
	选项	频率	百分比	有效百分比	累积百分比
有效	1. 教授	31	7.2	7.2	7.2
	2. 副教授	138	32.2	32.2	39.4
	3. 讲师	189	44.1	44.1	83.5
	4. 其他	71	16.6	16.6	100.0
	合计	429	100.0	100.0	—

四、政治面貌					
	选项	频率	百分比	有效百分比	累积百分比
有效	1. 中共党员	306	71.3	71.3	71.3
	2. 民主党派	19	4.4	4.4	75.7
	3. 其他	104	24.2	24.2	100.0
	合计	429	100.0	100.0	—

五、专业类别					
	选项	频率	百分比	有效百分比	累积百分比
有效	1. 人文社科	228	53.1	53.1	53.1
	2. 理工农医	117	27.3	27.3	80.4
	3. 体育艺术	62	14.5	14.5	94.9
	4. 军警国防	1	0.2	0.2	95.1
	5. 其他	21	4.9	4.9	100.0
	合计	429	100.0	100.0	—

六、教龄					
	选项	频率	百分比	有效百分比	累积百分比
有效	1.0～5 年	127	29.6	29.6	29.6
	2.6～10 年	121	28.2	28.2	57.8
	3.11～20 年	116	27.0	27.0	84.8
	4.20 年以上	65	15.2	15.2	100.0
	合计	429	100.0	100.0	—

从表 5－7 可以看出，在河南省高校思政人员调研对象中，性别上的男教师比例为 45.0%、女教师比例为 55.0%。在学历层次上，获得博士学位者比例为 31.2%，硕士学位层次比例为 48.0%，本科学位获得者为 19.3%，其他占 1.4%，硕士学位层次居大多数，但有超过 30% 的博士学位专业教师。在职称方面，教授一级人员的比例占 7.2%，副教授一级的比例占 32.2%，而讲师一级的比例居大多数，占到了 44.1%，但也有一定数量的其他职称（初级职称），占到了 16.6%。从专业教师的政治面貌看，中共党员占到了 71.3%，民主党派占 4.4%，其他情况（一般为普通群众）占 24.2%。从专业教师从教的专业类别看，人文社科专业的占 53.1%，理工农医专业的占 27.3%，体育艺术专业的占 14.5%，军警国防专业的占 0.2%，其他专业的占 4.9%。从专业教师的教龄看，0～5 年的占 29.6%，6～10 年的占 28.2%，11～20 年的占 27%，20 年以上的占 15.2%。

（三）河南高校专业教师调研内容统计与分析

针对河南高校专业教师的调研问卷呈现了 16 道题，包含专业教师在教书育人的同时进行思想政治教育和培育和践行社会主义核心价值观的认识和实践情况。在此，我们从以下几个方面进行统计分析。

1. 专业教师对高校培育和践行社会主义核心价值观及有关问题的看法

表 5－8 罗列了高校专业教师对培育和践行社会主义核心价值观及思政教育工作有关问题的认识、看法。

首先，专业教师对高校培育社会主义核心价值观这一重要思想政治教育工作的基本态度情况从表 5 - 8 可以看出。59.0% 的人赞成，认为很有必要；34.7% 的人赞成，但认为方式需要改善；而 4.9% 的人持不赞成的态度，其中有 3% 的人不赞成，认为效果很不明显，1.9% 的人不赞成，认为浪费时间，虽然这一比例极低，绝对人数也仅 21 人，却值得我们注意。

其次，专业教师对组织学习社会主义核心价值观的情况从表 5 - 8 可以看出，61.1% 的人经常组织，26.8% 的人偶尔组织，6.8% 的人很少组织，其他的人不清楚。经常组织的比例尽管超过 60%，但仍不是十分高。

最后，专业教师对社会主义核心价值观对大学生思想政治教育作用的认识从表 5 - 8 可以看出，认为成效显著的占 29.6%，认为比较有成效的占 48.0%，认为成效一般的占 21.0%，认为没有成效的占 1.4%。由此可见，近 70% 的人肯定了培育社会主义核心价值观的成效，但也有五分之一多的人认为成效一般甚至没有成效，这值得我们反思。

表 5 - 8　专业教师对培育和践行社会主义核心价值观及有关问题的看法

单位：%

(1)专业教师对高校进行社会主义核心价值观培育的看法					
	选项	频率	百分比	有效百分比	累积百分比
有效	A. 赞成,认为很有必要	253	59.0	59.0	59.0
	B. 赞成,但方式需要改善	149	34.7	34.7	93.7
	C. 不赞成,效果很不明显	13	3.0	3.0	96.7
	D. 不赞成,浪费时间	8	1.9	1.9	98.6
	E. 无所谓,有没有都可以	6	1.4	1.4	100.0
	合计	429	100.0	100.0	—
(2)专业教师所在学校对教师学习社会主义核心价值观的组织情况					
	选项	频率	百分比	有效百分比	累积百分比
有效	A. 经常组织	262	61.1	61.1	61.1
	B. 偶尔组织	115	26.8	26.8	87.9
	C. 很少组织	29	6.8	6.8	94.7
	D. 从未组织	0	0	0	0
	E. 不清楚	23	5.4	5.4	100.0
	合计	429	100.0	100.0	—

（3）专业教师认为社会主义核心价值观对于大学生思想教育的作用					
	选项	频率	百分比	有效百分比	累积百分比
有效	A. 成效非常显著	127	29.6	29.6	29.6
	B. 比较有成效	206	48.0	48.0	77.6
	C. 成效不大	90	21.0	21.0	98.6
	D. 没有成效	6	1.4	1.4	100.0
	合计	429	100.0	100.0	—

2. 专业教师在培育和践行社会主义核心价值观中的有关做法

表5-9列出了我们对专业教师在培育和践行社会主义核心价值观过程中的一些具体做法的调研结果，主要有以下几个方面的情况。

一是专业教师对学生进行社会主义核心价值观的教育方式。从表5-9可以看出，通过课堂教学进行的占75.3%，利用网络互动的有48.5%，开展实践活动的占58.5%，开展讲座、讨论会和学习班的有59.0%，其他方式的占2.1%。由此可见，课堂教学还是主渠道，而网络、实践活动和讲座讨论会等也是很重要的教育方式。

二是专业教师对发现学生在考试时有作弊行为的做法。从表5-9可以看出，16.3%的教师做法是当场抓住，严厉打击；62.2%的教师做法是立即阻止，严厉警告；14.9%的教师做法是加以提醒，不提名批评；5.8%的教师是视情况而定，可以理解；0.7%的教师做法是视而不见，不加理睬。由此看来，超过四分之三的教师是严格遵守考试纪律、不姑息违反考纪考规的学生，体现了对公平公正和优良学风考风的维护。

三是专业教师对根据时事热点和科研进展适当调整讲课内容的做法。84.8%的教师会根据时事热点和科研进展适当调整讲课内容，这样能够吸引学生学习，践行了既教书又育人的理念。但也有11.6%的教师不会调整，有的觉得时事热点和科研进展对授课影响不大，有的认为重新备课太麻烦。还有3.5%的教师表示无所谓，想起来就提一下。由此看来，还有少部分教师在敬业方面、对学生用心教育方面有一定的敷衍态度，存在不作为现象。

四是专业教师对学生在课堂上提出与其观点不符的看法的做法。3.3%的教师对此不予考虑，认为学生的看法简单且片面；4.7%的教师表面赞许，实际上并不赞同；3.0%教师为了维护尊严，表面不接受，而实

际接受；5.1% 的教师表示无所谓，听听就行了；值得肯定的是，83.9%
的教师是不论正误，鼓励学生独立思考，这对于学生独立思考能力培养、
良好课堂氛围营造等具有重要意义。

表 5 - 9　专业教师在培育和践行社会主义核心价值观中有关做法的调研情况

单位：%

(1) 专业教师对学生进行社会主义核心价值观教育的方式			
	选项	频率	百分比
有效	A. 课堂教学	323	75.3
	B. 网络互动	208	48.5
	C. 实践活动	251	58.5
	D. 讲座、讨论会和学习班	253	59.0
	E. 其他	9	2.1
	合计	429	100.0

(2) 专业教师发现学生在考试时有作弊行为时的做法					
	选项	频率	百分比	有效百分比	累积百分比
有效	A. 当场抓住，严厉打击	70	16.3	16.3	16.3
	B. 立即阻止，给予警告	267	62.2	62.2	78.5
	C. 加以提醒，不点名批评	64	14.9	14.9	93.4
	D. 视情况而定，可以理解	25	5.8	5.8	99.2
	E. 视而不见，不加理睬	3	0.7	0.7	100.0
	合计	429	100.0	100.0	—

(3) 专业教师对根据时事热点和科研进展适当调整讲课内容的看法					
	选项	频率	百分比	有效百分比	累积百分比
有效	A. 会，能够吸引学生学习兴趣	364	84.8	84.8	84.8
	B. 不会，因为对授课影响不大	37	8.6	8.6	93.4
	C. 不会，重新备课太麻烦	13	3.0	3.0	96.4
	D. 无所谓，想起来就提一下	15	3.5	3.5	100.0
	合计	429	100.0	100.0	—

(4) 专业教师对学生在课堂上提出与其观点不符的看法时的做法					
	选项	频率	百分比	有效百分比	累积百分比
有效	A. 不予考虑，学生的看法简单且片面	14	3.3	3.3	3.3
	B. 表面赞许，实际上并不赞同	20	4.7	4.7	8.0
	C. 为了维护尊严，表面不接受，而实际接受	13	3.0	3.0	11.0
	D. 无所谓，听听就行了	22	5.1	5.1	16.1
	E. 不论正误，鼓励学生独立思考	360	83.9	83.9	100.0
	合计	429	100.0	100.0	—

3. 专业教师对培育和践行社会主义核心价值观相关问题的认识

表5-10列出了专业教师对于培育和践行社会主义核心价值观及思想政治教育中的一些相关内容和具体问题的认识与思考，主要有以下几个方面的情况。

一是专业教师对影响学生学习社会主义核心价值观因素的认识。从表5-10可以看出，71.8%的教师认为影响学生学习社会主义核心价值观的因素有社会环境，68.3%的教师认为有校风、院风、班风，60.6%的教师认为有学生的积极性，60.4%的教师认为有教师的积极性，53.9%的教师认为有教学方式。由此可见，这几个方面均有超过一半的教师认为这是影响学生学习社会主义核心价值观的因素，为我们探讨影响学生学习社会主义核心价值观的因素提供了依据。

二是专业教师对当前社会主义核心价值观培育过程中存在问题的认识。70.2%的教师认为存在问题的有缺乏创新，难以引起学生兴趣；61.3%的教师认为有不注重理论与实践相结合；54.3%的教师认为有过于形式化，流于表面；30.5%的教师认为有不注重因材施教，太压抑学生个性；18.7%的教师认为有培育过于频繁，引起学生反感；10.5%的教师认为有间隔时间太长，没有效果。由此可见，缺乏创新难以引起学生兴趣、不注重理论与实践相结合、过于形式化流于表面等问题在大多数专业教师中产生了共鸣，让我们看到了在当前社会主义核心价值观培育过程中存在的主要问题、突出问题。

三是专业教师对目前和谐的校园文化建设应加强的方面的思考。76.2%的教师认为目前的和谐校园文化建设应加强开展丰富多彩的校园文化活动，69.5%的教师认为要加强师德师风和学术道德建设，54.6%的教师认为要加强校园环境设施建设，51.3%的教师认为要宣传学校核心价值追求，还有49.2%的教师认为要利用网络技术加强文化宣传。由此看来，这几个方面基本上得到了大部分教师的认同，他们认为目前和谐的校园文化建设应加强这些方面，尤其是应该开展丰富多彩的校园文化活动。

四是对教师如何更好地疏导学生心理、塑造学生健康人格的认识。76.2%的人认为教师应开展谈心活动，倾听学生心理困惑；69.5%的人认为应为人师表，做学生榜样；69.2%的人认为应通过课堂渗透人生观、价值观教育；58.5%的人认为应加强心理学知识的学习。由此可见，这几个方面均获得了大多数专业教师的认同，开展谈心活动、倾听学生心理困惑获得的认同人数最多。

五是专业教师对中华优秀传统文化对其价值观影响的看法。55%的人认为中华优秀传统文化强烈影响其日常行为和生活；38.9的人认为影响一般，有时会在行动中参照；5.4%的人认为影响较小，偶尔会在行动中参照；0.4%的人认为完全没有影响。由此可见，中华优秀传统文化还是较强地影响了专业教师的个人价值观和日常行为，但是影响效果一般的比例也达到了近40%，应引起我们思考。

六是专业教师对中华民族伟大的凝聚力内涵的认识。38.7%的人认为是爱国主义，31.9%的人认为是中华传统文化，19.6%的人认为是国家富强统一，9.8%的认为是人民生活水平。由此可见，中华民族伟大凝聚力的内涵也是多方面的，大部分人比较认同爱国主义和中华传统文化，当然也包括国家富强统一。这也为我们加强爱国主义、中华传统文化教育提供了依据。

七是专业教师对我国传统士人的情怀与担当在当今的情况的认识。21.0%的人认为我国传统士人的情怀与担当在当今很好地传承与发扬；38.0%的人认为在当今有所淡薄，应加强传承；40.6%的人认为应根据时代要求，有选择地继承发扬；0.5%的人认为新的时代，旧东西已过时。

八是专业教师对主要影响学生价值观念的文化类型或理论体系来源的看法。调查显示，15.2%的人认为主要是西方外来文化，39.6%的人认为主要是核心价值体系，14.0%的人认为主要是传统文化，31.2%的人认为主要是大众流行文化。可见，人们的认识并没有更多地明显倾向于某一种，但大多数人还是认为是核心价值体系，而认为是大众流行文化的人也占到了31.2%，这说明大众流行文化的影响作用还是较大的。此外，还有部分人认为是西方外来文化，这也表明了西方外来文化具有一定的影响作用，不可忽视。

表 5 - 10　专业教师对培育和践行社会主义核心价值观相关问题的认识与思考

单位：%

（1）专业教师认为影响学生学习社会主义核心价值观效果的因素			
	选项	频率	百分比
有效	A. 教师的积极性	259	60.4
	B. 教学方式	231	53.8
	C. 学生的积极性	260	60.6
	D. 校风、院风、班风	293	68.3
	E. 社会环境	308	71.8
	F. 其他	8	1.9

（2）专业教师认为当前社会主义核心价值观培育过程中存在的问题			
	选项	频率	百分比
有效	A. 过于形式化，流于表面	233	54.3
	B. 缺乏创新，难以引起学生兴趣	301	70.2
	C. 不注重理论与实践相结合	263	61.3
	D. 不注重因材施教，压抑学生个性	131	30.5
	E. 过于频繁，引起学生反感	80	18.6
	F. 间隔时间太长，没有效果	45	10.5
	G. 其他	6	1.4

（3）专业教师认为目前和谐的校园文化建设应加强的方面			
	选项	频率	百分比
有效	A. 宣传学校核心价值追求	220	51.3
	B. 加强师德师风和学术道德建设	298	69.5
	C. 开展丰富多彩的校园文化活动	327	76.2
	D. 加强校园环境设施建设	234	54.5
	E. 利用网络技术加强文化宣传	211	49.2
	F. 其他	6	1.4

（4）专业教师对教师如何更好地疏导学生心理、塑造学生的健康人格的认识			
	选项	频率	百分比
有效	A. 加强心理学知识的学习	251	58.5
	B. 开展谈心活动，倾听学生心理困惑	327	76.2
	C. 为人师表，做学生榜样	298	69.5
	D. 课堂渗透人生观、价值观教育	297	69.2
	E. 其他	0	0

续表

（5）专业教师对中华优秀传统文化对其价值观影响的看法					
	选项	频率	百分比	有效百分比	累积百分比
有效	A. 强烈影响日常行为和生活	236	55.0	55.0	55.0
	B. 影响一般，有时会在行动中参照	167	38.9	38.9	93.9
	C. 影响较小，偶尔会在行动中参照	23	5.4	5.4	99.3
	D. 完全没有影响	3	0.7	0.7	100.0
	合计	429	100.0	100.0	—

（6）专业教师对中华民族伟大的凝聚力的认识					
	选项	频率	百分比	有效百分比	累积百分比
有效	A. 中华传统文化	137	31.9	31.9	31.9
	B. 爱国主义	166	38.7	38.7	70.6
	C. 国家富强统一	84	19.6	19.6	90.2
	D. 人民生活水平	42	9.8	9.8	100.0
	合计	429	100.0	100.0	—

（7）专业教师对我国传统士人的情怀与担当在当今的情况的认识					
	选项	频率	百分比	有效百分比	累积百分比
有效	A. 很好地传承与发扬	90	21.0	21.0	21.0
	B. 有所淡薄，应加强传承	163	38.0	38.0	59.0
	C. 根据时代要求，有选择地继承发扬	174	40.6	40.6	99.6
	D. 新的时代，旧东西已过时	2	0.5	0.5	100.0
	合计	429	100.0	100.0	—

（8）专业教师认为主要影响学生价值观念的文化类型或理论体系					
	选项	频率	百分比	有效百分比	累积百分比
有效	A. 西方外来文化	65	15.2	15.2	15.2
	B. 中国社会主义核心价值体系	170	39.6	39.6	54.8
	C. 中国传统文化	60	14.0	14.0	68.8
	D. 大众流行文化	134	31.2	31.2	100.0
	合计	429	100.0	100.0	—

从以上针对专业教师和针对思政人员的调研情况相比较来看，二者之间在一些问题阐述和思考方面存在比较一致或类似的认识和做法，但也呈现了一定的差异，反映了二者在培育和践行社会主义核心价值观以及开展思想政治教育过程中的不同理论认识和实践背景体验感受，为我们下一步更好地分析、探寻加强和提升高校培育和践行社会主义核心价值观以及思想政治教育工作的对策与建议，提供了丰富的素材来源、现实依据。

第六章　加强和提升高校思想政治教育的对策与建议（一）

一　重视思政教育重要地位，正视国外的价值观渗透

（一）重视思政教育重要地位

强调重视思政教育似乎是老生常谈，无什么新鲜价值，似乎这一问题与发展学科专业问题相比，远不在一个高度和层面，其实不然。思想政治素质、价值观问题，或者再扩大一点说人的文化素养，是一个完整的人不可或缺的基本素养，是一个专业人才日后走什么样的路、成为什么样的人，并在多大程度上发挥出自身才能的关键所在。一个人、一个民族能不能把握好自己，很大程度上取决于核心价值观的引领。一个真正的大国，不是靠卖产品给世界就可以的，它更需要在思想理念、价值观念上拥有影响这个世界的力量。可以说，价值观的力量，比生存的需要更崇高，比血浓于水的亲情更博大，有什么样的核心价值观，就有什么样的国家、社会和公民，就有什么样的取向、路径和行动。因此，核心价值观对于世界上任何一个民族来说，都是不可缺少的精神内核，也是发展的基本动力。

发展起来的当代中国，更加向往美好的精神生活，更加需要强大的价值支撑。构建具有强大凝聚力、感召力的核心价值观，关系到社会和谐稳定，关系到国家长治久安；实现"两个一百年"的奋斗目标，实现中华

民族伟大复兴的"中国梦"，也必须有广泛的价值共识和共同的价值追求。而社会主义核心价值观，正是中华民族走向新时代、实现伟大复兴的"中国梦"须臾不可离的精神支柱、行动向导，对丰富人们的精神世界、建设民族精神家园具有基础性、决定性作用。若要振奋人们的精神、增强全民族的精神纽带，必须积极培育和践行社会主义核心价值观，铸就自立于世界民族之林的中国精神。因此可以说，社会主义核心价值观是高校思想政治教育的灵魂，两者实际上是融为一体的。若没有社会主义核心价值观的培育和践行，思想政治教育在很大程度上就只剩下一个空架子，只留下一种形式，而无实质性的价值和意义。社会主义核心价值观中所蕴含的深厚而丰富的中华优秀传统文化、中国革命文化、社会主义先进文化以及人类进步文化，成为当今有效进行思想政治教育工作的充实而丰富的养料，成为使思想政治教育生动、有趣、不枯燥、活起来，学生乐于接受的宝贵的资源。

新时代知识分子的榜样黄大年，若不是从青年时代就立下"振兴中华，乃我辈之责""只要祖国需要，我必全力以赴"的报国之志，绝不会放弃其在国外优越的工作和生活待遇，毅然决然接受祖国的召唤，以无私的奉献精神将一腔热血和全部知识投入祖国的现代化建设，直至献出自己的生命。相反，在美国马里兰大学的毕业典礼上发出不当言论的华裔学生杨舒平，若在国内时就树立坚定而正确的价值观，对自己的祖国怀有深厚的情感，也绝不会在那种场合发出那样的不当言论。不争的事实促使我们进行深刻的反思。作为有着忧国忧民之心的学者、高校教师，我们曾在社会科学文献出版社 2012 年出版的《跨文化视野：中国特色和谐社会的探索》一书中，发出了当前"从社会整体上看，缺乏一种伦理共识和价值认同"的忧患之声。我们写道："改革开放以来，特别是进入 21 世纪，在全球化迅猛发展和改革开放不断深入的背景下，中国社会价值观逐步由一元向多元发展。而这种价值观多元化的发展趋势，从社会整体上看，缺乏一种伦理共识和价值认同。这种现象的形成与社会的稳定、和谐之间产生了矛盾和冲突"，"缺乏一种伦理共识和价值认同，这就导致我们思想上和道德上的混乱，导致我们的社会不和谐，人民很迷茫，不知道人活着是为了什么，不知道人生的意义何在，这些都是我们在以后的发展过程中需要解决的问题"。① 外国媒体也曾这样评价中国的价值认同问题。例如，新加坡《联合早报》于 2011 年 4 月 14 日刊出评论说，通过深层观察，中国的自信还缺乏内在的定力。在蒸蒸日上的大势之下，社会内部存在很大程度的虚胖；在自信心倍增的表层之下，社会的凝聚力还有太多的泡沫。培养大国的自信，首先必须找回失去的自己，并在此基础上与现代世界文明共生共荣。总而言之，中国应建立一套全民认同的全新价值体系。② 因此，社会主义核心价值体系及社会主义核心价值观的提出与发布，为全体国民凝心聚力、凝魂聚气建设社会主义，实现中华民族伟大复兴的"中国梦"，奠定了深厚的思想基础，是非常及时的。

习近平总书记在 2016 年 12 月 7～8 日举行的全国高校思想政治工作会议上强调："教育强则国家强。高等教育发展水平是一个国家发展水平和发展潜力的重要标志。实现中华民族伟大复兴，教育的地位和作用不可忽视。我们对高等教育的需要比以往任何时候都更加迫切，对科学知识和卓越人才的渴求比以往任何时候都更加强烈"，"我国高等教育肩负着培养德智体美全面发展的社会主义事业建设者和接班人的重大任务，必须坚持正确政治方向。高校立身之本在于立德树人。只有培养出一流人才的高校，才能够成为世界一流大学。办好我国高校，办出世界一流大学，必须牢牢抓住全面提高人才培养能力这个核心点，并以此来带动高校其他工作"，"正确认识时代责任和历史使命，用中国梦激扬青春梦，为学生点亮理想的灯、照亮前行的路，激励学生自觉把个人的理想追求融入国家和民族的事业中，勇做走在时代前列的奋进者、开拓者；正确认识远大抱负和脚踏实地，珍惜韶华、脚踏实地，把远大抱负落实到实际行动中，让勤奋学习成为青春飞扬的动力，让增长本领成为青春搏击的能量"，"要坚持不懈培育和弘扬社会主义核心价值观，引导广大师生做社会主义核心价值观的坚定信仰者、积极传播

---

① 李申申等著《跨文化视野：中国特色和谐社会的探索》，社会科学文献出版社，2012，第 160～161、164 页。

② 杜平：《外媒：中国重塑大国自信须建立全民认同价值体系》，http://www.chinanews.com/hb/2011/04-14/2973169.shtml。

者、模范践行者。"① 习近平总书记还在中共中央政治局第十三次集体学习时强调："核心价值观是文化软实力的灵魂、文化软实力建设的重点。这是决定文化性质和方向的最深层次要素。一个国家的文化软实力，从根本上说，取决于其核心价值观的生命力、凝聚力、感召力。"② 2015年深秋，习近平总书记在北京会见第二届"读懂中国"国际会议外方代表时曾说："我们从哪里来？我们走向何方？中国到了今天，我无时无刻不提醒自己，要有这样一种历史感。伫立在天安门广场的人民英雄纪念碑有一组浮雕，表现的是1840年鸦片战争到1949年中国革命胜利的全景图。我们一方面缅怀先烈，一方面沿着先烈的足迹向前走。我们提出了中国梦，它的最大公约数就是中华民族伟大复兴。……中国有坚定的道路自信、理论自信、制度自信，其本质是建立在5000多年文明传承基础上的文化自信。"③ 2017年10月19日，习近平总书记在党的十九大报告中又强调："社会主义核心价值观是当代中国精神的集中体现，凝结着全体人民共同的价值追求。要以培养担当民族复兴大任的时代新人为着眼点，强化教育引导、实践养成、制度保障，发挥社会主义核心价值观对国民教育、精神文明创建、精神文化产品创作生产传播的引领作用，把社会主义核心价值观融入社会发展各方面，转化为人们的情感认同和行为习惯。坚持全民行动、干部带头，从家庭做起，从娃娃抓起。深入挖掘中华优秀传统文化蕴含的思想观念、人文精神、道德规范，结合时代要求继承创新，让中华文化展现出永久魅力和时代风采。"④ 以上这些论述，应当成为高校重视思想政治教育工作的重要依据。

在我们面向河南省内26所各类高校发放的5686份关于高校思想政

① 张烁：《习近平在全国高校思想政治工作会议上强调：把思想政治工作贯穿教育教学全过程 开创我国高等教育事业发展新局面》，《人民日报》2016年12月9日，第1版。
② 新华社：《习近平在中共中央政治局第十三次集体学习时强调 把培育和弘扬社会主义核心价值观作为凝魂聚气强基固本的基础工程》，《人民日报》2014年2月26日，第1版。
③ 杜尚泽：《阔步走在中华民族伟大复兴的历史征程上——记以习近平同志为总书记的党中央推进全方位外交的成功实践》，《人民日报》2016年1月5日，第1版。
④ 《决胜全面建成小康社会 夺取新时代中国特色社会主义伟大胜利——在中国共产党第十九次全国代表大会上的报告》，http://www.xinhuanet.com/politics/19cpcnc/2017-10/27/c_1121867529.htm。

治教育工作的调研问卷中，回收的有效问卷为4958份，而在有效问卷中，学生在第27题"你认为，当前思想政治教育在你的大学学习生活中占有的地位"的选项中，选择"比较重要"的占47.5%，居第一位，后面依次是"一般"（31.6%）、"非常重要"（17.7%）、"可有可无"（3.3%）。"比较重要"和"非常重要"的占比加在一起达65.2%，说明多数学生对思想政治教育的重要性是有清晰的认知的。但是，不容乐观的是，还有相当一部分学生，即34.8%［选择"一般"（31.6%）和选择"可有可无"（3.3%）］的学生的认识是模糊的，对此抱着无所谓的心态，这是值得我们注意，并且需要加大力度做工作的。

在我们面向河南省内15所各类高校发放的4140份关于高校社会主义核心价值观培育与践行情况的学生调研问卷中，回收的有效问卷为3565份，而在有效问卷中，在学生对第1题"你认为，一个国家具有全民认可的核心价值观，形成伦理共识"的选择中，63.3%的大学生认为"十分必要"，35.2%的大学生认为"有一定必要"，认为"没有必要"或"无所谓"的比例很小，仅占1.5%。学生在对调研问卷的第2题"你认为，核心价值观与价值观多元化之间的关系是"的选择中，67.3%的大学生认识到"核心价值观是轴心和根基"；但也有少量的大学生对核心价值观有泛化或一般化的认识，如认为"二者并行不悖"的占18.5%，认为"核心价值观只是多元价值观的一种"的占13.5%，认为"二者并无质的区别"的占0.8%。这说明多数学生对社会主义核心价值观的认同度较高，认识较清晰，但也有少数学生的认知较为泛化和模糊。

在我们面向河南省内15所各类高校发放的528份关于高校社会主义核心价值观培育与践行情况的思政人员调研问卷中，回收的有效问卷为449份，而在有效问卷中，思政人员对第1题"您对高校培育和践行社会主义核心价值观的看法是"的选择依次为："赞成，认为很有必要"（63.3%）、"赞成，但方式需要改善"（34.3%）、"不赞成，浪费时间"（1.6%）、"不赞成，效果很不明显"（0.9%）、"无所谓，有没有都可以"无人选择。对第2题"您认为，社会主义核心价值观对于大学生思想教育的作用"的选择依次为："比较有成效"（43.4%）、"成效显著"（32.7%）、"成效一般"（22.5%）、"没有成效"（1.3%）。可见，绝大部分思政人员对于社会主义核心价值观有高度的认同感，并且具有清晰的认识。

在我们面向河南省内15所各类高校发放的538份关于高校社会主义核心价值观培育与践行情况的专业教师调研问卷中，回收的有效问卷为429份，而在有效问卷中，专业教师对第2题"您对高校进行社会主义核心价值观培育的看法是"的选择依次为："赞成，认为很有必要"（59.0%）、"赞成，但方式需要改善"（34.7%）、"不赞成，效果很不明显"（3.0%）、"不赞成，浪费时间"（1.9%）、"无所谓，有没有都可以"（1.4%）。对第3题"您认为，社会主义核心价值观对于大学生思想教育的作用"的选择依次为："比较有成效"（48.0%）、"成效非常显著"（29.6%）、"成效不大"（21.0%）、"没有成效"（1.4%）。可见，绝大部分专业教师对于社会主义核心价值观也有高度的认同感，并且具有清晰的认识。

在我们课题组面向河南省几所高校的教师们进行的访谈中，老师们普遍认为思政课与专业课相比，往往处于不被重视的尴尬地位。这种不重视，既有来自学校层面的不重视，也有来自学生层面的不重视。具体如下。

E大学的W老师讲到：

根据我自己多年的思政课教育教学工作经验，感到大学思想政治教育和思政课的教育教学在认知方面，存在很大的弊端。大学新生入学教育时，学校在对其专业培养方案中的课程性质（公共基础平台课、学科基础平台课、专业基础平台课等）进行介绍时，多带有"等级"色彩，认为公共基础平台课主要是思政课，不如专业课重要，使得学生对思政课有"先入为主"的认识，即大学学习一开始就形成了对思政课地位的认识，未把其放在主要位置，造成学生在思想上认为思政课不重要。这种"先入为主"的影响很大，一直影响着学生对思政课的学习和老师的教育教学工作。虽然有考勤等纪律进行约束，但是学生人到了课堂而心不在课堂上，尤其是理科生更有如此表现，多数就玩手机、做作业等。据我自己的了解，部分院系甚至在"三评"时不把思政课的成绩计入（综合性大学院系较多，"三评"标准细则会有差别），很功利，导致学生更不把思政课放在眼里，大部分抱着应付的态度。一些院系的辅导员对学生也有误导。据我不断地了解，有些辅导员老师认为思政课的学习时间过长，"太耽误事"，甚至想改变学时、减少思政课学习时间。有些辅导员在对学生进行教育和管理时，把思政课放在二等地位，认为学习这些课程净耽误事，不把思政课成绩放在评优奖先标准的行列。

D 大学的 L 老师说：

上思政课，学生如果缺课了，总是随便找个理由就行，常常说是辅导员找我有事，有的还说是某某领导找我，底气很足的样子来请假或解释。上课纪律和考勤也与各学院的风气有关，有的学院抓得紧一些、好一些，缺课现象就少。作为任课教师，在与学生打交道中，我感觉辅导员在学生身上很管用，学生总是围绕辅导员转。

D 大学的 N 老师也说：

现在学生很势利。学生上课迟到，不愿意及时向任课老师说明，而在其"空间"发"说说"，在栏目中发表"动态"："今天又迟到了。"真是让人无语。

A 大学的 C 老师认为：

从学生来看，他们几乎对所有的理论性、偏宏观的课程都缺乏兴趣。学生缺乏学习动力的原因，或是价值取向多元化，或是兴趣使然不愿学。

中原工学院的 L 老师谈道：

在思政课教学中，我感觉存在的主要问题是：学生对政治理论课学习的兴趣不高，上课玩手机、做其他课作业，甚至睡觉的现象比较多。迫于考勤压力，虽然旷课迟到的情况不多，但属于情非得已，一旦考勤放松，就会很快反弹。作业抄袭、慕课刷课情况普遍。

上述老师们在教学实践中所描述的状况，说明了当前高校的思想政治教育工作确实存在不被重视乃至受歧视的一些缺憾，也确实应当引起我们的警觉。从理论上认识思政教育工作的重要性是一个方面，但更重要的方面在于长期地、浸入式地将其落实于高校的实践工作之中。

（二）正视国外的价值观渗透

可以说，世界上没有哪个国家和民族不重视意识形态工作、价值观教育和伦理道德教育。如新加坡以国会法案的形式确立本国的"共同价值观"，要求在全社会推行"国家至上，社会为先；家庭为根，社会为本；社会关怀，尊重个人；协商共识，避免冲突；种族和谐，宗教宽容"[①] 等价值观念，有力地促进了新加坡这个多民族国家的稳定和发展。再如美国作为目前世界上的头号大国，丝毫不放松对青少年乃至全体国民的意识形态教育和价值观教育。有学者在走访美国的高校后指出："美国等西方国家十分重视自己的价值观教育，这不仅体现在高校的通识教育课程上，也体现在高校的所有课程上；不仅体现在书本里、课堂里、校园里，也体现在社会生活的方方面面。美国高校把美国历史、美国政治、美国文化等列为大学生的必修课，美国的文化产品渗透着美国的价值观。美国的历史并不长，却很重视自己的历史。在美国，处处可见飘扬着的星条旗，时时能看到与美国历史有关的纪念馆、纪念碑、纪念人物雕像等，让人感到美国价值观的无处不在。各类博物馆、纪念馆不仅免票，而且政府根据参观人数的多少给予不同程度的支持，鼓励更多的人前去参观。这样，年复一

---

① 卢艳兰、张在喜、何岸青：《新加坡共同价值观教育评介》，《南昌航空大学学报》2010年第 4 期，第 101 页。

年，久而久之，美国价值观和美国精神就深深刻印在美国人的头脑中，外化在他们的行为上。"[1] 不仅如此，美国还积极地，甚至强势地将自己的价值观输出国外。笔者注意到，美国在"2017～2018 年中美富布赖特研究学者项目"的指南中明确地说："申请人应是在美国研究领域中具有副教授及以上职称的大学教师；项目优先考虑那些在大学和研究机构专门从事美国研究方面的教学和研究人员，例如美国生活方式、美国机构、美国历史等等。项目更欢迎来自建有美国研究中心和开设美国研究专业的中方院校的学者提出申请；从未获得富布赖特学者项目资助的或没有在美国长期学习或工作过的申请人将给予优先考虑；申请人的研究领域应为宽泛意义上的美国研究。富布赖特访问学者项目申请人必须是从事社会科学和人文科学的专业人员，这样他们才能够就美国研究领域的某一具体方面开展研究工作。比如：美国历史、美国政府与政治、美国外交政策、美国文学、美国音乐、哲学、教育、公共管理、公共政策、社会工作、公共卫生、艺术史、社会学与文化、戏剧、城市规划、新闻、法律、环境研究、信息科学等。需要着重指出的是，申请人必须能够表明他们有在美国进行某项研究的必要性和可行性，同时能够阐明他们回国后如何能够将其所学运用到本国的课堂教学之中；申请人必须能够说明他们的研究怎样能够增进中美双方的相互理解；另外，需重点强调的是，并不是所有的社会科学和人文科学学科都适合得到富布赖特的资助，因为所研究的课题必须包含美国研究的成分。有些领域，比如美国文学和美国历史，几乎所有的研究课题从定义上都包含美国研究的成分；但是在另外一些领域，比如语言学、经济学、哲学和信息科学等，只有那些能够加深对美国了解的研究课题才符合富布赖特项目的资助。在这些领域里进行的与美国无关的一般性理论研究或具体的学科调查，评审委员会将不予太多支持。"可见，美国将其价值观极力在中国高层次人才中加以推行和传播的意向。美国一方面积极向中国输出其价值观，另一方面据悉在实践中又关闭了两所孔子学院，这一输出一关闭，不正有力地说明了美国的意图吗？

---

[1] 李传柱：《对美国价值观教育的几点认识》，http：//www.qstheory.cn/wp/2016-04/06/c_1118538510.htm。

在被调研的学生中，学生对于我们提供的河南省高校思想政治教育工作调研问卷的第 30 题 "你认为，当前高校思想政治教育存在问题的原因是"，选择 "外来文化对价值观的冲击" 的达 41.8%，居 9 个选项中的第 5 位；学生对于我们提供的河南省高校培育和践行社会主义核心价值观情况调研问卷的第 4 题 "你认为，影响大学生确立社会主义核心价值观的最主要原因是"，选择 "全球化背景下西方价值观的渗透和冲击" 的占 46.09%，在 8 个选项中居第 5 位；而在第 11 题 "你认为，在大学生中进行社会主义核心价值观教育的重点是"，选择 "防止西方文化入侵" 的在 6 个选项中被排在最后一位（仅占 16.13%）。由此看来，我们的学生对西方的价值观渗透有所认识，但似乎看得并不很重。

当然，正视国外的价值观输出，采取相应的应对措施，并非极力抵御或惊慌失措，而要冷静思考，高水平面对，并积极引导。原因有以下几方面。其一，国外价值观含有的成分十分复杂，可以说既有人类共同的价值追求和积极的道德内涵，也有霸权主义、极端个人主义、腐朽的享乐主义等糟粕，各种价值观泥沙俱下，如何在沙里淘金，借鉴、吸纳其有价值的东西，批判、抵制腐朽的、糟粕性的东西，是需要我们下一番功夫认真对待的。其二，对于腐朽的、糟粕性东西的批判，也不能用简单化的态度扣个大帽子一批了之。以这种简单化的态度对待易于盲目崇信西方价值观的青年学生，是不能令他们信服的。他们正处于价值观的形成和确立时期，有一定的思考和理解能力，但阅历尚浅，对问题的认识尚不成熟，只有对西方文化的高水平的解析与阐释才能真正将思想工作深入他们内心。

二 以 "内化" 为根，在 "外铄" 与 "内化" 之间寻找切入点

（一）以 "内化" 为根

所谓 "内化"，即要入心，要融入血脉之中。毫无疑问，思想政治教育与文化的传承与弘扬密不可分，可以说两者是合二为一的事情。因为，思想政治教育无论从外在形式还是内在意蕴，说到底都是一种与人密切相

关的文化的问题。而文化，是维系一个民族血脉的根本力量。对于具有悠悠五千年历史的中华民族来说，文化更是其魂魄归向的精神家园、生存延续的筋骨血脉。因此，文化的力量，不仅仅在于表层，更在于"化"的深层意蕴。这种力量是融入血脉、沁入肺腑的无形力量。中国有句老话，叫作"以文化成"——"观乎人文，以化成天下"，① 指的就是此意。因此，国学大师南怀瑾先生曾说："一个国家，一个民族，亡国都不怕，最可怕的是一个国家和民族的根本文化亡掉了，这就会沦为万劫不复，永远不会翻身。"② 著名学者、当代新儒学的代表杜维明教授也指出："一个民族的自信心彻底丧失，它是无力的、无气的、无理的，一个失去自信的民族，要精神团聚起来，向西方学习真正有意义的东西，可能性太小了。在对传统文化进行非常强烈的批判的同时，一定要真正了解它的精华，把它的优质部分好好地保护……在现代化的过程中，我们曾经以为要把传统彻底消除，才能进入现代文明。其实，传统文化是塑造现代文明的基石，是背景，是零，它加在任何数字后面，都是十倍百倍的增加。"③ 习近平总书记在 2016 年 5 月举行的全国哲学社会科学工作座谈会上的讲话中说："站立在 960 万平方公里的广袤土地上，吸吮着中华民族漫长奋斗积累的文化养分，拥有 13 亿中国人民聚合的磅礴之力，我们走自己的路，具有无比广阔的舞台，具有无比深厚的历史底蕴，具有无比强大的前进定力，中国人民应该有这个信心，每一个中国人都应该有这个信心。我们说要坚定中国特色社会主义道路自信、理论自信、制度自信，说到底是要坚定文化自信。文化自信是更基本、更深沉、更持久的力量。历史和现实都表明，一个抛弃了或者背叛了自己历史文化的民族，不仅不可能发展起来，而且很可能上演一场历史悲剧。"④

同时，文化的力量对于高校学生和教师而言，更具有一种独特的、不

---

① 《易·上经卷三·贲卦第二十二》，黄寿祺、张善文撰《周易译注》，上海古籍出版社，2004，第 174 页。
② 韦雨选编《四书五经精选本》，新世界出版社，2004，第 4 页。
③ 腾讯燕山大讲堂：《杜维明 VS 袁伟时——究竟怎样对待中国传统文化》，《南方周末》2010 年 12 月 2 日，第 31 版。
④ 《在全国哲学社会科学工作座谈会上的讲话》，http：//politics. people. com. cn/n1/2016/0518/c1024 - 28361421. html。

可替代的作用。原因有以下几方面。其一，高校是集聚了具有相当理解能力和知识基础的从事人文社会科学、自然科学的学习或研究的文化人和学者，对文化的涉猎和求取有着较厚实的知识底蕴、较宽泛的兴趣和较强的判断与领悟能力，一旦优秀文化渗透于心，在做人和做事上都会具有很高的自觉性和自律性，这其中的动力来自内而非外力所强求。其二，高校学生与中小学生相比，具有更强的理性思维和价值判断能力，他们更易于接受经过思考理解的东西和渗透进内心的东西，而较为反感简单、硬性的说教和形式化的照本宣科。当然，与此同时也不可否认，在高校充分张扬优秀文化力量，扎实推进社会主义核心价值观教育和思想政治教育的过程中，也存在其他组织和个体不曾面对的特殊困难。这种特殊困难，是由当代大学生的年龄特点、所处的时代特征及其思维特点等因素所决定的。譬如，虽然与中小学生相比，大学生有更强的理性思考能力，但他们的思维水平尚处于正在走向成熟而并不完全成熟的阶段，对问题的认知尚缺乏深刻性，往往容易形成一些偏激的看法。又如，大学生正处于价值观形成的关键时期，而当代社会文化及价值观的发展日益呈现多元化的趋势，这些对当代大学生自然会产生多重影响。这些现实状况，就要求我们进行高水平的、有效的引导。

由此可知，文化对于高校的师生来说是一种内在的影响力量、渗透力量、凝聚力量，可以说有一种"大音希声，大象无形"的意味，它的力量是强大的、无与伦比的，但又是自然而然形成的。因此，思想政治教育是文化陶冶和社会主义核心价值观教育的有机组成部分，应当同文化的润泽融为一体，应当同社会主义核心价值观教育互为因果。那种简单化地生硬灌输、空话和套话连篇，很难融入学生的内心之中。

（二）在"外铄"与"内化"之间寻找切入点

当然，强调"内化"，强调"以文化人"，并不否认一些卓有成效的"外铄"的各种活动形式，正是通过种种"外铄"的形式，才能使教育内容"内化"于学生身心。譬如生动的各科课堂教学（当然包括思政课在内）、校内外的各种公益活动、各种知识竞赛、知识讲座、书籍阅读、网络传播等。这些活动看起来是一种外在的教育形式，但可以"化"为学生内心的有益养分，成为学生思想和知识的有机组成部分。事实也证明，多种多样、生动活泼的教育形式，学生是乐意接受的。在我们的问卷调查中，多数学生希望学校和院系组织多种多样的实践活动，而不乐意单调地被灌输。

1. 课堂教学是主渠道——要使课堂活起来

文化的陶冶和滋养、思想政治教育的深入人心，首先在教师娓娓道来的课堂（包括专业课、通识教育课、思想政治教育课等各类课程）中进行。课堂教学作为对学生进行自然的文化陶冶和滋养的主渠道和主要形式，应当渗透进高校所开设的所有课程，包括人文社科、理工医农及体育、艺术等各门学科，因为所有专业和学科的学生都应当被培养成顶天立地、素质较高的"中国人"。在关于高校思想政治教育状况的调研问卷中我们得知，学生在对调研问卷的第21题"你所在学校进行思想政治教育的主要途径有"进行选择时，选择"思政课程"的达76.6%，高居第一位。其次分别是"年级或班会"（63.1%）、"党团活动"（60.5%）、"讲座"（50.1%）、"社会实践活动"（46.0%）、"网络"（31.8%）、"其他"（1.3%）。在关于高校培育和践行社会主义核心价值观情况调研问卷中，学生在对调研问卷的第7题"你所在学校宣传社会主义核心价值观的主要方式有"进行选择时，选择"思政课程"的达83.8%，同样高居第一位。其余依次是"党团教育"（79.3%）、"学生手册和各类评优活动"（53.7%）、"课外实践活动"（40.3%）、"网络互动"（31.2%）、"读书评论活动"（23.0%）、"其他"（1.2%）。可见，目前河南省内各类高校进行思想政治教育和社会主义核心价值观培育与践行的主渠道是思政课的课堂教学。可能是问卷的设计问题，此处未能涉及其他的专业性课程，但实际上，担任所有课程的所有教师都有进行思想政治教育的责任和义务。

笔者认为，当前我国进行的高校本科教学评估对本科教学质量的保障起到了相当大的作用。但是进一步考虑，评估不应过于偏重对教学文档的检查、教学数字的统计等一些量化性的指标，还应考察一些不宜进行量化的、往往被认为是形而上的东西，如一所高校所形成的教学氛围总体情况如何，不囿于功利性追求、对教学具有热情和激情的教师能否对学校的教学风气产生较大影响作用，学生已有的知识面情况如何等。这些不能量化的东西，从某种程度上恰恰反映了一所高校真正的教学水平和教学质量，但这又需要一定的时间并加以深入观察，不是一两天走马观花式的评估所能得到的。

（1）关于思政课堂生动性、趣味性与思想性、理论性的结合

本课题组在针对学生的调研问卷中发现，学生对思想政治教育课程内容丰富、兼顾趣味性，以及任课教师语言具有艺术性、课堂不枯燥是最为期盼的。在学生对调研问卷第 15 题"你认为，激发思想政治课学习积极性的因素有"的选择中，选择"思政课程内容丰富，兼顾趣味性"的高达 80.6%，居第一位；选择"任课老师语言具有艺术性，课堂不枯燥"的达到 71.0%，居第二位；此外，选择"课堂环境宽松，与学生互动灵活"的达 57.6%；选择"任课老师个人魅力"的达 53.2%；选择"教育手段多样化"的达 43.5%；而选择"老师考前会划重点，给高分"的仅占 23.4%。可见，上述绝大部分有效因素的选择都指向了教师，教师是课堂的主导者、引领者和智慧的组织者，如何使课堂教学这一思政教育的主渠道讲得活起来，使其更有色彩、更有吸引力，是要下大功夫进行研究并加以改进的。

而现实中的思政课堂情况并不能尽如人意。例如，学生在对高校思想政治教育状况调研问卷的第 30 题"你认为，当前高校思想政治教育存在问题的原因是"进行选择时，选择最多的是"思想政治教育的吸引力不足"，达 53.5%，居第一位；选择"思想政治教育不能内化于心"的占 48.5%，居第 3 位。对于问卷的第 35 题"你对当前高校的思想政治教育工作有什么建议"，我们对作答者的回答内容进行筛选分析，提炼了其中的关键信息，并对这些关键信息进行汇总和统计，结果显示，呼声很高的建议内容主要有"多组织实践活动"（建议人数达 1700 人）、"增加学生参与度"（建议人数达 1400 人）、"教育方式要多样化"（建议人数达 1000 人）、"注重创新"（建议人数达 900 人）、"加强思政教育的趣味性"（建议人数达 800 人）、"注重理论与现实结合"（建议人数达 700 人）、"营造良好氛围"（建议人数达 500 人）。另外，在课题组所提供的高校培育和践行社会主义核心价值观情况调研问卷中，学生在对第 8 题"你对当前学校进行的社会主义核心价值观的培育和践行的看法是"进行选择时，选择"尚可接受"的占 53.5%，选择"过于形式化"的占 33.8%，选择"高效且有趣"的占 9.0%，选择"无所谓，不关心"的占 3.7%，没人选择"无用且浪费时间"。这说明，包括思政教育课堂和社会主义核心价值观培育与践行在内的整体的思想政治教育工作的质量和吸引力有待

于进一步提高。

在提供给专业教师的高校社会主义核心价值观培育与践行情况的调研问卷中，专业教师对第6题"您认为，当前社会主义核心价值观培育过程中存在的问题有"的选择依次为："缺乏创新，难以引起学生兴趣"（70.2%）、"不注重理论与实践相结合"（61.3%）、"过于形式化，流于表面"（54.3%）、"不注重因材施教，压抑学生个性"（30.5%）、"过于频繁，引起学生反感"（18.7%）、"间隔时间太长，没有效果"（10.5%）、"其他"（1.4%）。可见，专业课教师对包括教师课堂教学方面的种种问题是有清醒的认识的。对于问卷的第8题"您是否会根据时事热点和科研进展适当调整您的讲课内容"，绝大部分专业教师的选择为"会，能够吸引学生学习兴趣"，占比高达84.8%。其余的选择依次为："不会，因为对授课影响不大"（8.6%）、"无所谓，想起来就提一下"（3.5%）、"不会，重新备课太麻烦"（3.0%）。另外，对于第9题"当您的学生在课堂上提出与您的观点不符的看法时，您会怎么做"，绝大部分教师选择"不论正误，鼓励学生独立思考"，占比高达83.9%。其余的选择依次为："无所谓，听听就可以了"（5.1%）、"表面赞许，实际上并不赞同"（4.7%）、"不予考虑，学生的看法简单且片面"（3.3%）、"为了维护尊严，表面不接受，而实际接受"（3.0%）。由专业教师对第8、9题两题的选择可见，绝大部分专业教师都在努力提升课堂教学质量，鼓励学生积极独立思考问题，以提高学生的理论思维水平。在这方面，教师们是下了功夫的，但还有待于进一步改进与提高。

在提供给思政人员的高校社会主义核心价值观培育与践行情况的调研问卷中，思政人员对第3题"您认为，当前社会主义核心价值观培育过程中存在的问题有"的选择依次为："缺乏创新，难以引起学生兴趣"（78.4%）、"不注重理论与实践相结合"（58.1%）、"过于形式化，流于表面"（53.2%）、"不注重因材施教，压抑学生个性"（33.6%）、"过于频繁，引起学生反感"（24.3%）、"间隔时间太长，没有效果"（12.5%）、"其他"（2.0%）。可见，思政人员对包括教师课堂教学在内的整个学校层面在培育与践行社会主义核心价值观方面的种种问题，也是有清醒的认识的。

笔者在2017年从《中国青年报》上看到一则报道，讲述了武汉高校的大学生自动组织了一个"大学生蹭课联盟"，各校学生互通有无，将优质、高水平的讲座、讲课资源通报给联盟中的各校学生，以便学生们择机跨校听讲。同时，这个联盟还成立了读书沙龙，用以交流读书和听讲心得。目前，该蹭课联盟平稳运行着两个几乎涵盖武汉所有高校的部分学生、流动人员且突破7000人的QQ群，以及一个官方微信和线下启林青年坊的工作。在创始人刘灿看来，大学生应该走出寝室、走出课堂、走出校门、走出专业的限制，感受不同领域学者的思想和魅力，与各种不同类型的人进行交流碰撞，与一批有思想的朋友践行理念，同时坚持人文社科的阅读与分享原则，这些才是比90分的成绩更重要的东西。他说，大学生需要培养主动学习的精神，蹭课联盟营造的正是一个热爱读书、敢于争鸣的读书氛围。① 这一信息使人感到振奋和欣慰，这说明高校的青年学子有较高的寻求知识的热情，以及他们竭力寻求优质教育资源的主动性。

本课题组在河南省内高校对思想政治课教师进行的访谈中，关于如何使思政课的生动性、趣味性和思想性、理论性有机结合的问题，也听到了一些老师很有见地、很有启发性的想法和认识。

A大学的J老师谈道：

老师为了把思政理论的重要性灌输给学生，在课堂上不得不采用讲故事、放视频等一些所谓生动的教学方法或形式，但是，这往往失去了其应有的理论高度。下一步须集体攻关，讨论如何生动而又有水平地告诉学生理论的重要性、理论与政治及社会现实的密切相连。我去年调到学校宣传部工作，看到意识形态方面形势严重，青年人受到国外意识形态势力较强的冲击。因此，要一本正经地给青年人讲意识形态，不能只追求形式上的生动。我在讲时事政治时，于讲具体事实、实例的同时，重点分析事态发生的原因、实质及对其的评价，即教给学生思维的方法，让学生离开课堂后，能自己用方法去判断、理解事情。如讲朝鲜半岛的问题时，我并不是只给学生罗列事实，而是

---

① 王浠凤、陈红艳、雷宇：《跨越50所高校的人文课堂》，《中国青年报》2017年2月21日，第1版。

分析其背后为何牵涉到如此之多的问题。我原来认为，给学生传授知识是最重要的，现在认为教给学生思想方法是最重要的，要能解释事实。互联网时代，影响学生的因素太多，甚至比老师还多，因此老师不能只复述事实，而要教给学生思维的方法。

E 大学的 W 老师说：

思政课教育教学一是进行有关知识的教育，如核心价值观等知识性的内容解读和学习；二则不纯粹是知识的教育和学习，这一部分是属于思想品德的教育，也就是高大上的人生、价值、意义等方面的教育。思政课教材内容的特点主要以宣传教育为主，这方面在教学中若不注意，讲授上就往往会以灌输为主了，而不是启发、诱导，学生听多了就烦。如 24 字核心价值观，教师若只是告诉学生 24 字的词汇，只是在面上粗浅地讲，学生学到的也是表面含义，要深入人心才行。目前来看，思政课老师上课，普遍只注重形式，理论上不够深入。有些大学的老师穿皇帝服、学生扮大臣，穿上戏服演情景剧，这样形式上新颖、吸引人，那么问题来了，有多少人能去买戏服？且这种形式也花费不少时间，必然压缩其他内容的课时，这种做法就是特别注重形式，要知道形式对内容有反作用，但内容决定形式，若讲课成了表演，虽有好的方面，但太形式化，更重要的是要讲透理论，用理论吸引人，用思想和教导吸引人，不要多年后学生只记住当时老师组织了一次活动，自己扮演了什么角色，有什么有意思的地方，至于老师的教导、思想、理论，则没有记住。因此，提升学生思想和品质是更重要的。

E 大学的 Z 老师强调：

思政课的教学主题很鲜明，是铸魂工程，是信仰争夺的战场、无硝烟的较量，目的就是转变学生思想观念，让他们对世界观、方法论进行掌握。这些方面看起来是软指标，但实际上是硬标准，形软实硬。我们在教学中强调要确立信念，转变观念，力图通过联系实际，进行多样化的、科学的讲解，使理论内化于心、外化于行。作为思政课教师，上课要擦亮牌子、演好角色，不高高在上，要抓住学生的思想，通过自己学科、学术的内在魅力，赢得学生、感染学生，不要说必须怎么做之类的话，你是挡不住学生不想什么的。上课在讲课本内容的同时，还要配以现代化的动态资料，通过看视频资料，进行引导，看有哪些问题，并进行点评，从而让视频资料活起来，使视频资料成为课本真正的延伸。本人所讲的《马克思主义哲学原理》是一门方法论的课程，是教给学生世界观的理论性的课程。授课时，我会把课题回顾（即将每一原理、每一主题的研究现状和学术史进行梳理）、历史追踪（即讲明原理成为正确、科学的世界观，它的发展历史如何，并进行历史比较）、精讲原理（即原理内容要精讲，这是重点，要精确、准确，观点亮明，立场态度端正）、归结意义（即联系现实，联系国家、社会发展，印证原理的科学性，上升到学术理论高度，让学生系统把握）四个环节联系起来。《马克思主义哲学原理》中学也学，但大学要更进一步，让学生系统把握理论，有所提升。这门课主要是理论上要服人。同时，学生世界观形成了，内化于心，上升了高度，理论化、系统化加强了，但这仅是学生学识的提高，还不够，要考虑如何"转识成智"，把学生学到的、掌握的学识（理论、理性认识等）转化为方法、技术、德行，让学生形成一种特定的境界、道德自觉，这是非常重要的，这也就是理论理性向实践理性的转变。实践理性是工具、价值，是可操作、可运行的，这样理论与实践才能结合起来，才能使理论指导实践，使实践上升为理论，把学术水平转化为能力素质水平，从而真正促进学生发展。

河南大学有位教思政课的刘老师，其所讲课程深受学生欢迎，每堂课都有热烈的掌声，学生选他的课很难选得上，可谓讲出了兴趣、讲出了魅力、讲出了风采。近日，河南卫视的《新闻60分》栏目对其事迹进行了专题报道。他的课之所以受欢迎，究其原因，一方面是讲得非常活，不枯燥，大段的理论和套话少，多的是一个个接地气的故事和段子。而为了做到这一点，每一节思政课背后，光是搜集素材，他往往就要花费八、九个小时。于是，上到天文地理，下到政治经济，无论是国际风云还是柴米油盐，都走进了他的课堂，成为最鲜活的教学案例。而且，为了讲好每节课，他之前都要对着家中的墙壁将上课时所要讲的内容练上几遍，甚至是十几遍。所以，在学生们眼里，他上课的这三个小时永远充满激情又妙语连珠。另一方面，刘老师善于在深入钻研的基础上，将一个个生动鲜活的故事、案例同高深的理论知识恰当地、巧妙地结合起来，把道理讲入学生的内心。由此也可看到，刘老师对学生的非同一般的爱心。面对记者的采访，他这么说道：

> 新闻背后是什么样的故事，我们为什么要这么做，亦即这么做跟我书本中的理论又是怎么联系的，这就是让同学们有一种参与感，让孩子们觉得思政课就在我们身边。我们也可以通过我们自己的方式去践行它。

学生们对其评价道："他就给我们一些很正能量的东西，超级棒"；"他讲课的时候，玩手机已经不在我们的范围之内了"；"选他的课太难了，我们经常很多人都是三轮选课都选不到他的课，然后就只能去蹭，上大学不听他的课会遗憾"。在刘老师看来，学生们愿意听他的课，能够向学生传递正确的世界观、人生观和价值观就是他最大的动力。

D大学的L老师也说：

> 思政课上课最大的问题不光是知识性，更重要的是"育"，要引导好学生。作为思政课教师，对现实问题、思政教育问题，要寻根找因，寻求真实性，让学生明明白白，做明白人，对待网络信息事件更是如此。让学生有独立思维，这很关键；更重要的是要引导好学生。学生对社会的关注和思考，一直是有一定看法、困惑的，作为老师，要善于引导学生，让他们实地、亲自看看自己身边、家乡、父母等变化，了解生活环境，在社会现实和熟悉环境中亲身体验课堂所讲内容是否属实、科学，要使他们能看到变化，认识到意义，或者能够反向推论。在社会现实中当然会存在不好的东西（腐败、矛盾等），但要运用哲学思维，一分为二地分析问题，联系我国社会发展变化进行反

思，就会更好接受和理解思政课老师所讲内容。总之，要让学生在学知识的同时，促进其世界观、人生观、思想的发展。

C大学的Z老师说：

无论何种方法，最终要引导学生。思政课的知识性与趣味性的结合很重要。

C大学的L老师是一位教学效果非常好、很受学生欢迎、拥有教授职称的50多岁的老教师，她说：

不能把思政课教成娱乐课。思政课是最难讲的课，学生认为思政课不是专业课，对其重视程度不够，而要转变学生的看法，教师就要下更大的功夫。我有次备课到凌晨4：00还未睡觉，后来一看天亮了。有些私立学校用网络视频课取代课堂教学修学分，这是教育部不允许的。

在学生对高校社会主义核心价值观培育与践行情况调研问卷的第19题"面对多种文化，你往往会采取以下哪种态度"的选择中，选择最多的是"有自己的思考，但受教师或同学影响"，达51.6%，其余的选择依次为"经过自己独立思考来取舍"（43.3%）、"以大多数人的选择为主"（4.0%）、"不假思索全盘接受"（1.1%）。可见，大部分学生是有自己的思考的（其中有相当　部分学生能经过独立思考来加以取舍、判断），但也受到教师或同学的较大影响。这一方面说明我们的思政课堂对学生的引导是有成效的，另一方面也说明教师身上肩负着立德树人的义不容辞的重任。

（2）关于思政课堂灵活运用手机等多媒体工具及综合采用教学方法

关于充分发挥手机等多媒体工具在思政课堂中的积极的正向功能，C大学的L老师做得较为突出。她是一位教学多年的、资深的思政课老师，曾经获得河南省优秀教学成果二等奖、河南省教育厅思想政治理论课优秀教师荣誉称号。但是，她仍然钻研如何提高课堂效果。她已50多岁的年龄，比年轻人都早地、娴熟地掌握和运用了"雨课堂"（这是清华大学和学堂在线共同开发出来的一项新型智慧教学工具，目的是全面提升课堂教学体验，让师生互动更多、教学更为便捷）这项现代教育技术。她说：

> 运用"雨课堂"技术，使手机派上了正当的用场。学生进入课堂扫码（即签到）后，我的PPT即输入他们手机。通过手机进行课堂互动，不仅可以通过手机来点名，掌握学生的出勤情况，而且向学生所提的问题可让学生用手机当场回答，并可及时掌握每人回答的对错情况，由此对回答的问题进行反馈，这样就使课堂进一步活跃起来。而且，以前教师讲完课即走人，现在师生在课外也可随时联系。这一软件在2016年刚开发出来时，我即已使用，待学校在此方面进行改革，在全校推广运用时，我已使用一年。师生之间互动、沟通加强之后，学生对思政课老师很亲，甚至比对专业课老师还亲。

和L老师同校的J老师说：

> 李老师是我校教改的引领者。她对微信、"雨课堂"已运用到相对成熟的地步。教育部专家听过李老师的课，本校校长、书记都听过李老师的课。对于学生玩手机，只能疏导，不能卡压。教师上课即使不利用手机这一工具和手段，学生也用手机听歌、看剧，现在我们老师是引导学生正向利用手机。

B大学的老师也讲到，他们利用手机App点名，以掌握学生的出勤情况，并利用手机App让学生参与、动起来。L老师说：

> 前不久在我校举办了"豫西高校思想政治教育论坛"，主题是"让思政课活起来"，其中就提出了引导学生利用手机App。

H 老师说：

> 得考虑让学生动起来。有些案例得让学生通过手机看，他若不看手机，也是睡觉。

关于思政课教学方法的运用，老师们也谈道，不能为方法而方法，不能把某种方法推向极端，包括现代多媒体技术的运用。教师要有驾驭课堂的能力，教学要多方法、多手段综合运用，要根据学生年龄、专业等不同的特点，采用不同的方式方法。要允许教师对教学过程和方法进行探讨，不能用条条框框进行约束。但无论运用何种方法，最终都是要引导学生。具体如下。

C 大学的 L 老师所提观点，很有启发意义：

> 我在网上看到"对分教学模式"，其中既有时间、内容的对分，也有师生、过程的对分。该教学模式的主旨为精讲，留一部分时间给学生，即留白。关键问题是如何留白，应当慎重考虑。有些教师采用翻转课堂，但效果并不好，只用了方法的皮毛，而不达精髓。

与 C 大学 L 老师同校的 Z 老师插话说道："新方法实际对教师要求更高。"L 老师表示同意，她说："教学中若对方法已事先预定，带有表演性质，那就起不到任何作用。"

（3）关于思政课的考试形式

关于思政课的考试形式，老师们说，现在强调过程性评价，平时成绩占 50%，考试成绩占 50%，这种过程性评价的方向还是正确的。出考试题也应有水平，要能够促使学生运用所学理论思考现实问题，要提升他们的思维水平。

在此方面，C 大学的 L 老师所说的思路也发人深思：

> 一次考前，我看学生在背题，就问教研室领导：今年考试是这些题吗？回答说不是，可能是往年的考题。看来，学生只背代代相传的

考题，这是不行的。去年（2017 年）我出的考题是"由共享单车使用过程中出现问题解决的思考"，这道题也押中了当年国家的高考题。这就是改革考试起到了作用。促使学生思考现状，就是思政课的目的。我出的考题看起来不难，但让他们从宏观上、理论上分析就有一定难度，如有一题的题目是"纪念马克思诞辰二百周年想到的"。我研究教学是为了实用——对提升学生的思维水平有用、有好处。

（4）习近平总书记和陈宝生部长的有关讲话中指出要改进含思政课在内的大学课堂教学

习近平总书记在 2016 年 12 月 7～8 日举行的全国高校思想政治工作会议上强调："做好高校思想政治工作，要因事而化、因时而进、因势而新。要遵循思想政治工作规律，遵循教书育人规律，遵循学生成长规律，不断提高工作能力和水平。要用好课堂教学这个主渠道，思想政治理论课要坚持在改进中加强，提升思想政治教育亲和力和针对性，满足学生成长发展需求和期待，其他各门课都要守好一段渠、种好责任田，使各类课程与思想政治理论课同向同行，形成协同效应。"①

教育部陈宝生部长在 2018 年 6 月 21 日召开的"新时代全国高等学校本科教育工作会议"上，发表了题为"坚持以本为本　推进四个回归建设中国特色、世界水平的一流本科教育"的讲话。

在讲到改进包括思政课在内的大学课堂教学时，他说："对大学生要合理'增负'，提升大学生的学业挑战度，合理增加课程难度、拓展课程深度、扩大课程的可选择性，激发学生的学习动力和专业志趣，真正把'水课'变成有深度、有难度、有挑战度的'金课'。对大学生既要有激励也要有约束，要改变考试评价方式，严格过程考评，通过鼓励学生选学辅修专业、参加行业考试等，让学生把更多的时间花在读书上，实现更加有效的学习。"

他指出："要着力推进课程内容更新。及时调整专业人才培养方案，

---

① 张烁：《习近平在全国高校思想政治工作会议上强调：把思想政治工作贯穿教育教学全过程　开创我国高等教育事业发展新局面》，《人民日报》2016 年 12 月 9 日，第 1 版。

构建思想政治教育与专业教育有机融合的课程体系，建设综合性、问题导向、学科交叉的新型课程群，将学科研究新进展、实践发展新经验、社会需求新变化及时纳入教材，不能再用过时的知识培养明天的毕业生。要着力推动课堂革命。我们要改革传统的教与学形态，高校教师要把育人水平高超、现代技术方法娴熟作为自我素质要求的一把标尺，广泛开展探究式、个性化、参与式教学，推广翻转课堂、混合式教学等新型教学模式，把沉默单向的课堂变成碰撞思想、启迪智慧的互动场所，让学生主动地'坐到前排来、把头抬起来、提出问题来'。"

关于提升思想政治教育的水平，他说："这里我要特别强调一下课程思政、专业思政的问题。2018 年高校师生思想政治状况滚动调查结果显示，对大学生思想言行和成长影响最大的第一因素是专业课教师。加强课程思政、专业思政十分重要，要把它提升到中国特色高等教育制度层面来认识。我们要旗帜鲜明，在持续提升思政课质量的基础上，推动其他各门课都要'守好一段渠、种好责任田'，与思政课同向同行，形成协同效应。高校要明确所有课程的育人要素和责任，推动每一位专业课老师制定开展'课程思政'教学设计，做到课程门门有思政，教师人人讲育人。"①

（5）有关河南大学和江南大学思政课经验的两则报道

河南大学的思想政治教育课已经取得了整体的良好效果。2018 年 7 月 16 日的《中国教育报》以"河南大学：思政课没了'说教味儿'"为题，对河南大学的思政教育工作进行了报道。文中说：一改以往思政课的枯燥沉闷，在河南大学思政课课堂上，教师们妙语连珠、金句不断。自推进思政课建设以来，曾被吐槽以"填鸭""说教""划重点"为特点的思政课摇身一变，如今成了河南大学的"抢手课"。这种效果，主要来自三个方面的努力。首先，"理论从'本本'走出，教师肚里要有'货'"。该校马克思主义学院院长张兴茂介绍说："培养青年教师，教师个人、学院和教研室都要重视，形成三方合力……为了让年轻教师尽快成长，学院每学期举办教学竞赛和教学观摩活动，形成'比、学、赶、帮、超'的

---

① 陈宝生：《坚持以本为本　推进四个回归　建设中国特色、世界水平的一流本科教育》，http：//xxgc.dlu.edu.cn/info/1049/1409.htm。

良好氛围"，"每周四上午的学术研究制度，我们会深入开展中国特色社会主义理论研究，发挥马克思主义理论学科对思政课建设的支撑作用"。张兴茂表示，通过教研活动、教学研究团队培育等，培养一大批受欢迎的思政课教师，他们精心设计教学内容，有效调动学生学习主动性，使思政课变得"有意思""都爱听""真相信"。如今，马克思主义学院锻造出一支学历层次高、职称年龄结构合理的高素质教师队伍，其中专任教师有77人。在做好课堂教学的同时，一大批思政课教师通过校内外宣讲等形式，开展习近平新时代中国特色社会主义思想等专题宣讲活动，涌现出一批理论宣讲先进个人。其次，"内容为王是思政课上出效果的关键"。思政课的内容不再照本宣科、囿于理论，而是从现象级话题导入，由现实上升到理论，再将理论回归现实、指导现实。对此，马克思主义学院刘嘉尧老师深有感触地说："只有将教学重点与学生兴趣点有机结合，才能真正提高教学实效性。""内容为王，这是思政课上出味道、上出效果的关键。"教师只有从与学生成长、国家发展密切相关的现实问题谈起，再引导学生运用理论去分析、解决问题，才能吸引学生的眼球，激发他们的兴趣。由2016级哲学与公共管理学院学生陈国泰小组完成的《形势与政策》课后调研成果《"一带一路"新机遇》的小论文，得出了"'一带一路'倡议是要建立一个政治互信、经济融合、文化包容的利益共同体、命运共同体和责任共同体的结论"。对此，主讲教师卜万红说："在发挥这门课应有的知识教育功能的同时，还要努力发挥它的价值引领作用。"改变传统的思政课教学单向灌输，改革打破教学壁垒，搭建起师生间的交流共享平台。自课改以来，河南大学思政课教学形成了一些教学特色和优势，品读经典、社会调研、短剧表演等，充分调动了学生课堂学习的积极性。同时，思政课教师还积极参与指导学生社团活动和"青年马克思主义者培养工程"，着力培育一批富有马克思主义理论素养的学生理论骨干。再次，"让学生在思政课中汲取思想力量"。"真学、真信、真教、真做"是马克思主义学院的院训，思政课教师要做大学生的青春引路人。2017年9月，学校党委书记卢克平深入课堂了解思政课教学情况。听过课后，卢克平对思政课给予高度评价，并表示："思政课要注重培养学生德行，帮助学生树立并不断完善正确的世界观、人生观、价值观，增强学生幸福感和获得感。"马克思主义学院党总支书记马润成说："要牢牢把握立德树人这个根本，在教学原则上，以人为本，聚焦人的全面发展；在教学内容上，突出解惑，而不仅仅是传道、授业；在教学着力点上，做到政治素质和人格完善、做事和做人并重。"只有思政课教师做好学生的引路人，他们在走入社会后才能成为社会主义核心价值观的自觉践行者以及社会主义事业的合格建设者和可靠接班人。2017 年 12 月，河南大学"思想道德修养与法律基础"课教学实践环节"弘扬社会主义核心价值观短剧大赛暨成果展演"现场，一个个鲜活的题材，一段段跌宕起伏的情节，一幕幕引人深思的往事，深深感染着在场的每一位师生。这项至今延续 11 年的活动，从"思修短剧"发端，形成了培育社会主义核心价值观的新型教学方式。为让学生切身了解历史、感知社会，每名任课教师会与学生讨论剧本，采取"双向教育"形式，让思政课理论知识"内化于心，外践于行"。2017级体育学院学生闫世超说："短剧编排和老师的修改，让我们深切感受到思政课的力量，对我的思想产生了积极影响。"小切口、大主题、全过程、全方位、全参与，既是河南大学思政课改革创新的鲜明特征，又是对"立德树人"育人目标的积极探索。面对已迈入大学校门的"00 后"，思政课如何提供营养丰富、美味可口的精神食粮？马润成心中有了清晰答案："我们要按照习近平总书记的要求，在提高'亲和力'和'针对性'上下功夫，让学生在思政课中汲取做人做事的智慧，获得放飞人生梦想的强大思想力量。"[①]

《光明日报》2018 年 1 月 27 日的一篇报道，介绍的是江南大学思想政治教育课的经验。该文的题目是"江南大学思政课教学改革：内容实起来　师生动起来　课堂活起来"，也很有启发。文章报道说：文化自信的深厚根源，首先是中华优秀传统文化，夸父逐日、精卫填海、玄奘西游取经、苏武牧羊，这些传说、故事展示了中华文化中英勇无畏、勇往直前的文化因子。近日，在江南大学思政课上，围绕"文化自信"主题，教师蔡瑶带领学生开启了一段"文化之旅"。该校数媒学院 1502 班的学生张宁远评价说："喜欢这样的思政课，内容充实不枯燥，启发我们思考，

---

① 李见新、王剑：《河南大学：思政课没了"说教味儿"》，《中国教育报》2018 年 7 月 16 日，第 1 版。

感受到了中华文化的魅力。"该校马克思主义学院副院长徐玉生说："高校思政课要及时把十九大精神贯穿到课堂教学内容中，结合我们正在进行的启拓教学改革，让十九大精神在学生心中扎根。"在高校，作为立德树人的核心课程，思想政治理论课是学生上得最多的课，也是最难上的课。"配方"陈旧、"工艺"粗糙、"包装"不时尚是各校思政课面临的共同难题。该校马克思主义学院在前期专题教学改革探索的基础上，从2015年开始试点"启拓（QITO）"教学改革。"启拓（QITO）"由贯穿教学过程的4个关键词"问题"（Question）、"互动"（Interaction）、"思想"（Thought）、"优化"（Optimization）的英文单词首字母组合而成，寓意启发学生思维、拓宽学生视野，提升学生自主学习能力和理性思考分析国情和社会现实问题的能力，真正实现高校思想政治理论课"立德树人"的根本任务。目前，"问题导向＋专题授课＋智能课堂"三位一体的启拓教学模式已经形成。为了推动十九大精神进课堂，在十九大开幕后的第3天，该校党委宣传部就与马克思主义学院展开专题研究。在启拓教学模式下，以"毛泽东思想和中国特色社会主义理论体系概论"课程为例，分为马克思主义中国化、社会主义探索、改革开放等14个专题，把十九大精神融入教学中。启拓教学课程组采取了集中备课的形式，组织教师学习、吃透、弄懂十九大精神，修改完善教案和课件。实施启拓教学改革后，手机这个曾经的课堂教学"隐患"，"光明正大"地进入思政课堂：借助学校慕课平台，手机不仅可以用来点名签到、查阅资料、上传课件，还可以用于课堂提问、作业考核，大大提高了学生的参与性和课堂实时互动。该校马克思主义学院院长张云霞说："十九大召开后，我们曾经做过一次'你最关心的十九大话题'课堂调查，学生课上投票，选出了他们最关心的问题。从统计结果看，'夺取反腐败的压倒性胜利'等成为学生最关注的话题。学生关心的也是课堂关注的，对学生关心的实质性问题进行对接式地回应，彰显了思政课对学生进行思想引领的功能。"内容实起来、师生动起来、课堂活起来，是启拓教学带来的最大变化。启拓教学有力释放了思政课在价值塑造、思想引领上的创新潜力。"不同的老师让我受益良多，不只是教书上的知识，而是引导我们思考"——这是学生在评教中说得最多的话。目前，启拓教学改革实践已涵盖江南大学近200个自然班 6000 多名学生。"通过教学改革，让思政课真正成为学生喜爱、终身受益的课程，启发引导大学生增强对中国特色社会主义的道路自信、理论自信、制度自信和文化自信。"江南大学决定，从 2018 年春季学期开始，在"毛泽东思想和中国特色社会主义理论体系概论"课程上全面推行启拓教学。[①] 这种探索与改革对我省的思想政治教育工作的改革不无启发意义。

2. 有效组织学生感兴趣的思政教育实践课程或实践活动

从我们对学生的问卷调研中发现，学生对通过实践活动进行思想政治教育较为推崇。在高校思想政治教育调查问卷的第 22 题"你更愿意接受的思想政治教育途径是什么"的选项上，学生认为社会实践活动是自身更愿意接受的思想政治教育途径的高达 69.77%，居第一位。可见，学生对参加社会实践活动是感兴趣与渴望的。在问卷的第 31 题"你认为，目前大学生群体普遍存在的不足有"的选项中，学生选择最多的选项是"社会经验不足"，达到68.23%，居第一位。对于问卷的第 35 题"你对当前高校的思想政治教育工作有什么建议"，我们对作答者的回答内容进行筛选分析，得出呼声较高的 7 项建议内容：多组织实践活动、增加学生参与度、教育方式要多样化、注重创新、加强思政教育的趣味性、注重理论与现实结合、营造良好氛围。其中，呼声最高的是"多组织实践活动"，建议人数达 1700 人。由此可以看出学生对参与社会实践活动的迫切心情。而在对学校现有的组织活动的评价中，学生认为意义一般的占多数，具体如下。在问卷第 25 题"你对所在学校进行的党团活动的看法是"的选项中，选择最多的是"尚可接受"，占 59.7%，其余的选择依次为"高效且有意义"（21.8%）、"枯燥，浪费时间"（15.1%）、"无所谓，不关心"（3.4%）；在问卷第 26 题"你对所在学校思想政治教育组织的实践活动的看法是"的选项中，选择最多的是"比较有意义"，占 46.5%，其余依次为"一般"（32.6%）、"非常有意义"（17.0%）、"意义不大"（4.0%）。可见，学生对于参加实践活动虽具有浓厚的兴趣与渴求，但对学校组织的现有实践活动评价为"比较有意义""一般"或"尚可接受"，并非十分满意，看来学校在活动的组织方面还有提升的空

---

① 苏雁、舒媛媛：《江南大学思政课教学改革：内容实起来，师生动起来，课堂活起来》，《光明日报》2018 年 1 月 27 日，第 2 版。

间。如何更有效地引导、组织学生参加有意义的、能激励他们情感的社会实践活动，也是需要学校下功夫研究和探讨的问题。

另外，在提供给学生的有关高校培育和践行社会主义核心价值观情况调研问卷中，学生在对问卷的第10题"你愿意通过哪种途径来学习社会主义核心价值观"进行选择时，选择"实践活动"的比例高达70.1%，居第一位，其余的选择依次为"学校教育"（62.0%）、"网络学习"（49.4%）、"电视广播"（48.3%）、"家庭教育"（37.8%）、"社区宣传"（27.0%）、"其他"（1.0%）。在第18题"你认为，在高校宣讲和传播中华优秀传统文化的最好方式是"的选项中，学生选择"通过学校或院系组织的各种文化活动"的高达62.1%，居第一位，其余的选项依次是："通过课堂主渠道"（15.6%）、"通过相关学术讲座或在线交流"（11.6%）、"通过推荐读书活动"（10.7%）。这套有关社会主义核心价值观培育与践行情况的调研问卷印证了学生最愿意接受的途径是实践活动。

在对几所学校的教师的访谈中，教师们也都认为学生对思政课的实践活动是很感兴趣的，而且有些活动的效果也很好。具体如下。

B大学的L老师说：

　　我校（属高职高专院校）学生入校时成绩较低，学生听课的专注力不是很高，同本科学生相比有差异。但我校开展思政实践活动效果还是不错的。如：戏剧、微电影表演效果很好，像医护学院的表演《因为爱》，还是不错的；我校的志愿者活动——"天鹅使者"（三门峡是天鹅栖息地），还获得了全国银奖；宣传党的十九大的知识竞赛活动，效果也不错，对学生的行为起到了指引作用；我们带学生去函谷关、三门峡大坝参观体验也很有效果，有的学生会背诵《道德经》（《道德经》由先圣老子在函谷关写成）；让学生讲时政播报时，有学生讲的专题很好，如三门峡黄河旅游文化带、体育新闻、马航失联、环保、两会等，讲得都很好；另外，让学生在校体育馆摆放"中国心"、中国地图，也起到了教育的作用。

D大学的L老师说：

　　在思政课教学中，学生进行分组调研活动，实地察看、调查身边的、家乡的变化，了解小人物大历史，学生很积极，效果也好；另外，还可以挖掘地方文化资源，以作为思政课的重要补充。

　　而关于思想政治教育课的实践领域如何达到更好的效果，A 大学 J 老师的谈话也发人深省：

　　在思政课的实践领域中，参观博物馆、福利院等都是不错的形式，但效果如何，值得研究。我发现，现在有些学生写实践课作业是在应付。如有一位学生写参观二七纪念塔，从他写的内容看，我怀疑他是否真地去参观了二七纪念塔。还有，现在许多高校都在让学生自己选择题目进行调研，有的学生就选择了对学校的学生作息时间进行调研，这能否达到实践课的目的？据我的了解，这方面的实践调研课程效果并不好。下一步工作应考虑，如何通过实践使学生真正体验，受到熏陶，这比学习思想政治理论更加重要。我们要研究，现在孩子看到国旗有无庄严感？在人民英雄纪念碑前回忆先烈时有无崇敬感？在此方面若想有重大突破，应当在思政课的实践方面设立国家级重大课题。我越教课，越感到思想政治教育工作的重要，与此同时也更感到从严治党的重要。

　　近日，课题组成员看到《人民日报》上刊登的一篇文章《崇尚英雄才会诞生英雄》，很有感慨，感觉和这位老师表达的思想是一致的。文章写道："'朋友，你是否意识到你是在幸福之中呢？……请你们意识到这是一种幸福吧，因为只有你意识到这一点，你才能更深刻了解我们的战士在朝鲜奋不顾身的原因。'1951 年，魏巍发表《谁是最可爱的人》的通讯文章，讲述了幸福生活靠血肉之躯铸就的朴素道理，把志愿军浴血奋战保家卫国的英勇事迹传遍全国。同时也启迪我们：越是国泰民安、幸福易得，越不要忘记那些曾经奋不顾身殉国家之急的英雄和烈士。英雄者，国之干，族之魂。'同英雄伟大动机相伴随的，往往是伟大的社会效果'。英雄烈士不仅以其顽强抗争推动了历史进步，更以其坚定信念、无畏气概和高尚人格，充实了民族的精神殿堂。透过长征将士，人们惊叹于'人类的精神一旦唤起，其威力是无穷无尽的'；走近抗战军民，人们感佩于'一寸山河一寸血'；品读革命故事，人们更深刻理解，为什么中国'一定有一个可赞美的光明前途'。回望历史的天空，正是无数先贤英烈，挺立起民族精神的万里河山。对于'谁是最可爱的人'这样的历史之问，无论任何时候，我们的回答不应有改变。"①

3. 在校园显性和隐性文化的熏染中，对学生进行文化的陶冶和润泽

高校的校园文化建设对于文化的陶冶和润泽工作是至关重要的。所谓校园显性文化，是指以实物为主，能看得见、听得到或摸得着的文化设施和活动。如标语牌、横幅、雕塑、建筑、绿化园地、广播、视频、文件的颁布及各种文化活动等。显性文化具有直观性、直接性、易接受性等特征，是一所学校指导精神和思想的外在彰显。有成效的显性文化建设，会使学校师生置身其中，浸润于温馨而又充满正向激励功能的环境，产生昂扬向上的精神。所谓校园隐性文化，则是指一种看不到、摸不着的大学精神、学校的文化氛围，以及学校师生之间的关系等诸多方面对学生无形之中的影响和陶冶。实际上，这种精神的陶冶和滋养作用往往会来得更加深沉、更加持久、更加不可磨灭。尤其是历史悠久的大学，其在长期磨砺与发展中形成的大学精神传统，更应该成为融入师生身心的大学独有的不朽精神，成为一所大学区别于其他大学的靓丽名片。

在高校思想政治教育调查问卷中，涉及校园文化建设的有以下几题：第17题"你所在高校的校园文化建设中有否涉及中国传统文化"，选择最多的是"较多涉及"，占54.7%，其余的选择依次是"较少涉及"（30.9%）、"非常多涉及"（13.5%）、"没有涉及"（0.9%）；第19题"你认为，优秀传统文化融入思想政治教育创新的途径有"，选择最多的是"营造校园环境"，占比高达77.2%，其余依次是"举办各种主题活动"（72.6%）、"充分利用新媒体"（62.4%）、"加强课程建设"（59.7%）、"其他"（1.5%）；第29题"你认为，当前高校思想政治教育中存在的问题主要有"，选择"缺乏浓厚的校园氛围"的占48.8%，居9个选项的第3位，比选择"缺乏良好的社会环境"（42.9%）的人数还

---

① 李斌：《崇尚英雄才会诞生英雄（人民论坛）》，《人民日报》2018年5月4日，第4版。

要多；第 30 题"你认为，当前高校思想政治教育存在问题的原因是"，选择"校园风气不良"的占 23.1%，居第 7 位（选择此项的比较少），其所占比例低于"社会环境复杂"（48.7%）。从学生对这几道题的选择来看，河南省高校在校园文化建设和校园良好氛围营造方面有所努力，采取了一些措施，但是力度还不够，校园氛围不够浓厚，而且各高校实施的力度也不平衡，差异较大。这是需要各高校进一步重视的问题。

　　与此同时，在对学生所提供的有关社会主义核心价值观培育与践行情况的调研问卷中，涉及校园文化建设的有以下几题。第 11 题"你认为，在大学生中进行社会主义核心价值观教育的重点是"，选择"加强校园文化建设"的占 70.3%，居第二位，仅次于选择"培养正确的价值观"（88.8%）的比例。其余的选择依次是："加强爱国教育"（62.8%）、"建设良好舆论环境"（60.0%）、"宣传法制观念"（51.5%）、"防止西方文化入侵"（16.1%）。可见，学生对加强校园文化建设是非常渴望的。第 12 题"你所在学校的文化氛围对你的影响"，学生选择的选项依次是："有一定影响"（46.6%）、"影响较大"（34.7%）、"非常强烈，不可磨灭"（9.5%）、"没什么影响"（9.3%）。由此可见，目前高校校园文化对学生有一定影响，但影响有限。第 13 题"你所在学校举行的文化活动中，你印象最深刻的活动是"，选择最多的是"志愿者服务活动"，占 56.7%，其余依次为："知识竞赛与演讲"（22.9%）、"学术讲座"（17.3%）、"其他"（3.1%）。学生对此题的选择也印证了前文所述的学生最愿意通过实践活动学习社会主义核心价值观的选择。若把学校开设通识教育课程的情况归入校园文化的建设之中，那么针对问卷的第14、15 两题，学生的选择情况如下：第 14 题"你所在学校在开设通识教育课程方面"的选择依次是"较多开设"（45.1%）、"较少开设"（25.6%）、"普遍开设"（25.4%）、"没有开设"（3.9%）；第 15 题"若你已选修通识教育课程，你认为该课程对于你整体素养的提升"的选择依次是"有一定影响"（56.2%）、"影响比较大"（28.6%）、"影响非常大"（9.6%）、"没有影响"（5.6%）。由此可见，大部分高校对通识教育课程的开设是重视的，开设较为普遍，但是效果并不十分理想：此类课程虽对学生有一定影响，但影响非常大的仅占 9.6%。因此，今后高校在通识教育课程的开设和质量的提升方面，还需做更多的努力。另外，若把第 21 题"你所在学校的心理咨询中心在疏导学生心理的工作中"也放在校园文化建设的大背景下，学生的选择依次为："起到了一定的作用"（56.6%）、"起到了重要作用"（17.6%）、"起到的作用较小"（17.0%）、"几乎没有作用"（8.8%）。可见，高校的心理咨询工作对学生起到了一定作用，但并不尽如人意，还有进一步加强和提升的必要。

在对专业教师提供的有关社会主义核心价值观培育与践行的调研问卷中，对于第 10 题"您认为，目前和谐的校园文化建设应该在哪些方面加强"，教师们的选择依次为："开展丰富多彩的校园文化活动"（76.2%）、"加强师德师风和学术道德建设"（69.5%）、"加强校园环境设施建设"（54.6%）、"宣传学校核心价值追求"（51.3%）、"利用网络技术加强文化宣传"（49.2%）、"其他"（1.4%）。可见，教师们对包括加强师德师风和学术道德建设在内的校园文化建设（含显性与隐性）是非常重视的，并且有迫切的要求。此外，对于第 11 题"您认为，教师如何更好地疏导学生心理，塑造学生的健康人格"，教师们的选择依次为："开展谈心活动，倾听学生心理困惑"（76.2%）、"为人师表，做学生榜样"（69.5%）、"课堂渗透人生观、价值观教育"（69.2%）、"加强心理学知识的学习"（58.5%）。可见，教师们对疏导学生心理的态度是积极的，而且把"为人师表，做学生榜样"之类的向内下功夫、提高自身素养的做法放在了非常重要的地位，这是值得被肯定的。

在对思政人员提供的有关社会主义核心价值观培育与践行的调研问卷中，对于第 8 题"您认为，目前和谐的校园文化建设应该在哪些方面加强"，思政人员的选择依次为："加强师德师风和学术道德建设"（79.7%）、"开展丰富多彩的校园文化活动"（71.7%）、"加强校园环境设施建设"（63.0%）、"宣传学校核心价值追求"（57.9%）、"利用网络技术加强文化宣传"（55.2%）、"其他"（2.0%）。可见，思政人员对此题的选择同专业教师的选择大体相同，只是在前两项的选择上二者所占的比例对调了一下：思政人员将加强师德师风和学术道德建设作为第一位的选择，而开展丰富多彩的校园文化活动紧随其后；专业教师是将开展丰富多彩的校园文化活动放在了第一位，而加强师德师风和学术道德建设紧随其后。思政人员和专业教师对这两项选择的比例相对来说都较高，二者应该没有太大的差别。对于第9题"您认为，教师如何更好地疏导学生心理，塑造学生的健康人格"，思政人员的选择依次为："开展谈心活动，倾听学生心理困惑"（82.4%）、"课堂渗透人生观、价值观教育"（76.2%）、"为人师表，做学生榜样"（75.7%）、"加强心理学知识的学习"（64.8%）、"其他"（1.6%）。此题思政人员的选择与专业教师基本相同，虽然二者在第2、3个选项的选择比例上有所对调，但二者对该两项的选择数量非常接近，可忽略不计。这说明，思政人员与专业教师非常一致的是，都十分重视与学生的谈心活动、教师的为人师表，以及要在课堂上渗透人生观和价值观教育。

4. 充分利用互联网和多媒体，以喜闻乐见的方式加强中华优秀传统文化传承、弘扬及思政教育的有效性

前文已述，在高校的思政课堂上，一些老师已积极利用互联网和多媒体手段，努力推动思政课堂质量的提升，使课堂活起来。本部分则更强调在整个学校层面，紧紧围绕加强中华优秀传统文化的传承与弘扬、加强社会主义核心价值观的培育与践行、提升思想政治教育工作有效性这一重大战略任务，充分利用互联网和多媒体等现代化的技术手段，使"立德树人"的培养目标得以顺利实现。因为，如今已进入自媒体时代，微信、微博、QQ等自媒体形式在社会中，尤其是在青少年中广为流行。大学生群体在这一潮流中应该说是运用自媒体形式更为普遍、更为成熟的群体。微信、微博、QQ等的传播优势，深刻地影响着青年一代的世界观、人生观、审美观、价值观等。但是，各种"微产品"又是一柄双刃剑。在网络、微信、QQ等传媒中迅速传播的信息泥沙俱下，其影响力非常大又十分复杂。因此，网络如微信、QQ等在给我们带来大量便捷信息套餐的同时，往往也带来了碎片化的世界观，这是一种比较肤浅、浮躁的观念。在这种碎片化阅读的氛围中，中华优秀传统文化逐渐黯然褪色，并失去了对青年人的吸引力和控制力，而他们恰恰是传承中华优秀传统文化，实现中华民族伟大复兴的主力军。有鉴于此，我们认为，各高校已经开通、开设的微信、QQ等平台在中华优秀传统文化的传承与弘扬、在思想政治教育方面要发挥出更有影响力、更深入人心的传播力量，通过喜闻乐见的形式将优秀传统文化、思政教育内容自然而然地融入高校学子的内心。有学者指出："创新、发展是科技文化的重要特色，现代科学技术的迅速发展正在深刻地改变着人们的生产方式、生活方式、思维方式，特别是随着互联网、多媒体等现代化传媒的发展，信息覆盖的范围更广、传播速度更快，人类进入了大数据、微传播、微文化的时代，传播方式、传播环境产生了革命性变革。大量涌入的各种信息，既扩大了人们的知识视野，也增加了人们鉴别是非的复杂性和难度。由于西方发达国家拥有网络霸权和信息优势，国际互联网上的'文化霸权主义'问题非常突出，新时代意识形态工作的环境、对象和内容都发生了巨大变化。开放复杂的网络舆论加剧了意识形态引导的难度，是意识形态工作面临的新问题、新考验。在信息时代，网络舆论新形态使我们的工作理念和方式方法不断发生变化，要树立正确的网络安全观，正确处理安全和发展的关系，加强创新意识，尽快在核心技术上取得突破。习近平总书记强调，网络空间是亿万民众共同的精神家园。网络不仅是信息的聚集地与思想观点的交汇处，更是一种话语空间和权力空间，承载着各种类型的文化价值观念、意识形态与政治倾向等。根据形势发展需要，要把网上舆论工作作为宣传思想工作的重中之重来抓。这些清楚地表明，互联网已经成为舆论斗争的主战场，要高度重视网络新媒体时代的意识形态传播，特别是舆论引导和控制的相关问题。"①

习近平总书记有关互联网治理思想的一个重要内容就是，高度重视中华优秀传统文化对网络空间的深度滋养与引领，注重古今历史传承，融汇周边中外，饮水思源，慎终追远。他在第二届世界互联网大会上强调，"要加强网络伦理、网络文明建设，发挥道德教化引导作用，用人类文明优秀成果滋养网络空间、修复网络生态"；② 在网络安全和信息化工作座谈会上，习近平总书记再次强调，"依法加强网络空间治理，加强网络内容建设，做强网上正面宣传，培育积极健康、向上向善的网络文化，用社

---

① 胡伯项：《增强新时代意识形态工作的文化底蕴》，《光明日报》2018年2月6日，第6版。

② 《在第二届世界互联网大会开幕式上的讲话》，http：//news.xinhuanet.com/politics/2015－12/16/c_1117481089.htm。

会主义核心价值观和人类优秀文明成果滋养人心、滋养社会，做到正能量充沛、主旋律高昂，为广大网民特别是青少年营造一个风清气正的网络空间"。①

与此同时，若把"互联网＋中华优秀传统文化传承与弘扬"纳入高校的规范工作中，那建立专家咨询、解答的网络平台非常有必要。中华优秀传统文化虽然是与我们的日常生活密切相连的文化，但它在经典的表述中又具有精深的内涵，其古文字的表述言简意赅，且往往含有令人深思的历史典故。因此，除了通过微信、QQ、校园网等普及优秀传统文化知识之外，还需要有精通、谙熟传统文化的专家对青年人进行指导和点拨，以使青年人对传统文化有准确的把握。这种专家咨询、解答网络平台，可以是视频对话，也可以是在线文字交流，聘请专家坐镇，对青年人进行指导、启发和帮助。此外，应当注重多媒体融合沟通，以强化优秀传统文化的传承与弘扬。多媒体融合沟通，意味着互联网与传统媒体的相互融合，多管齐下，形成在高校传承与弘扬中华优秀传统文化，进而提高思想政治教育工作有效性的浓郁氛围。传统媒体如报纸、广播、电影、电视等仍应发挥其巨大的作用，并使这些教育形式同微博、微信、QQ、校园网、与专家在线交流等形式融为一体，使学生的大脑得到强化，逐渐形成对中华优秀传统文化的高度认同和深刻理解。

可以说，充分利用网络、媒体加强对中华优秀传统文化的传播、传承与弘扬力度，无形之中就提升了思想政治教育工作的有效性。当然除此之外，利用网络、媒体来有效提升思想政治教育工作的质量是全方位的，涉及方方面面，诸如对国际风云变幻的评价与趋势预测、对马克思主义当代价值及马克思主义中国化深层意蕴的解析、对当前中国社会发生的诸多事情的判断与评析等。在当代，互联网、多媒体既然已经全方位地走进了人们的生活，因此就应当竭力从方方面面让其发挥对人的正向影响，从而最大限度地弱化其负面影响。

在河南省高校思想政治教育调查问卷的第 24 题"你所在学校开设的

---

① 《在网络安全和信息化工作座谈会上的讲话》，http://www.xinhuanet.com/newmedia/2016－04/26/c_135312437.htm。

网络平台对于思想政治教育的宣传频次"的选项中，学生选择"非常多"和"较少"两个选项的都很少，而选择"较多"的占41.33%，选择"一般"的占42.56%，可见，各高校对网络媒体这种教育形式都较为重视，并取得了一定的成效，但力度还需加大，还需进一步努力。

在高校培育和践行社会主义核心价值观情况调研问卷的第5题"你认为，你校网站关于社会主义核心价值观内容的更新情况"的选项中，学生的选择依次是："更新及时"（53.8%）、"不清楚"（35.4%）、"更新滞后"（9.8%）、"从不更新"（1.0%）。学生对第16题"你所在学校开设的微信平台对于中华优秀传统文化的宣传"的选择依次是："频次一般"（44.1%）、"频次较多"（31.0%）、"偶尔有涉及"（20.3%）、"尚未涉及"（4.6%）。学生对第17题"你所在学校关于中华优秀传统文化的宣传有无专家的在线辅导"的选择依次是："没有开通专家在线辅导"（41.8%）、"有，但不定期地辅导"（28.8%）、"有，每学期1～2次辅导"（19.5%）、"有且经常辅导"（9.9%）。由此可见，高校在利用多媒体、互联网宣讲和传播社会主义核心价值观及中华优秀传统文化方面，仍需充分利用已有条件，并创造新的条件，加大宣讲和传播的力度。

除上述几种形式之外，高校还可进行其他多种形式的有关中华优秀传统文化及思想政治教育的活动。如在对各种优秀书籍的阅读中，使学生汲取更丰富的精神食粮；定期举办专家讲座，向学生进行普及性宣讲等。无论通过哪种形式，都应当是润物细无声地使中华优秀传统文化、马克思主义的基本原理、符合时代精神的当代世界先进文化、社会主义核心价值观自然地融入学生的思想深处、血脉之中，从而使其形成无意识的文化认同。

三　教师的内外兼修对学生是一种无声的感召与浸染

在河南省高校思政教育工作状况调查问卷的第32题"请对当前高校思政教育的内容进行整体评分"、第33题"请对当前高校思政教育的方式进行整体评分"、第34题"请对当前高校思政教育工作者进行整体评分"（1～10分表明从差到好的情况）的选项中，学生的选择均是从第五个选项开始明显增多，并依次递升，至第八个选项达到最高点，最后的两个选项又依次减少。三题中达到最高点第八个选项的比例分别为25.8%、21.0%、25.0%。可见，学生对当前高校思想政治教育工作的评价无论从内容、方式方法，还是以教师为主体的教育工作者本身来看，总体上认为是好的（当然还未达到最好的程度），而评价为很差的极少（第32、33题）或者没有（第34题）。综上，思想政治课的教学内容、方式方法以及思政课的教师是能够被学生所认可或接受的，总的来说是好的，但仍存在一些问题需要解决，其教育教学质量仍待进一步提升。

陈宝生部长在"新时代全国高等学校本科教育工作会议"讲话中指出："2018年高校师生思想政治状况滚动调查结果显示，大学生对高校教育教学工作的满意度较去年有大幅提升，其中对教师教学水平、育人意识和创新创业教育等方面的满意度提高了8～10个百分点。学生对教育教学工作的认同，是对大家辛勤工作的最好回报，是一份让人欣慰、让人振奋的'成绩单'。……但是，一些学校在本科教育上还存在领导精力投入不到位、教师精力投入不到位、学生精力投入不到位、资源投入不到位的问题，本科教育仍处在艰难爬坡中。这四个不到位既有硬件方面也有软件方面的问题，但重点还是软件问题，这是我们着力要解决的主要矛盾。"[①]这段话对教师素质的提升有激励和启发作用。

在此，针对高校教师的作用发挥、素质提升与全面发展提出一些思路与建议，具体如下。

（一）高校需要更多"经师"与"人师"集于一身的具有超凡脱俗气质的教师

17世纪捷克著名教育家夸美纽斯曾高度评价教师职业："太阳底下没有比教师的职务更崇高、更优越的了。"他把教师称为高明的塑像家，能塑造出完美的形象来，"以燃烧的火力驱散知识中的暧昧"。20世纪德国

---

① 陈宝生：《坚持以本为本　推进四个回归　建设中国特色、世界水平的一流本科教育》，http：//xxgc. dlu. cn/info/1049/1409. htm。

著名哲学家雅斯贝尔斯也说过，所谓的分数、学历，甚至知识都不是教育本质。教育本质是：一棵树摇动另一棵树，一朵云推动另一朵云，一个灵魂唤醒另一个灵魂。学生素养的生长往往与教他们知识的教师本身的素养具有相当大的关联度。19世纪德国著名教育家第斯多惠曾说过，教师自身所没有的东西是很难教给学生的。因此，形成一支人数越来越多的、高素质的、令学生信服并在学生中享有较高威望的教师队伍，是十分必要的。我们需要更多集"经师"与"人师"于一身的具有超凡脱俗气质的优秀教师。这样的表述并非说目前我国、我省高校没有优秀教师，其实我国、我省高校中不乏热爱学生、热爱教育事业的优秀教师，也不乏在各专业的科学研究中取得优异成果的优秀学者。本文所强调的"具有超凡脱俗气质的教师"，是指在一般优秀教师的基础上，具有更高的境界、更完美的人格修养、更深厚的学术功底、更执着的学术追求，在学生中具有人格和学识的双重魅力，令学生发自内心尊重与信服的教师。这种教师内心有坚定的操守，无论在任何情况下都不会失去教师应有的担当和责任意识；这种教师不仅乐意面向学生任教，而且谙熟各种高明的教育艺术和方法，在促使学生全面而又富于个性的发展的过程中游刃有余，其教育家的风范熠熠闪光；同时，这种教师面对当前具有很强功利性的、以量化为主的科研评价环境，具有正确的心态，一方面以真诚的学术态度不回避量化，另一方面又不囿于量化，而是使学术研究同育人的使命密切相连，追求一种学术的本真、育人的本真；这种教师并非不食人间烟火，他们也有七情六欲，但又确实有一种超凡脱俗的气质而令人敬重。当前高校中这样的教师数量仍偏少，从其在精神层面对学生有难以磨灭的深沉影响的角度来看，高校十分需要越来越多的这样的教师。具有超凡脱俗气质的优秀教师，又与我国历史上著名教育家、思想家的人格有相似相同之处。在这些教师身上，有孔子的"循循然善诱人，博我以文，约我以礼，欲罢不能"①的因材施教艺术，胡瑗的"为人师，言行而身化之，使诚明者达，昏愚者励，而顽傲者革，故其为法严而信，为道久而尊"②的言传身教

---

① 《论语·子罕》，载杨伯峻译注《论语译注》，中华书局，2009，第89页。
② （宋）欧阳修著《欧阳修全集》，李逸安点校，中华书局，2001，第389页。

法，孔子的"爱之，能勿劳乎？忠焉，能勿悔乎？"① 和朱熹的"讲论经典，商略古今，率至夜半，虽疾病支离，至诸生问辨，则脱然沉疴之去体"② 的海人不倦精神等。

陈宝生部长在"新时代全国高等学校本科教育工作会议"讲话中强调："回归本分，就是教师要潜心教书育人。教师的天职就是教书育人，教授就得教书授课，离开了教书授课就不是教授。必须明确，高校教师不管名气多大、荣誉多高，老师是第一身份，教书是第一工作，上课是第一责任。要引导教师热爱教学、倾心教学、研究教学。高校教师要做到'德高'，以德立身、以德立学、以德施教；做到'学高'，下苦功夫、求真学问，以扎实学识支撑高水平教学；做到'艺高'，提升教学艺术，善于运用现代信息技术，提升改造学习、改造课堂的能力。说到底，回归本分，就是要按照总书记对教师提出的政治素质过硬、业务能力精湛、育人水平高超、方法技术娴熟的要求，让教师潜心教书育人，更好担当起学生健康成长的指导者和引路人。"③ 这也是对"经师"和"人师"完美结合、具有超凡脱俗气质的教师的一个很好的诠释。

在接受采访时，C 大学的 L 老师说：

> 我在学校 30 多年，对思政教师的起起伏伏了解得太清楚了。我们的老教研室主任 70 多岁了，对邓小平理论亲自一句一字下功夫研究，这对我影响很大，他敬业精神很强。现在年轻人有几个学原著。原来我们为教学亲自到农村、到企业去调研，非常艰苦。我 20 多岁亲自到新郑竹林村调研，去之前要写调研报告。新乡刘庄我去过两次，到农民家走访。1995 年，我去了江苏华西村调研。

C 大学的 J 老师说：

---

① 《论语·宪问》，载杨伯峻译注《论语译注》，中华书局，2009，第 145 页。
② 沈善洪主编《黄宗羲全集》（第四册），浙江古籍出版社，1992，第 918 页。
③ 陈宝生：《坚持以本为本 推进四个回归 建设中国特色、世界水平的一流本科教育》，http://xxgc.dlu.edu.cn/info/1049/1409.htm。

教师们对教师职业的看法、认识不一，有人认为是一种事业，有人认为是一种职业，教学态度不一样。若把教学当事业，就会教好；若把教学当负担，就不会有好的效果。一个老师讲课学生爱听，对学生影响很大。

（二）教师在自身修养中应将科学素养与人文素养综合提升

在思想政治教育由"外铄"向"内化"渗入的过程中，教师起着至关重要的、无以替代的中介作用。19世纪俄国著名教育家乌申斯基曾说，无论学校有什么样的规程和教学大纲，无论学校设有什么样的机构，无论它有考虑得多么周密的方法，也不能替代教师在教育工作中的个人作用。他指出，教师的人格就是教育工作的一切。

有鉴于此，学校应激励教师提升自身的综合素养，在深入钻研并娴熟掌握专业知识和技能的基础上，拓宽自己的知识视野，将科学精神、科学素养与人文精神、人文素养结合于一身，以适应时代所赋予的使命。能将科学精神、科学素养与人文精神、人文素养结合起来的教师，肯定是深受学生喜爱和尊敬的老师，学生进而"亲其师而信其道"，信服教师所讲的道理，并使之成为自身践行的动力。因此，这样的教师不仅能以生动而富有感染力的语言将专业知识精辟而透彻地教授给学生，而且能激起学生关切国内外大事、关切人类和民族命运的人文情怀，同时也能公正而又智慧地处理教学中遇到的各种问题。20世纪最著名、最伟大的科学家爱因斯坦非常重视人文素养。1931年，他在给加利福尼亚理工学院的学生做演讲时说："如果你们想使你们一生的工作对人类有益，那么你们只了解应用科学本身还是不够的，关心人本身必须始终成为一切技术努力的目标，要关心如何组织人的劳动和商品分配，从而以这样的方式保证我们科学思维的结果可以造福于人类，而不致成为诅咒的祸害。当你们沉思你们的图表和方程式时，永远不要忘记这一点！"[①] 爱因斯坦还说过："用专业知识

---

① 〔美〕O. 内森、H. 诺登编《巨人箴言录：爱因斯坦论和平·上》，李醒民译，湖南出版社，1992，第171页。

教育人是不够的。通过专业教育，他可以成为一种有用的机器，但是不能成为一个和谐发展的人。要使学生对价值有所理解并且产生热烈的感情，那是最基本的。他必须获得对美和道德上的善有鲜明的辨别力。"① 我国著名建筑学家、教育家梁思成强调，教育要"理工与人文结合"。他认为西方物质文明高度发达而人文教育缺乏，形成"半个人的世界"，只懂得工程而缺少人文修养的人只能算半个人，他对"半个人的世界"持反对态度。国学大师、当代新儒学的著名代表杜维明先生对人文教育和大学灵魂有明确的论述。他在《人文教育与大学灵魂》的演讲中指出："毫无疑问，现在大学是以追求知识为主的。但是，所有的大学，除了追求知识、科学、研究之外，还要追求人文精神。甚至有人认为，真正的科学精神和人文精神是相辅相成的。一个科学家不可能在从事纯粹科学研究的时候不受到人文精神的鼓舞。""什么是一流大学？大家都很关注，我想至少可以用两种标准来评判。一种是大家都熟悉的标准，就是量化标准。另外一种是'影响'，这个'影响'是没法量化的……'影响'的标准，很多人不注重，但是我认为很重要。例如，马来亚大学对于马来西亚，东京大学、京都大学对于日本，首尔大学、高丽大学对于韩国，新加坡国立大学对新加坡，这些大学对于本国的影响力，远远比美国常青藤所有大学加起来对美国的影响力都要大。但是这种影响力不能量化。我们从中了解到，这些大学有着相同的特质，那就是，人文学的力量毫无疑问地都非常强。它对其所在社会的影响力是不可动摇的。"② 可见，人文素养和科学素养之于人的成长与社会发展具有同等的重要性与不可或缺性。我们要培养科学素养和人文素养相结合的全面发展的人，教师本身就必须首先具有这种素养。教师所具有的这种综合素养，是需要自身不断积累、不断学习充实自己、不断将其所从事的专业同其对社会、人的关切紧密相连，而不断增长起来的。而目前存在的问题正如前文所述，在高校教师队伍中，像此类具有全面素质的人才仍偏少，应当通过多种渠道使更多的教师丰满起来，

① 〔美〕爱因斯坦：《论教育》，载许良英等译《爱因斯坦文集》（第3卷），商务印书馆，1979，第310页。
② 杜维明：《人文教育与大学灵魂——杜维明教授在浙江大学求是大讲堂的演讲》，《解放日报》2010年8月15日，第8版。

由此方能使其更加有效地影响和教育学生。

笔者曾在"'双一流'建设更唤大师"一文中说道，"当今大学仍需呼唤大师——呼唤能在世界面前彰显中国风格、中国精神、中国气派的思想之师，能以厚重的自然科学或社会科学研究成果开启新的研究领域和研究道路的理论之师，并以自己人格所达到的境界令后世敬仰甚至追随的人格之师"。"大师的学术与人格双重魅力在学生中具有天然的感召力、亲和力，是对学生进行良好的专业教育和人格熏陶的不可替代的力量，也是引领和感召青年教师形成师之为师境界的无形力量。"①

（三）对教师的任用、培训与发展需注意几个基本点

1. 具有做人的基本底线应是选聘教师的第一道门槛

这是对大、中、小学及幼儿园所有教师提出的最基本的要求。因为教师面对的不是死的产品，而是活生生的、有血有肉、有情感、有意志、有思维的在社会中生活着、活动着的特殊存在物——人。因此，教师自身人格对学生是一种无声的感染，不论这种感染对学生是正面的或是负面的，其力量都是相当大的。绝不能让那些品格败坏、道德沦丧的人混进学校来担任教师，否则将对学生的身心造成极大的伤害，更不用说对学生进行正面教育了。由此，作为选聘教师的第一道门槛，一定要严格把控其做人的基本底线。不论其学历有多高、职称有多高、学术荣誉和头衔有多么多，只要缺失了做人的基本底线，那就一票否决，绝不能让这样的人混进教师队伍。例如，2018 年 1 月 1 日被披露的北京航空航天大学长江学者、博士生导师，原北京航空航天大学研究生院副院长陈小武对多名女研究生进行性骚扰，被实名举报，实在不配担任研究生导师乃至大学教师。学校在落实他的行为后，于 2018 年 1 月 11 日及时发出了"陈小武的行为严重违背了教师的职业道德和行为规范，造成了恶劣的社会影响。根据国家和学校相关规定，经研究决定：撤销其研究生院常务副院长职务，取消其研究生导师资格，撤销其教师职务，取消其教师资格"的处理通报，并向学校全体员工提出了警示："'德才兼备、知行合一'是北航人的价值追求，

---

① 李申申：《"双一流"建设更唤大师》，《中国教育报》2017 年 12 月 28 日，第 7 版。

学校对违反师德师风的行为始终坚持零容忍。学校将以此为鉴，制定相关实施细则，健全相关机制，进一步加强师德师风建设，努力办好人民满意的教育。"① 网友们对学校的处理决定纷纷点赞，就在学校处理通报发布当天，网友的点赞量已达 2 万多。同年 2 月，教育部印发了《关于全面落实研究生导师立德树人职责的意见》，指出要 "落实导师是研究生培养第一责任人的要求，坚持社会主义办学方向，坚持教书和育人相统一，坚持言传和身教相统一，坚持潜心问道和关注社会相统一，坚持学术自由和学术规范相统一，以德立身、以德立学、以德施教。遵循研究生教育规律，创新研究生指导方式，潜心研究生培养，全过程育人、全方位育人，做研究生成长成才的指导者和引路人"，"对于未能履行立德树人职责的研究生导师，研究生培养单位视情况采取约谈、限招、停招、取消导师资格等处理措施；对有违反师德行为的，实行一票否决，并依法依规给予相应处理"。②

2018 年 5 月 2 日，习近平总书记在北京大学师生座谈会上的讲话中强调："人才培养，关键在教师。教师队伍素质直接决定着大学办学能力和水平。""建设政治素质过硬、业务能力精湛、育人水平高超的高素质教师队伍是大学建设的基础性工作。要从培养社会主义建设者和接班人的高度，考虑大学师资队伍的素质要求、人员构成、培训体系等。高素质教师队伍是由一个一个好老师组成的，也是由一个一个好老师带出来的。2014 年教师节时我同北京师范大学的师生代表座谈时就如何做一名好老师提出了 4 点要求，即：要有理想信念、有道德情操、有扎实学识、有仁爱之心。我今天再强调一下。""古人说：'师者，人之模范也。'在学生眼里，老师是 '吐辞为经、举足为法'，一言一行都给学生以极大影响。教师思想政治状况具有很强的示范性。要坚持教育者先受教育，让教师更好担当起学生健康成长指导者和引路人的责任。""评价教师队伍素质的第一标准应该是师德师风。师德师风建设应该是每一所学校常抓不懈的工作，既要有严格制度规定，也要有日常教育督导。我

① 新浪网新闻中心：《关注：北航教授性骚扰女学生，学校处理结果令网友沸腾了……》，http：//news. sina. com. cn/o/2018 - 01 - 13/doc - ifyqqciz6497426. shtml。

② 教育部：《教育部关于全面落实研究生导师立德树人职责的意见》，http：//www. moe. edu. cn/srcsite/A22/s7065/201802/t20180209_ 327164. html？ fro。

们的教师队伍师德师风总体是好的，绝大多数老师都敬重学问、关爱学生、严于律己、为人师表，受到学生尊敬和爱戴。同时，也要看到教师队伍中存在的一些问题。对出现的问题，我们要高度重视，认真解决。要引导教师把教书育人和自我修养结合起来，做到以德立身、以德立学、以德施教。"[①] 习近平总书记的这些话语，应当成为高校提升思想政治教育工作水平的重要指导。

2. 智慧地处理问题——教育机智对于教师不可或缺

无论哪门学科的教师，要想使教育工作深入学生的内心，教育机智都是不可或缺的。赫尔巴特曾指出，教师所具有的爱和权威这两样东西缺一不可。"爱"是一种情感的交流与和谐。一个性格孤僻、脾气古怪、语调生硬、对人冷漠的人不可能得到儿童的爱；但对儿童过分亲热，毫无尊严、权威的人也得不到爱。因此，在"爱"和"权威"之间要寻找一个平衡点，或者说契合点，即要把握"度"。教育机智是教师面对学生时的高超的教育艺术。可以说，教育既是一门科学，也是一门艺术。所谓教育机智，不是不要有批评，也不是不要有惩罚，而是要在纷繁复杂的环境中，对每位学生在一视同仁的基础上将问题处理得恰到好处、无过无不及，在润物细无声中激发心灵深处的美。我们的教育事业，毋宁说是在永远寻找促使人健康成长的教育过程中的最佳平衡点或契合点，在新与旧、中与外，在看似各种对立的方法中寻找最佳平衡点或契合点，少走弯路，使学生在健康人格的基础上各尽其才。

由此，我国传统文化中的"中庸之道"，即"君子尊德性而道问学，致广大而尽精微，极高明而道中庸"，[②] 是一种极高的思想境界和做人的艺术。伟大的苏联教育家苏霍姆林斯基曾说："我的教育信条之一：只有当我懂得并从内心感到儿童对我的无限信任并因此对我敞开心扉时，只有当我把支配儿童的权力建立在这种信任和敞开心灵的基础上时，我才有权力去做他们的导师。孩子们越信任我，越是满心情愿地跟我走，我对自己和孩子们的一举一动所承担的责任也就越大。""我对儿童拥有的权力，

---

① 《在北京大学师生座谈会上的讲话》，http://www.gov.cn/xinwen/2018－05/03/content_5287561.htm。

② 《中庸·第二十七章》，载王国轩等译《四书》，中华书局，2007，第130页。

就是儿童对我的话语的反应能力，我的话可能是亲切温和的、关心备至的，也可能是严厉苛求的，但总应当是正确和善意的。儿童的感情越是温柔细腻，其内心对真、美、人性这些东西的反应越敏感，我那些体现对儿童所拥有的权力的话语就更有力。我坚信可以首先用温情和善心去教育学生。"① 美国著名教育家杜威也曾说过："我相信，兴趣显示着最初出现的能力。因此，经常而细心地观察儿童的兴趣，对于教育者是最重要的。"但是，"这些兴趣不应予以放任，也不应予以压制。压抑兴趣等于以成年人代替儿童，这就减弱了心智的好奇性和灵敏性，压抑了创造性，并使兴趣僵化。放任兴趣等于以暂时的东西代替永久的东西。……它的必然结果是以任性和好奇代替了真正的兴趣"。② 他批评那种两极对立的做法："有那么一些人，在这两者之间，或者从外面强迫儿童，或者让他完全自流，看不到有第三种的可能。因为看不到第三种的可能，有些选择这种形式，有些选择另一种形式。两者都陷于同样的根本性的错误。"③ 17 世纪英国教育家洛克也指出："如果谁能找出一个方法，一方面使得儿童的精神安易、活泼、自由，同时又能使他抑制自己对于许多事物的欲望，而接近不惯的事物，他便是能够调和这种表面的矛盾，懂得教育的真正秘诀了。"④ 教育智慧看起来并不难，但在实际教学和其他与学生接触的工作中，这是相当不容易的高超艺术，需要教师在长期的教育教学工作中进行磨炼。

总之，"教育改革，勿宁说是在探寻看似矛盾、对立事物双方的最佳契合点中前进，而且这种探寻注定要永远进行下去。因为，教育事业既是伟大的，又是艰巨的；既能获得耀人的成就，也会出现令人痛心的失误。任何时候都不应忘记，教育面对的是活生生的、有血有肉、有情感、有意志、在社会中活动着的特殊存在物——人。"⑤

---

① 〔苏〕苏霍姆林斯基著《苏霍姆林斯基选集》（第一卷），教育科学出版社，2001，第811 页。
② 赵祥麟、王承绪编《杜威教育论著选》，华东师范大学出版社，1981，第 10 页。
③ 赵祥麟、王承绪编《杜威教育论著选》，第 85 页。
④ 〔英〕洛克著《教育漫话》，傅任敢译，人民教育出版社，1963，第 32 页。
⑤ 李申申：《寻找契合点：新课改不可忽视的思维方式》，《教育研究与实验》2010 年第 4 期，第 51 页。

3. 加大对思政教师的提高与激励力度

（1）要善于倾听思政课一线教师的心声

提高思政课教育的质量，一方面要选聘综合素质好的教师，并加强对包含思政教师在内的一线任课教师的培训；另一方面，也要善于倾听思政课一线教师的心声，了解他们的难处甚至委屈，从而把准脉搏，有针对性、有实效性地采取措施。毕竟，大部分教师，包括思政教师队伍中的大部分教师都是尽责、努力的，都愿意取得更好的课堂效果。

E大学的Z老师说：

E大学的思政课教师整体上是可以的，有敬业精神，对待教育教学有些还超认真。当然也存在有些教师科研素养不强，不能把最前沿的东西拿来，厚度不够、温度不够，上课时会有冷场等现象。

在访谈中，也有不止一位教师谈道，其实思政课教师备课所下的功夫相对于专业教师而言，可能还要更多、更大，但思政课效果往往不如专业课的效果，这也不能把板子全打到思政课教师身上。

A大学的C老师说：

从教师看，大多数思政课教师实际都付出了比专业课教师更多的努力，而且对自己的要求也高于其他专业课教师，尽管也有用各种科技手段吸引学生的做法，但成效难一概而论。思政课教师还得以德化人、以理服人。

C大学的L老师说：

思政课老师都很努力、敬业，但效果不好，不能把板子都打在教师身上。对思政课下了功夫还达不到效果，我自己心里也感到很纠结。（当然，也不否认有老师是在应付讲课。）

老师们对思政课存在的一些困境、不利的客观因素，也都结合自己的教学实践谈了看法。除了前述的学校、学院、学生个人等层面对思政课的不重视之外，老师们谈的较多的还有以下几种情况：思政课的大班额上课影响教学效果；教材内容变动过快，使教师不太好把握；学校在评职称时，将思政课教师的标准与专业课教师等同，忽视了思政课教师教学工作量大的特点；思政课教师参加培训，尤其是外出培训的机会太少；思政课教师申请科研课题有一定难度；思政课的问题是全社会的问题，仅靠思政课改革不能承受之重；等等。

关于思政课大班额上课，影响教学效果，多位老师都有提及。E 大学的 W 老师说：

> 学生上思政课的人数多，而开课的师资不多，都是 135 人的大班教学。大班组织教学很难进行，教室空间大，老师只要离开讲台就得用麦克风；小组活动难进行。现在一个教学班连 90 人都不让排了（多数都排135 人的大班）。学校督导组和领导们去听课，看到思政课都是大班教学情况，提出老师要在讲课中讲一会儿，再走下讲台走到学生中间去互动一会儿。其实这样不行，教室太大，空间大，声音总是听不清，走到中间的话，前面的学生听清了后面的听不清，后面的听清了前面又听不清。由于师资紧张，学生选不上课（选不上课也有别的原因，主要是开班少），就反映到教务处那里，教务处就压任务到马克思主义学院，说我们开班少，要多开班。现在，我们每位思政课教师都开 8 个班（每个班都是 135 人的规模），男老师甚至开 10 个班，一个老师的授课人数就可能达到近 1500 人。天天上课，一堂课重复 8 次、10 次，期末考试改卷都得改多少天。督导组、领导们来听课，有可能是这一节的第 8个班，你想想，老师讲了 8 遍，哪还有激情。为了让课生动而丰富，需要举些例子，此时讲到第 8 遍，连举例子也不想举了。我们一线教师提议要减少教学班，提了 10 来年，无任何改观。

E 大学的 Z 老师说：

> 我最初工作时，教 2 个系的学生课程，后来（大约 1995 年）逐

渐扩招以后，每学期增加了教学班，达到 8～10 个，尤其是选课制（2001 年）后，平均每学期 10 个班，每个班 54 学时，大约 80～180 人规模不等。小班很少，只有 1～2 个，一般都为大中型班，一学期下来授课人数 1000 人以上吧。现在教研室里的老师有的生二胎、有的出国进修或提升自己，我作为老教师了，也仍然是要承担很大的教学任务量的，每年都超工作量。

D 大学的 L 老师说：

思政课的课堂规模较大，老师关注学生就少了，一般是 160 人左右，（教学）效果不好，应改观一下了。

A 大学的 H 老师说：

大班额上课问题很多。学生数量太多，非常不利于教师对关键问题做出深入讨论，也不利于学生检测自己对学习内容的掌握程度。有时维持课堂纪律还会占用教师挺长的时间，还影响心情。因此，应通过多种形式扩充思想政治课教师的数量。教师数量少，但思政课任务非常重，在教师数量不增加的情况下，大班额是没办法解决的，必须通过各种方式解决。

A 大学的 L 老师说：

应当改变大班上课情况，方便教学各环节的开展和对学生课堂学习的管理。

B 大学的 H 老师、L 老师也说：

三门峡职业技术学院的思政课教师少，只有七、八个人，一般都是大班上课，还得聘请党校老师来教课；再加上招收的学生成绩较差，因此，学生听课的专注力不是很高，实践课的开展也会受到影响。

关于教材内容变动快，教师不太好把握的情况，A 大学的 H 老师说：

课程内容变动大，让老师和学生有应接不暇之感。有的教材几乎每两年变动一次，每一次教材修改就要对教学内容进行较大改动。老师备课量较大。另外，课程内容的变化也会对教育内容的稳定性、系统性造成一定的影响。而且，由于对内容理解的深度、广度有一定差异，这也造成不同教师对思政课内容传达效果有一定差异。因此，应当保持教材和教学内容的相对稳定性。可以通过使教材相对稳定、学材动态修改的方式解决内容变化过大的问题，或者教师主要讲解相对稳定的方面，教师和学生对变化较大的问题做出讨论性安排，而不是更多采用传统的讲授方式。

C 大学的 J 老师说：

"毛泽东思想与中国特色社会主义概论"这门课确实不好讲，得下大功夫，需要老师付出很大的精力去备课。例如：教材的后七章增添了习近平新时代中国特色社会主义思想的内容，涉及经济、国家治理、环保、国际关系等多方面内容，需联系多方面资料来讲。

C 大学的 Z 老师说：

思政课教师备课压力很大。

关于评职称，学校将思政课教师的标准与专业课教师等同，忽视了思政课教师教学工作量大的特点。E 大学的 W 老师说：

思政课教师评职称，与各学院的专业课教师标准相同，有论文、科研项目的同样要求，这里就存在忽视思政课教师教学工作量大的特点的问题。

关于思政课教师参加培训机会少、申请科研课题有一定难度的情况，B 大学的几位老师有所感慨。Z 老师说：

我从 2008 年开始教思政课，思政课中的各门课都教过，后调入就业教研室，教职业生涯规划。我感觉教师培训少，像职业生涯规划课程，只能从网上学。关于科研，校领导说：不搞科研上不好课。思政课涵盖较广，如涉及经济、法律、环保等，搞科研不知从何下手。

L 老师说：

我校思政课除师资不足外，老师们外出培训的机会很少，没听过其他高校老师讲课。关于科研课题申报，有些课题要求主持人必须有高级职称，这就有限制，我们不知从何入手。我校校级课题偏其他专业方向，如区域经济。今年还好，校级课题立有思政方面的课题。

关于思政课的问题是全社会的问题，仅靠思政课改革不能承受其重。A 大学的 C 老师说：

思政课的问题是全社会的问题，仅靠思政课改革实在是不能承受之重。全社会需要营造起共同重视思想政治教育、关注思想政治教育的氛围。另外，网络等来源的各种各样的信息对思想政治工作产生极大影响，需要通过行政手段、技术手段加以甄别和处理。否则，光靠思政老师效果并不好。

C大学的Z老师说：

社会现实与教材有时会出现矛盾，你若照本宣科，讲的与现实不一致，效果就不会好。现在学生理解能力较强，一旦思想有错误倾向，再转变他就有难度，他的信息量可能比老师还大。课堂上学生们基于社会现实的一些提问，其实是对教师素质提出的更高的要求。可以说，当今对学生进行世界观、人生观、价值观的引导难度更大，因为学生们了解、掌握的负面新闻资料会更多。

C大学的J老师说：

你讲很多内容，挡不住一件事就把他思想转了。

E大学的Z老师说：

现在大环境变了，市场经济发展迅速，网络化、信息化，学生信息知识来源广，大学生处于敏感期，思想多变，很容易被形式上的东西所感染。

以上老师们所谈到的情况，确实是思政课教学中不可回避的不利因素和困难。各级领导和相应的职能部门应该沉下心来听一听老师们由衷的心声，在期待老师们通过自我修炼、严于律己提升自己的综合素养的同时，能最大限度地采取措施，帮助老师们解决问题，化不利因素和困境为有利条件，从而扎扎实实提升思政课的质量。

（2）加大对思政课教师的提高与激励力度

根据上述采访中老师们提出的一些问题，以及问卷调研中所反映的问题，我们提出加大对思政课教师的提升与激励力度的几点思路，具体如下。

其一，加强对思政课教师的校内培训、集体备课，并鼓励教师参加全国性学术研讨会，进行广泛交流。由于思政课具有较强的时效性，教材要根据时代的发展、社会形势的发展进行不断变动和调整，所以定期举办思政课的校内培训，就显得十分必要。校内培训可邀请本校相关专家对教材内容进行解读，也可邀请国内的知名专家来校做讲座，解读党和国家的相关政策、战略意图、应对举措，以及教材中的相关内容。同时，校内思政课教师的集体备课，也应受到重视，由此集思广益，进一步吃透、把准教材的内容。在采访中，商丘师范学院的老师们谈到了集体备课的问题，具体如下。

C大学的L老师说：

我听过有的老师讲课，讲的内容与教材精神不一致、有出入，甚至有错误，从这个角度我感到集体备课有其必要性。当然，集体备课也应出于个人需求，自觉进行研讨，有的老师往往把集体研讨、把开会当作一种负担，这样效果就不好。集体备课并不是说要大家用同一个课件，而主要是讨论共同的问题，相互启发。但若说共享课件，那是行不通的，因为每个人的知识储备不一样。

C大学的J老师说：

课件只是依托，每个人对问题的理解是不一样的，有其自身特点。

C大学的Z老师说：

集体备课主要是从内容上进行讨论，至于每个老师上课则都有自己的特点。同时，集体备课在操作过程中也要避免流于形式。

关于鼓励教师积极参加全国性学术会议，C大学的Z老师说：

目前，全国性的思想政治教育方面的学术交流会议很多，教师应经常走出去，参加各种学术前沿会议。我准备跟学校的领导提议，争取咱们学校也申请承办全国思想政治教育研讨会，扩大我们的交流范围，提升我们的思维水平。上海师范大学马克思主义学院就成功举办了这样的会议，人家规定：除代表们的往返路费外，其他一律不收费。这种做法我们可以借鉴。

其二，鉴于思政课教师备课、教课难度相对较大，可考虑在经费资助、评职称、获得科研课题等方面有一定倾斜。在经费资助方面，据悉，国内一些省市，如北京市、上海市、江苏省等，考虑到思政课教师面临着种种实际情况而要下更多、更大的功夫进行备课，并要对学生进行引导，因此出台了每月给思政课一线教师补助 2000 元的政策。河南省也可根据财政方面的实际情况，对思政课教师予以一定的补贴。在职称评定方面，应当考虑到思政课教师大班额教学的工作量偏大，同时思政课教材因其时效性强、变动较快因而备课需下更多、更大功夫等现实状况，在一定程度上减免思政课教师的科研工作量，以鼓励其投入更多的精力改进教学。当然，这样做并不是要思政课教师放弃科研，而恰恰相反，在保证思政课教学不受影响的前提下，还要鼓励教师进行与教学密切相关的科研。因为实际上教学和科研是相互促进的，前述老师们谈到有的教师上课时内容讲得不到位，甚至讲错的问题，就在于没有深入钻研、准确理解和把握教材。因此我们提议，各级各类学校对于思政课教师的课题获得方面，也都要有一定的倾斜措施。

E 大学教学和科研都做得很好的 Z 老师说：

> 教学、科研相长，思政课老师要研究这门课，要教学、科研互相促进。在教学中必须抓住大学生的心。我认为，一节课的前半小时我们任课教师如果不能抓住学生的心，学生就会对老师有看法，有所定位，觉得不是学者、老师，感觉就是政治传声筒，自然影响其对政治课的学习。由此可见，教师潜心进行科研，以科研成果为基础在课堂上深入浅出地进行讲解，才能作为学者紧紧抓住学生的心。

其三，加大对在思想政治教育工作中做出显著成绩的教师的奖励力度。这里所说的在思想政治教育工作中做出显著成绩的教师，不仅是指思政课教师，而且是指高校中的全体教师及相关人员，既包括思政课教师，也包括所有专业课教师，同时还包括学校其他的相关人员，他们都承担着对学生进行思想政治教育的任务和使命。近年来，河南省各高校对思想政治教育工作都愈益重视，并采取多种措施提高其质量。例如，河南大学自2010年以来，就在全校范围内开展了教学质量奖的评选工作，而且重视的力度一年比一年大，所产生的影响也一年比一年广泛。这方面的工作应当长期坚持下去，从而对广大一线教师持续产生引导和激励作用。当然，思政课教师直接承担着思想政治教育的任务，各校可设有思政教师的专门奖项，以便加强对思政课一线教师的奖励力度，扩大奖励的范围。与此同时，在省一级层面，进一步加大对有贡献的教师的奖励力度，同时也要重视营造宣传优秀教师事迹的浓厚氛围。可考虑在全省高校范围内，每年评选出10名左右在思想政治教育工作中做出突出贡献的教师（这些教师以思政课教师为主，也涉及各领域、各专业在思政教育方面做出突出成绩的一线任课教师）予以表彰和奖励，并大力对他们的事迹和精神在全省范围内的各类高校进行宣传，有针对性地、经常地组织经验交流活动，以便在更大的范围内引导和激励更多的思政教育教师。

第七章　加强和提升高校思想政治教育的
对策与建议（二）

一　编写有省域特色的中华优秀传统文化与
思想政治教育相融合的教材

（一）中华文化源远流长，中原文化丰富而厚重

中共中央办公厅、国务院办公厅 2017 年 1 月印发的《关于实施中华优秀传统文化传承发展工程的意见》中明确指出："文化是民族的血脉，是人民的精神家园。文化自信是更基本、更深层、更持久的力量。中华文化独一无二的理念、智慧、气度、神韵，增添了中国人民和中华民族内心深处的自信和自豪。""中华文化源远流长、灿烂辉煌。在 5000 多年文明发展中孕育的中华优秀传统文化，积淀着中华民族最深沉的精神追求，代表着中华民族独特的精神标识，是中华民族生生不息、发展壮大的丰厚滋养，是中国特色社会主义植根的文化沃土，是当代中国发展的突出优势，对延续和发展中华文明、促进人类文明进步，发挥着重要作用。"① 本课题组近年来也专注于中华优秀传统文化的传承与弘扬，对其巨大精神价值及其在构建中国特色社会主义和谐社会和促进中华民族伟大复兴中的重大意义，都有着较深刻的认知。我们认为："文化的自我认同意识，即一个

---

① 中共中央办公厅、国务院办公厅：《关于实施中华优秀传统文化传承发展工程的意见》，http：//www.xinhuanet.com/politics/2017－01/25/c＿1120383155.htm。

民族，一个国家，对自身文化的一种自觉、自信、热爱和满含情感的心理体验。这种心理体验是一个民族、一个国家在其发展中须臾不可或缺的内在因素。文化像血脉一样是联系民族成员的纽带，是民族赖以生存和发展的根基，其中的优秀和精华部分更是民族共有的精神家园，是民族生生不息、繁荣发展的永恒动力。诚如南怀瑾先生所说："一个国家、一个民族，亡国都不怕，最可怕的是一个国家和民族的根本文化亡掉了，这就会沦为万劫不复，永远不会翻身。'因此，在国际化和全球化的浪潮日益汹涌的今天，具有五千年悠悠历史的中华民族，如何保存自己的文化、弘扬自己的文化、创新和发展自己的文化，并在世界面前展示和推广自己的文化，这是一个与民族的存亡休戚相关的问题。"① "中国古代哲学可称为一种'人生哲学'，而且是一种'身道合一''即身而道在'的人生哲学。因此，中国古代教育是一种以育德为根本的'人的教育'，是启迪人生智慧的教育。'学而时习之'中的'学'不仅是认知性的学习，更是关于修身、养性、做人的学习。这种教育是以'天人合一'的大视野作根基，使学生领悟到天地自然、社会与人是浑然一体的，都应是一种生生不息的诗意的存在、诗意的栖息，它们相互依存、相互助长，个人与天地自然、与社会、与他人是一种'和而不同'的平等、相融、依赖的关系（此与专制体制下强调的上下尊卑的等级关系是不同的）。因此，教育尤其应注重教育学生学会做人，即学会厚德载物、自强不息，学会'己欲立而立人，己欲达而达人''己所不欲，勿施于人'，学会仁义礼智信、温良恭俭让，学会'先天下之忧而忧，后天下之乐而乐'，学会'伏清白以死直兮，固前圣之所厚''苟利国家生死以，岂因祸福趋避之'，等等。在这一教育和学习过程中，天地人、灵与肉、精神与身体是相互关联的有机整体，其中的人就是实现这种'和谐'的本体。这是一种以人格修养为中心而打通天人之际的'人的教育'，由于它将精神升华与身体修炼融合在了一起，故可称之为一种'完人教育'，因为它将灵魂与肉体、内与外融合为一。尽管这种'完人教育'与现代的德智体美劳全面发展的完人教

---

① 李申申：《中华优秀文化传承与弘扬中的文化自我认同问题探究》，《河南大学学报》（社会科学版）2013 年第 1 期，第 138～139 页。

育并不在一个层面，其自身还具有一定的局限性，但如果真正实现了这样的教育，那么就会培养出脱离了低级趣味的、具有忧国忧民情怀的高尚之人。中华民族历史上出现的众多的先圣先贤、民族英雄、仁人志士，就是对这种教育最好的诠释。"①

中原丰富而厚重的文化是中华优秀传统文化的有机组成部分。"一部河南史，半部中国史"，这是当年徐光春同志任河南省委书记时对河南的恰切评价。河南是中华民族与华夏文明的主要发源地。自古以来，我们的祖先就繁衍生息在中原大地上，创造了裴李岗文化、仰韶文化、龙山文化等令世人赞叹的史前文化。相传伏羲、女娲就是在中原一带奠定了中华民族繁衍生息的基础。至今淮阳仍保存着规模庞大的太昊陵。被称为"中华第一大帝"的轩辕黄帝，据说就诞生在今天的郑州新郑市，并在这里建立了都城。近年来，每年新郑市都举办盛大的祭祖大典，不仅有内陆地区的人前来参加，更有不少港澳台地区及海外华人纷纷赶来参加。在中国第一代世袭王朝夏朝建都于河南偃师至清王朝覆灭的 4000 余年历史中，河南处于全国政治、经济、文化的中心地域时间长达 3000 年，其经济、社会、文化发展曾几度达于鼎盛，历史上先后有 20 多个朝代建都或迁都于此。中国八大古都，河南就有四个，即十三朝古都洛阳、八朝古都开封、七朝古都安阳、夏商古都郑州，为中国古都最多最密集的省区。从夏朝至宋朝，河南一直是中国政治、经济、文化和交通中心。中国古代四大发明中的指南针、造纸、火药三大技术均发明于河南。与此同时，河南自古就有"天下名人，中州过半"之说，是历史上哲学家、思想家、政治家、文学家等群星璀璨的重要地区之一。道家、墨家、法家、名家、纵横家等思想流派均发源于河南。在河南历史上，著名的哲学家、思想家有老子、庄子、墨子、韩非子、列子、二程（程颢、程颐）、范晔、范缜、许衡等，著名的政治家、军事家有姜子牙、苏秦、子产、商鞅、范蠡、李斯、吕不韦、贾谊、岳飞、戚继光、史可法等，著名的科学家、医学家有张衡、张仲景，著名的文学家有杜甫、韩愈、白居易、刘禹锡、李商隐、

---

① 李申申、李志刚：《中国古代"即身而道在"教育的基本特征——一种具身性教育的永恒魅力》，《河南大学学报》（社会科学版）2016 年第 4 期，第 105 页。

李贺、元稹、岑参、司马光等，著名的佛学家玄奘也是河南人，等等。总之，中原文化是以中原为基础的物质文化和精神文化的总称，最早可追溯到前 6000～前 3000 年的中国新石器时代。因此，把河南称为是华夏之源、中华之根，一点儿也不为过。而且，河南也是中国姓氏的主要发源地，在中国 300 个主要大姓中，根在河南的有 171 个，按照人口数量多少排列的中国 100 个大姓中有 78 个姓氏的源头在河南，有"陈林半天下，黄郑排满街"之称的海内外四大姓氏均起源于河南。

（二）调研问卷中所反映的学生、教师对中华优秀传统文化掌握的情况

在高校思想政治教育调查问卷中，课题组发现，学生对中华优秀传统文化及其传承与弘扬的认知和态度是积极的。在调研问卷的第 18 题"你认为，我国优秀传统文化与思想政治教育之间的关系是"的选项中，选择最多的是"我国优秀传统文化为思想政治教育提供民族精神传承的土壤"，占比高达 81.3%，其余依次为"我国优秀传统文化为思想政治教育提供大量史料"（60.8%）、"我国优秀传统文化促进思想政治教育的创新"（59.8%）、"思想政治教育应当与我国优秀传统文化融为一体"（52.9%）。此外，对思政课教师能否涉及中国传统文化的问题，学生也有较为正面、积极的评价。在第 16 题"上思政课时，老师是否涉及中国传统文化"的选项中，选择最多的是"较多涉及"，占 57.2%，其余依次是"较少涉及"（28.9%）、"非常多涉及"（13.0%）、"没有涉及"（0.8%）；在第 17 题"你所在高校的校园文化建设中有否涉及中国传统文化"的选项中，选择最多的是"较多涉及"，占 54.7%，其余依次是"较少涉及"（30.9%）、"非常多涉及"（13.5%）、"没有涉及"（0.9%）。但是，还有一些题目的选项又表明，学生在思政课中接受传统文化的内容较少。如在问卷的第 1 题"你所接受的思想政治教育的内容有"的选项中，选择"传统文化"的占 63.2%，在 7 个选项中排在最后；在第 7 题"你认为，你所接受的思想政治教育对大学生有哪些帮助"的选项中，选择"继承和弘扬中华优秀传统文化"的占 62.1%，在 8 个选项中排在倒数第 2 位（排在最后的选项是"其他"，

占 2.6%）。可见，后面两道题的选项似乎与前面对教师在课堂中"较多涉及"中国传统文化、学校校园文化建设中"较多涉及"中国传统文化的选项相矛盾。我们猜测其中可能存在以下两个方面的问题。一是教师在课堂上虽能"较多涉及"中国传统文化，以及学校校园文化建设虽能"较多涉及"中国传统文化，但从系统性来看，可能还比不上其他选项，因此学生在此方面得到的帮助尚不及其他方面。二是各种不同类型的高校在中华优秀传统文化的传承与弘扬方面存在差异，因此在选项中也会存在某种差异，造成了较为复杂的选择结果。但可以肯定的是，学生对中华优秀传统文化的认知与学习积极性与现实中接受此类教育的效果并不理想形成了较明显的反差。

与此同时，在发放给学生的高校培育与践行社会主义核心价值观的第 3 套大学生中华优秀传统文化知识测试问卷中，共计有试题 22 题，学生答题情况如下。大部分试题（17 道题）答对的概率（即正确率）在 60% 以上，一半多的试题正确率在 80% 以上，近四分之一的试题正确率在 90% 以上。正确率很高（在 90% 以上）的试题有 5 道，分别是 1～5 题；正确率较高（在 80% 以上）的试题有 10 道，分别是 1～9 和 11 题；正确率较低（不足 40%）的试题有 4 道，分别是 19～22 题。若以每道题正确获 1 分、错误获 0 分计算，则 3565 份试卷平均得分为 16.02 分，得分率是 72.84%，这一比例并不很高。这在一定程度上反映了大学生对中华优秀传统文化知识掌握得并不十分扎实，还有较大的提升空间，这也为高校在中华优秀传统文化教育和思想政治教育中大力弘扬中华优秀传统文化提供了一定依据。

在向专业教师提供的高校培育和践行社会主义核心价值观调查问卷中，涉及中华优秀传统文化的有以下几题。对于第 12 题"中华优秀传统文化对您的价值观有何影响"，教师们的选择依次是："强烈影响日常行为和生活"（55.0%）、"影响一般，有时会在行动中参照"（38.9%）、"影响较小，偶尔会在行动中参照"（5.4%）、"完全没有影响"（0.7%）。对于第 13 题"您认为，中华民族伟大的凝聚力主要是"，教师们的选择依次是："爱国主义"（38.7%）、"中华传统文化"（31.9%）、"国家富强统一"（19.6%）、"人民生活水平"（9.8%）。可见，中华优秀传统文化对专业教师有较强、较深的影响（第 13 题的"爱国主义"实际也可归入中华优秀传统文化的范围）。对于第 14 题"作为新时代知识分子，您认为我国传统士人的情怀与担当在当今"，教师们的选择依次是："根据时代要求，有选择地继承发扬"（40.6%）、"有所淡薄，应加强传承"（38.0%）、"很好地传承与发扬"（21.0%）、"新的时代，旧东西已过时"（0.5%）。前两个选项比例相加已达 78.6%，说明教师们对我国传统士人的情怀与担当有所认知，而且对其在当代的有所淡薄显示了教师的忧患意识。对于第 15 题"您认为，哪些文化类型或理论体系将主要影响学生的价值观念"，教师们的选择依次是："中国社会主义核心价值体系"（39.6%）、"大众流行文化"（31.2%）、"西方外来文化"（15.2%）、"中国传统文化"（14.0%）。可见，教师们在影响学生价值观的文化类型和理论体系中，给予中国社会主义核心价值体系以重要地位，表达了一种文化自信和理论自信。虽然直接选择中国传统文化选项的最少，但实际上在中国社会主义核心价值体系中已经最大限度地包含了中华优秀传统文化的内容。此外，选择大众流行文化的不在少数，选择西方外来文化的也有一定数量，这些都警示我们要对学生的理想信念加强教育，要高水平地对学生进行引导。

在向思政人员提供的高校培育和践行社会主义核心价值观调查问卷中，涉及中华优秀传统文化的有以下几题。对于第 10 题"中华优秀传统文化对您的价值观有何影响"，思政人员的选择依次是："强烈影响日常行为和生活"（57.9%）、"影响一般，有时会在行动中参照"（33.4%）、"影响较小，偶尔会在行动中参照"（8.2%）、"完全没有影响"（0.4%）。对于第 11 题"您认为，中华民族伟大的凝聚力主要是"，思政人员的选择依次是："爱国主义"（39.2%）、"中华传统文化"（34.7%）、"国家富强统一"（21.2%）、"人民生活水平"（4.9%）。对于第 12 题"作为新时代知识分子，您认为我国传统士人的情怀与担当在当今"，思政人员的选择依次是："根据时代要求，有选择地继承发扬"（40.5%）、"有所淡薄，应加强传承"（30.7%）、"很好地传承与发扬"（26.9%）、"新的时代，旧东西已过时"（1.8%）。对于第 13 题"您认为，哪些文化类型或理论体系将主要影响学生的价值观念"，思政人员的选择依次是："中国社会主义核心价值体系"

（44.1%）、"大众流行文化"（30.5%）、"西方外来文化"（13.1%）、"中国传统文化"（12.2%）。在上述四题有关中华优秀文化的选择中，思政人员的选择顺序与专业教师完全一致，这说明高校思政人员受优秀传统文化影响也较深，也有对文化淡薄的忧患意识，同时具有较强的文化自信和理论自信。这些也都是加强对学生的引导的基础性条件。

近日，看到河南大学校园网（河南大学官网）于2018年5月14日发布的一则以"河南大学第九届'承根启梦，印记中华'国学知识大赛举行"为题的新闻报道。报道中说："点睛国学智慧，感受中华之美。5月13日下午，河南大学第九届'承根启梦，印记中华'国学知识大赛于明伦校区文学院教室和十号楼同时进行。比赛面向我校全体本科生，吸引了众多国学知识爱好者参与。""本次活动充分利用文学院团委微博、官方QQ、微信等进行线上宣传、报名，并在大礼堂前设置摊位进行线下报名。初赛共设有六个考场，以笔试的形式展开，试题内容涉及成语、诗词、典故、茶艺、戏曲、书画、礼仪等多方面。""比赛试卷将由专业老师评改，选出前10名选手将参加'承根启梦，印记中华'超级状元的决赛，线上公布决赛人员名单，并以短信形式告知晋级选手决赛相关事宜。与此同时，文学院官方微信平台还将推出网上投票活动，评选本届超级状元国学知识大赛的'最具人气奖'。""据悉，本次国学知识大赛是'承根启梦，印记中华'超级状元国学知识大赛的系列活动之一，由河南大学党委学生工作部主办，河南大学文学院承办。超级状元国学知识大赛是我校优秀学生工作品牌活动，旨在增进广大学生对国学内涵的理解，激发同学们学习国学经典的热情，在全校范围内营造重视国学文化的良好氛围，传播并弘扬中华优秀传统文化。"与此次新闻报道的文字相配合，还刊登了一张学生们在教室中认真、严肃答题的照片。这种活动的组织已经是第九届了，可见此类活动已经形成了时间较为长久的系列活动。学生们浸润于这样的活动之中，肯定会受到较强的中华优秀传统文化的熏陶和浸染，这样的教育是自然而然的，是在润物细无声中进行的。

上述活动报道也从侧面说明，作为一所建立于1912年的百年老校，河南大学有着浓郁的人文教育、国学教育的历史传统，长期以来以各种有效的、生动活泼的形式提高了学生的人文素养，增强了学生对中华优秀传统文化的认知与情感认同，同时将追求人文素养与追求真知的科学素养密切结合起来。因此可以说，河南大学在中华优秀传统文化的传承与弘扬方面，是走在全省高校前列的，其取得的经验也可被全省高校所借鉴。当然，省内其他各高校在此方面也都会有程度不同的自己的经验和特色，只是我们对此了解和把握得还很不够。我们也相信，在新的时代，全省各类高校也一定会结合自己所在地域、自身实际等不同情况，通过各种有效措施和形式加强和推进中华优秀传统文化的传承与弘扬。

（三）编写有省域特色的中华优秀传统文化与思想政治教育相融合的教材

厚重而丰富的中华优秀传统文化，应当系统而较为深刻地被高校学生理解并掌握，从而使文化的润泽与思想政治教育自然地融为一体，浸润学生的内心，也使思想政治教育更具亲和力。而中原文化是博大精深、丰富而厚重的中华优秀传统文化的有机组成部分，是中原学子耳濡目染的文化。由此为高校学生编写的具有省域特色的中华优秀传统文化与思想政治教育相融合的教材，更具本土特色。我们常说，爱祖国要从爱家乡做起，说的不就是这个道理吗？因此我们建议，组织省内相关专家，形成强有力的写作团队，编写《中原文化基础读本》，在全省各类高校推广、传播。

教材的编写应注意以下几个方面。首先，注意文化介绍的全面性与系统性。如前所述，中原历史悠久的灿烂文化彰显于多朝代的建国历史及思想、政治、文学、语言学、历史学、医学、科技等方方面面，并不囿于某一单个方面，因此教材的编写应当对各方面有所兼顾（当然应详略得当）。只有这样，才能让学生较全面、系统地了解中原文化，使其树立起强烈的文化自信和文化自觉。

其次，注意教材编写的学术性与可读性。编写优秀传统文化教材，一定要建立在严格的学术性基础上。任何文化的介绍、阐释和评价都首先必须恪守其真，容不得半点儿含糊，这是不能逾越的红线、底线。与此同时，在恪守其真的基础上，要面向省内所有不同类型高校、不同类型专业、不同学历层次等的各类学生的理解和接受能力，注意把握教材内容深、浅的"度"，既不能写成只有专业人士才能看懂的学术专著，也不能写成"史话""演义""小说"等类型的通俗读物。也就是说，要使教材既能体现一定的理论深度，能激发学生的理性思维，同时又能够透过可读性较强的、学生易于并乐于接受的语言表达和叙述方式将理论深度体现出来。这是看起来容易而实则相当难把握的"度"，没有高度的责任感和较深厚的知识底蕴及文字功力，难以达到最佳的效果。

再次，注意中原文化与整个华夏文化乃至域外文化的自然交流与沟通。中原文化的产生、发展及其放射出来的灿烂光芒，并非是孤芳自赏、闭门造车，与整个华夏文化乃至域外文化毫不相干、局限于一隅的。恰恰相反，它与整体的华夏文化乃至域外文化是相互吸收、相互启发、互鉴互补的。譬如，孔子就曾问道、问礼于老子，从老子思想中汲取了精华和养分。虽然儒家和道家对人性、对如何促使社会更好发展的视角不同，从而走上了两条不同的发展道路，但二者同源于《易经》，同植根于华夏大地，且孔子也曾请教于老子，这使两大学派仍有诸多相通之处。又如，墨家学派是通过学习儒家经典而吸取古代文化学术，从而发展出自己的学说。诚如《淮南子·要略》中说："墨子学儒者之业，受孔子之术，以为其礼烦扰而不说，厚葬靡财而贫民，久服伤生而害事，故背周道而用夏政。"[1] 更不用说，历史上中原人的三次大规模南迁，将文化、耕作技术、科技等带到了南方，促进了南方，尤其是岭南地区经济、文化、科技等的快速发展，并使南北方人民的生活日益融合。历史上有"中原士民，扶携南渡，不知几千万人"，以至"建炎（1127～1130）之后，江浙湘湖闽广西北流寓之人遍满"之说。今日闽、粤一代的客家人，就是中原人几次迁徙后的后裔。近几年，不断有客家人回中原、回河南恳亲。客家文化一方面保留了中原文化主流特征，另一方面又容纳了其所在地民族的文化精华。关于中原文化与域外文化的碰撞与交流，有学者撰文指出："当我们察觉到商周艺术的某些异化形式时，自然会想到文化关系与地方风格类型的问题，一种充满活力而向上的伟大艺术不可能是在封闭的状态下创造出来的。从公元前 21 世纪到公元前 221 年秦统一之前的 2000 年间，黄河

---

① 《淮南子·要略》，载赵宗乙译注《淮南子》，黑龙江人民出版社，2003，第 1125 页。

流域的中原王朝成为历史文化的中心，这个中心成为周边各民族文化交流的中心。与此同时，这个不断进行文化交流的中心又把先进的文化传播到天涯海角。"① 该文提到，中西交通线路始自西域，被称为"彩陶之路"。具有独特风格的仰韶彩陶向甘青地区发展时，与当地土著文化融合，嬗变为具有西亚风格的彩陶。由此可知，西人东渐古已有之。还有，商代青铜文化中的外来因素表明，在西方文化和人种的东渐过程中，给中国早期文明带来重要影响的是经由欧亚大陆再南下渗透到黄河中下游地区的戎狄部族。不过，两周铜剑的风格已经完全本土化了。商周文化之所以能在世界文明中独树一帜，也是因为其既能兼收并蓄同时又能大放异彩的特色。②两汉时期，中国由陆路和海上通往域外的交通几乎遍及亚洲，并远达欧洲和非洲，这就为周边贸易和域外贸易的发展提供了一个很好的契机。而"中原政权与西域诸国之间正式的贸易往来，始于张骞出使西域。自此之后，中西交通日渐发达，商业贸易更趋繁荣。汉派往西域的使者以及打着汉使旗号的商人，相望于道，络绎不绝。中国的丝织品沿此东西商道，大宗运往西方，故有'丝绸之路'之称"。③ 此外，两汉还有不少民间商人经由"丝绸之路"去西域经商。由此可见，中原地区无疑在"丝绸之路"的贸易往来中扮演了积极的角色。"中华民族文化之所以能屹立于世界巅峰，中原文化功不可没。中原文化能绵延数千载，在于它自我继承的同时，又不断地融合，这也是中原文化生命力之所在、吸引力之所在。正是由于这些特性，中原文化得到了海外华人的广泛认同，并从近年来的'中原寻根热'和成功举办黄帝祭典得到印证。已故著名考古学家苏秉琦先生曾将中原地区比喻为中华民族文化融合的熔炉，它反映了中原文化发展的实际。融合是中华民族与文化发展的永恒主题，它贯穿于各个历史时期，中原文化的吸纳与融合所表现的形式，既有一统的根基，又有个性的展现。正是因为有了这样一条线索，才使得中原地区形成了强大的文化根

---

① 葛臻明：《由青铜器文化看中原文化与域外文化的交流》，《中共郑州市委党校学报》2010 年第 5 期，第 115 页。

② 葛臻明：《由青铜器文化看中原文化与域外文化的交流》，《中共郑州市委党校学报》2010 年第 5 期，第 114～115 页。

③ 张弘、范翠红：《汉代商人与异域文化艺术的交流》，《济南大学学报》2007 年第 6 期，第 70 页。

基，而不至于中断或衰落。同时，也正是这样一条文化融合的线索，为中华民族的大团结、大融合打下了坚实的基础。中原文化正是由于这一吸纳与融合性，才显得灿烂夺目。"① 还有学者指出："夏商周三代及其以后，汉文化以空前的繁荣和强势，对中原以外周边诸民族产生了极大的影响。汉文化巨大的外溢力和穿透力，深度影响华夏之外的边裔民族。"② 总之，应当通过对教材的阅读和学习，使学生形成开阔的胸襟、积极的心态，立足本土、融入中华、放眼世界，在文化自信和自觉的基础上，真正理解思想政治教育的内涵。

二　在马克思主义中国化的探讨中提升学生的认知与思维水平

使青年学生真正理解马克思主义的精髓及其当代价值和意义，并在这一过程中造就一大批青年马克思主义者，是思想政治教育应有之义。因此，努力探讨马克思主义的中国化，探讨中华优秀传统文化与马克思主义的相通、相容性，具有十分重大的现实意义。只有这样，才能使学生对马克思主义有更为深刻的理解，并在此基础上对马克思主义指导中国特色社会主义实践具有更强的自信与自觉。

（一）使学生明了：西方学界基于社会现实对马克思主义的研究热潮日益升温

自 2008 年世界性的金融危机爆发以来，西方学界对马克思主义的研究热潮日益升温，对当代西方主流经济理论的反思愈益浓烈。有学者指出，"'马克思热'迅速兴起绝非偶然，也并非一阵风式的学术时髦，而是有着深刻的社会时代背景。2008 年国际金融危机的爆发，使资本主义自身无法克服的矛盾和弊端暴露无遗，其膨胀发展导致的社会不平等、资

---

① 杨秋利：《浅论中原民俗文化的形成与发展》，http：//www.xzbu.com/1/view - 3246370.htm。

② 李德山：《论对汉文化东传的基本认识》，《中国社会科学报》2018 年 5 月 8 日，第 6 版。

本无限扩张和消费主义泛滥广受诟病。在此背景下，国外学界对马克思主义的态度发生了变化。在哥伦比亚大学、牛津大学等世界名校，《共产党宣言》被列为必读书目。《马克思恩格斯全集》历史考证版的编辑、出版和研究工作正在紧张进行，来自欧美、日本等国家的学者纷纷参与其中。诸多事实表明，'马克思热'正在国外学界产生持续广泛的影响"。事实上，早在"1999 年，英国广播公司评选千年思想家，马克思高居榜首。2013 年，美国《科学美国人》月刊网站报道：研究人员选择近 3.5 万名学者进行排名，结果显示马克思仍是最具影响力的学者。还应看到，《共产党宣言》多次翻印、再版，被译成 200 多种文字，出版数千个版本，成为世界上发行量最大的书籍之一。在国外学术界，研究马克思主义的机构、团体和协会已达上千个，报纸、学术刊物以及广播、电视、大学课堂等都在谈论马克思主义，世界范围内关于马克思主义的各种学术研讨会日益增多。这些都说明，马克思在当今世界仍是最具影响力的学者"。法国学者托尼·安德烈亚尼说："没有任何理论比马克思主义能更加清楚地阐释劳动价值、剩余价值、经济危机、资本主义的社会效应及全球效应等内容。"美国学者安德鲁·哈特曼认为："凡是从现代生活中感到疏离、无根、被变化抛弃、经济上处于挣扎状态的人，都会认识到马克思资本学说的深刻性。即使处于财富分配顶端的群体，如果能够真诚地展开思考，也将能理解这一点。"在人类思想史上，就科学性、真理性、影响力、传播面而言，没有一种思想理论能达到马克思主义的高度，也没有一种学说能像马克思主义那样对世界产生如此巨大的影响。①

还有许多相关资料也都表明，对马克思主义的研究在当代西方学界日益兴盛。德国柏林自由大学教授埃尔玛·阿尔特法特在《马克思提供批判分析的"跳跃点"》一文中说：这场危机爆发时，"马克思主义理论被再度发现"，人们在危机中找到的马克思主义这一指导理论，"可以增进对资本主义运作方式的理解，它能消除自我蒙昧，并助力政治实践"。②

---

① 冯颜利：《马克思在当今世界仍是最具影响力的学者——国外学界重新认识马克思》，《人民日报》2018 年 4 月 9 日，第 16 版。
② 〔德〕埃尔玛·阿尔特法特：《马克思提供批判分析的"跳跃点"》，《人民日报》2013 年 1 月 31 日，第 3 版。

英国几位学者在马克思逝世 130 周年前夕接受《人民日报》记者采访时，谈到了其对马克思和马克思主义的评价。英国伦敦大学教授约翰·哈特尼克说："在马克思逝世 130 年后，他的学说依然是当今世界的真理。马克思尖锐深刻的思辨，仍然激励着我们去探究。"哈特尼克还强调了深入学习马克思著作的重要性。他说："马克思的著作，对于任何有志上下求索、辨析当前经济乱局危机的学人，都是必读宝典。"英国布里斯托大学教授特里尔·卡弗着重指出，今天的英国越来越重视马克思思想。他说："2008 年国际金融危机全面爆发并引发经济衰退后，作为世界重要金融中心之一的英国越来越重视马克思思想。很多著名的新闻栏目以及主流报刊开始向普通观众和读者阐述马克思的基本经济理论。……马克思对资本主义的批判学说……让当代英国年轻人感到耳目一新。"英国伦敦大学客座教授戴维·麦克莱伦说："马克思的学说对当今世界的重要性在于他对资本主义的剖析。目前西方发生的经济危机，更证明了马克思在其著作中对资本主义制度的解析，尤其是关于信用及虚拟资本产生的阐述，比以往任何时候都更切合实际。他对西方政治经济演变过程中的经济基础论述尤为重要。"① 戴维·麦克莱伦还说："马克思的社会理论是 19 世纪最令人印象深刻的成果之一，它实现了历史学、哲学、社会学和经济学的强力综合。当萨特称马克思主义为'我们时代的哲学'时，他知道，马克思的许多观点得以形成的方法……已经成为我们时代的方法。在某种意义上，我们都是马克思主义者。"② 美国学者大卫·莱伯曼尝试根据马克思解释当前危机的根源。他说："危机使得人们近年来首次将对资本主义两大问题——资本主义对经济稳定性的影响及资本主义对财富和权力的分配模式——的理解融为一体。占领华尔街运动提出，社会上 1% 的人掌握了经济和政治权利导致绝大多数人的生活发生危机（失业及住房、医疗保险、教育、老人保健等方面的问题），是危机的根源所在。"③ 英国学者纳森·

---

① 李文云、白阳：《西方涌动"马克思热"·当今世界的真理》，《人民日报》2013 年 3 月 18 日，第 23 版。

② 〔英〕戴维·麦克莱伦、王瑞雪：《马克思的遗产》，《中国社会科学报》2013 年 3 月 6 日，第 6 版。

③ 吴云：《西方涌动"马克思热"·认识转变激发新的兴趣——访美国〈科学与社会〉杂志主编大卫·莱伯曼》，《人民日报》2013 年 3 月 18 日，第 23 版。

沃尔夫说："马克思的全部思想都仍然有生命力。马克思的每一主要思想都仍然非常值得研究。……无论从理论还是从实践方面来看，马克思的影响都是无法估量的。"① "英国著名左翼学者克里斯·哈曼在其著作《僵尸资本主义：全球危机与马克思的相关理论》中指出，虽然危机的表现形式是源于金融部门的危机，但这仅仅是资本主义制度的外表归因，其主要原因却是资本主义制度自身的基本矛盾无法克服生产社会化与私有制的对立。法国学者让·克洛德·德洛奈把现在的资本主义体制定义为'金融垄断资本主义'。他认为，资本主义金融化是西方国家体制的一大特征，它体现在社会资本创造的利润越来越多地被金融资本所占有，因此推动金融资本迅速膨胀。"② 美国进步行动基金中心研究员马特·伊格雷斯亚在美国《外交政策》2009年5/6月号发表的"这才是一个回到马克思的时代"一文中说："这是一个向马克思的意识形态学习的时代，没有其他的时代能与之相比。"③ 法国学者丹尼尔·本萨义德高度评价马克思的遗产的时代价值，他在英刊《国际观点》2010年10月号发表的访谈录中宣布："马克思仍是我们的同代人——他比所有那些刚出现就过时的虚假创新更年轻、更富吸引力。"④ 他认为，马克思的理论有助于抓住危机的根源。"马克思在当今社会的重要性在于他的《资本论》及其政治经济学的批判。……马克思的批判却有助于我们理解其背后的逻辑，即世界范围的生产和资本的加速积累。它有助于我们抓住危机的根源。"⑤ 此外，德国哲学家汉斯·海因茨·霍尔茨2008年5月7日在德国《青年世界报》中发表文章说："马克思还活着，因为他的理论今天依旧适用，其思想对我们的鼓舞并未停顿。马克思是我们当中的一员，为我们照亮了当代社会，指明了未来的道路。"美国经济学家鲁比尼因预言了当前这场危机而闻

---

① 〔英〕纳森·沃尔夫：《当今为什么还要研读马克思》，高等教育出版社，2006，第73页。
② 柴野：《西方人开始反思资本主义》，《光明日报》2012年2月6日，第8版。
③ 吴易风：《西方学者"重新发现"了马克思的哪些理论?》，《红旗文稿》2014年第9期，第8页。
④ 陈文庆编《丹尼尔·本萨义德论马克思主义如何当代化?》，《国外理论动态》2011年第6期，第18页。
⑤ 陈文庆编《丹尼尔·本萨义德论马克思主义如何当代化?》，《国外理论动态》2011年第6期，第12页。

名。他从当前国际金融危机的现实出发，承认马克思是对的。他在 2011年 8 月 15 日《联合早报》网讯中说："马克思是对的，资本主义到了某些时候会自我摧毁。"加拿大约克大学客座教授马尔切洛·穆斯托 2012 年 7 月 19 日在《日本时报》网站发表"马克思——伟人回归"一文，强调马克思理论在当今的现实意义。他说："他（马克思）的分析其实比以往任何时候都更贴近现实。……马克思的理念远比他那个时代更具有现实意义。……如今，站在马克思这样的巨人肩上展望未来的新能力是个积极动向。"日本神奈川大学教授的场昭弘在 2012 年 3 月 6 日的《经济学人》周刊发表"马克思确实指出了当今自由主义经济的弊端"一文，认为马克思的理论对研究当前世界经济危机是有用的。的场昭弘说："如果理解了他（马克思）留下的学说，就能够明白其过人之处。在研究当今世界经济不景气的相关问题时，马克思的理论是有用的。"在 2008 年的金融危机时，德国财长施泰因布吕克公开承认，他正在阅读马克思的《资本论》，并认为"总体上来说，马克思主义的一些观点是正确的"。这位在金融危机中焦头烂额、寝食不安的财长，现在成了马克思的"粉丝"。英国坎特伯雷大主教罗恩·威廉斯呼吁加强对金融业的监管，并表示马克思的观点是正确的。他在时事周刊《旁观者》中撰文指出："马克思在很早以前就观察到了不受约束的资本主义如何变成一种神话，在这一点上他是正确的。"如此等等。

　　西方主流媒体和民众对马克思主义的关注度也在上升。英国的主流媒体《卫报》《泰晤士报》等，在国际金融危机爆发后纷纷以"马克思"为题大做文章。现在，包括曾经长期批评马克思及其思想的媒体，如英国《金融时报》、美国《时代周刊》等，其头条文章中也频繁出现马克思的名字和相关论述。马克思的著作又开始热销，登录全球销售量最大的网上书店亚马逊，在图书检索中输入"卡尔·马克思"，相关书目信息多达上万条。经历了国际金融危机的严酷洗礼，在顽固坚持新自由主义的美国，人们在华尔街举起标语："马克思说对了！"美国"占领华尔街"运动爆发后，在德国街头不少民众也打出了"我们是那 99% 的大众""读读马克思吧！"等标语。在西方国家的大学里，关于马克思主义理论的课程很受欢迎。

　　以马克思主义为研究对象的西方学术组织对社会影响越来越大。在这些组织中，比较有代表性的是德国的"马克思夜校"、美国的"读《资本论》小组"等。"马克思夜校"是德国的马克思主义学习班，会定期邀请一些社会学家等相关人士讲授马克思主义理论。近些年，"马克思夜校"的开课地点不断增多。"读《资本论》小组"是大卫·哈维组织的。他无论到哪所大学任教，都会开设《资本论》课程。《跟大卫·哈维读〈资本论〉》一书，就是根据他的讲课稿修订而成的。这个小组还利用互联网等新媒体宣传和介绍马克思的《资本论》。此外，位于德国特里尔的马克思故居博物馆近年来也颇受人们关注。博物馆工作人员介绍，在该馆留言簿上，2012 年的两个月内就有来自超过 50 个国家和地区的访客留言。

在 2008 年西方爆发金融风暴之后，马克思的《资本论》在欧洲成为畅销书。《资本论》的重新走红也给了我们深刻启示。对于这部马克思的经典著作，我们是不是了解得也很不够呢？从 2008 年 10 月开始，《资本论》又重新进入了德国大学课堂，在全国 31 所著名高校的讲堂里，新一代的德国大学生认真研读马克思的这部经典著作，思考走出金融危机的办法。位于柏林的卡尔－迪茨出版社经理约恩·许埃特伦普夫告诉路透社记者，2008 年初以来他们出版的《资本论》已卖出 1500 套，是 2007 年全年销量的 3 倍，更是 1990 年全年销量的 100 倍。"马克思现在绝对火。"许埃特伦普夫说。在西方社会，人们争相购买和阅读《资本论》，目的未必是试图借助《资本论》来拯救危机，但至少他们认为《资本论》提供了理解和解释当下的一个视角，同时也昭示着，在金融危机中，西方某些经济理论和金融衍生品一道严重贬值了。

有学者在推荐将学术性和普及性恰切结合的著作《理解马克思：卡尔·马克思的生平与核心著作导读》时指出："进入移动互联网时代后，当代青年的阅读习惯发生了重大改变，在非专业学习的情况下大多喜欢浅阅读：更快捷地选择、阅读、理解以及放弃；更自由地控制阅读的节奏；更追求图文并茂的视觉享受。可以说，当前的浅阅读在某种程度上，呈现所谓'立体化'的趋势：即不再单纯地局限于书本这一物质载体，不再单纯地面对文字这一符号，而是更多融合了移动载体、视觉冲击、及时推送等特征。较之于深阅读，浅阅读虽然短时间内看似接受的信息量很大，但因直面的都是'碎片化'的材料，如何辨别有效信息、是否能准确提取到有效信息，一直是它自身无法克服的缺点和不足。即使浅阅读具有这样或那样的缺陷，但这样的阅读，今天已然成为人们的生活方式，并作为一种具有结构性特质的东西，内化在人们的阅读实践中了。在这样的条件下，经典著作如果不能首先征服青年人的浅阅读，就更不可能征服他们的深阅读。这意味着，经典著作的阅读，一定要根据时代的变化而创新发展，一定要真正走进现代人的'阅读习惯'。从这个意义上而言，《理解马克思》很好地把握了当代青年人阅读方式的变化，以通俗易懂的语言，将马克思波澜壮阔的人生经历和《1844 年经济学哲学手稿》《共产党宣言》《资本论》等经典著作精细分解为 40 个左右的主题片段。每一片段聚焦一个问题，配以精美恰当的图片、资料，确保非专业读者 20 分钟左右也能读完。值得一提的是，该书还加入了 50 个二维码，扫一扫就能看到对应的短视频。因此，很多青年读者都是一气儿把半本甚至整本书读下来的。当代青年人是在互联网时代成长起来的，他们能够借助互联网自由、便捷、全面地收集学术信息，并形成他们自己的观点和判断。这意味着给他们讲故事，既不能强行'灌输'，也不能闭门造车、自说自话，必须能够经得住互联网'显微镜''探照灯'的检验。换言之，即使在阅读方式上有所创新，但如果故事本身不过关，如果故事本身不能拿捏好分寸，就会陷入要么过于艰涩晦涩、要么流于庸俗浅薄的困境。在这一点上，《理解马克思》处理得恰到好处。同时这本书的作者决不独断，更不封闭，而是聆听时代声音，回应时代呼唤，借助国际学者的眼睛，利用国际组织提供的数据，有理有据地讲马克思故事。正是有了信任，才可能结出信仰的果实。对于这一点，马克思曾说：'理论只要说服人，就能掌握群众；而理论只要彻底，就能说服人。所谓彻底，就是抓住事物的根本。'[①] 这种既有深度和学术性，又顾及当代青年人的读书特点，将马克思主义基本原理自然而然、润物无声地传递给青年一代，是值得我们思考和借鉴的。

（二）使学生认知：中华辩证智慧与马克思主义唯物辩证法具有相通性

近几年来，本课题组成员也在积极探索中华传统辩证智慧的内涵、

---

① 崔继新：《向当代青年讲好马克思故事——读〈理解马克思：卡尔·马克思的生平与核心著作导读〉》，《光明日报》2017 年 12 月 10 日，第 12 版。

特色及其与马克思主义唯物辩证法的相通性、与当代西方哲学思维的互补性。这里将重点分析中华传统辩证智慧与马克思主义唯物辩证法所具有的相通性，以进一步说明马克思主义中国化的现实必要性与可能性。

1. 中华传统辩证思维之特质

这一辩证思维源自中国古老典籍《易经》，进而由儒、道两家为代表的学术流派生发开来，做了较为详尽的阐释。归结起来，中华传统辩证智慧具有以下几点特质。

（1）以"生生不息"的发展眼光看问题

中国哲学"生生不息"的发展观，包含以下几层含义。

一是万物的存在是永不停息的发展变化的存在。"在天成象，在地成形，变化见矣。是故刚柔相摩，八卦相荡。鼓之以雷霆，润之以风雨；日月运行，一寒一暑。乾道成男，坤道成女。乾知大始，坤作成物"；① "天行健；君子以自强不息"；② "有物混成，先天地生。寂兮寥兮，独立不改，周行而不殆，可以为天地母"；③ "天地之道，恒久而不已也"；④ "天何言哉？四时行焉，百物生焉，天何言哉？"⑤ "二气交感，化生万物。万物生生，而变化无穷焉。"⑥ 而且，在中国哲学中强调的发展变化是以"阴阳"的对立统一、相互作用乃至相互转化为根基的，事物的存在及其发展，无不处于阴阳矛盾与变化之中。"一阴一阳之谓道"，⑦ 即是中国哲学的基本命题。因此，"祸兮，福之所倚；福兮，祸之所伏"；⑧ "无平不

① 《易·下经卷九·系辞上传》，载黄寿祺、张善文撰《周易译注》，上海古籍出版社，2004，第493页。
② 《易·上经卷一·乾卦第一》，载黄寿祺、张善文撰《周易译注》，上海古籍出版社，2004，第7页。
③ 《老子·第二十五章》，载辛战军译注《老子译注》，中华书局，2008，第101页。
④ 《易·下经卷五·恒卦第三十二》，载黄寿祺、张善文撰《周易译注》，上海古籍出版社，2004，第246页。
⑤ 《论语·阳货》，载杨伯峻译注《论语译注》，中华书局，2009，第185页。
⑥ 《太极图说》，载周敦颐著、陈克明校《周敦颐集》，中华书局，1990，第4～5页。
⑦ 《易·下经卷九·系辞上传》，载黄寿祺、张善文撰《周易译注》，上海古籍出版社，2004，第503页。
⑧ 《老子·第五十八章》，载辛战军译注《老子译注》，中华书局，2008，第225页。

陂，无往不复"；① "日中则昃，月盈则食；天地盈虚，与时消息，而况于人乎？况于鬼神乎？"；② "时过于期，否终则泰"。③

二是这种发展变化是生机勃勃、蕴涵生命灵动的发展变化，而非无生命物体的一种机械运动。"天地之大德曰生"；④ "富有之谓大业，日新之谓盛德。生生之谓易"；⑤ "大抵言'天地之心'者，天地之大德曰生，则以生物为本者，乃天地之心也"；⑥ "万物之生意最可观，此元者善之长也，斯所谓仁也"；⑦ 天地"别无所作为，只是生物而已。亘古亘今，生生不穷"。⑧ 譬如谷种、桃仁、杏仁之类，之所以被称为仁，盖因其中蕴涵生命洋溢，"种着便生，不是死物，所以名之曰'仁'，见得都是生意"。⑨ 在这一天地万物生生不息的过程中，人能自觉体认生生不息之天理流行，发挥有为精神，故人能弘道，能"为天地立志，为生民立道，为去圣继绝学，为万世开太平"。⑩

三是这种发展变化是事物由低级向高级的不断发展变化，而非始和终都在一个点上的简单循环。这在《易经》中就已鲜明地体现出来。《易经》中构成"六画挂"的六爻，其位置由下而上，顺序是由低级向高级排列的，反映了事物由低级向高级发展的规律。《乾凿度》说"易气

---

① 《易·上经卷二·泰卦第十一》，载黄寿祺、张善文撰《周易译注》，上海古籍出版社，2004，第 101 页。
② 《易·下经卷八·丰卦第五十五》，载黄寿祺、张善文撰《周易译注》，上海古籍出版社，2004，第 424 页。
③ 《吴越春秋·勾践入臣外传》，载（汉）赵晔撰、（元）徐天祜音注、苗麓点校《吴越春秋》，江苏古籍出版社，1999，第 108 页。
④ 《易·下经卷九·系辞下传》，载黄寿祺、张善文撰《周易译注》，上海古籍出版社，2004，第 530 页。
⑤ 《易·下经卷九·系辞上传》，载黄寿祺、张善文撰《周易译注》，上海古籍出版社，2004，第 503 页。
⑥ 《横渠易说·上经·复》，载章锡琛点校《张载集》，中华书局，1978，第 113 页。
⑦ 《近思录·卷之一》，载朱杰人等主编《朱子全书》（第十三册），上海古籍出版社、安徽教育出版社，2002，第 171 页。
⑧ 《朱子语类·卷第五十三》，载（宋）黎靖德编、王星贤点校《朱子语类》，中华书局，1986，第 1280 页。
⑨ 《朱子语类·卷第六》，载（宋）黎靖德编、王星贤点校《朱子语类》，中华书局，1986，第 113 页。
⑩ 《张子语录》（中），载章锡琛点校《张载集》，中华书局，1978，第 320 页。

从下生",① 意即指此。

（2）以"天人合一"的整体性眼光看问题

"天人合一"是对中国式思维特质的经典性表述，恰与西方天人分离的思维方式相对。中国的先圣先贤从一开始就将天地人看作有机的整体，对"天人合一"观多有论述。老子的"绝圣弃智"② "以辅万物之自然，而不敢为也",③ 强调的是"不以人助天"④ "无以人灭天"⑤ "处物不伤物"⑥ 的价值追求。孟子说："万物皆备于我，反身而诚，乐莫大焉。"⑦ 庄子强调："天地与我并生，而万物与我为一。"⑧ 董仲舒直接表明："天人之际，合而为一。"⑨ 张载也明确地说："儒者则因明致诚，因诚致明，故天人合一。"⑩ "'天人合一'的思维方式，奠定了中国古代哲学和教育学思考问题的根基。这是一种典型的整体性思维，它追求一种至纯至善、至大至刚，以人的道德修养为中心而打通天人之际，把天地宇宙间的所有事物都纳入相互关联、相互作用、相互依存的大系统中并进行通盘考察，而且是以'将心比心''置身体悟'的方式进行考察，天人、主客、物我浑然一体，形成一个和谐、大一统的整体。此处之'天'，不仅指纯自然之天，也指天地宇宙中所包含的'理''道'，尤其以后者为重。"⑪

---

① 《乾凿度·卷上》，载（东汉）郑玄注、常秉义编《易纬》，新疆人民出版社，2000，第8页。

② 《老子·第十九章》，载辛战军译注《老子译注》，中华书局，2008，第73页。

③ 《老子·第六十四章》，载辛战军译注《老子译注》，中华书局，2008，第247页。

④ 《庄子·内篇·大宗师》，载陈鼓应注译《庄子今注今译·上》（最新修订重排本），中华书局，2009，第186页。

⑤ 《庄子·外篇·秋水》，载陈鼓应注译《庄子今注今译·中》（最新修订重排本），中华书局，2009，第461页。

⑥ 《庄子·外篇·知北游》，载陈鼓应注译《庄子今注今译·中》（最新修订重排本），中华书局，2009，第628页。

⑦ 《孟子·尽心上》，载杨伯峻译注《孟子译注》，中华书局，2010，第279页。

⑧ 《庄子·内篇·齐物论》，载陈鼓应注译《庄子今注今译·上》（最新修订重排本），中华书局，2009，第80页。

⑨ 《春秋繁露·深察名号》，载阎丽译注《董子春秋繁露译注》，黑龙江人民出版社，2003，第172页。

⑩ 《正蒙·乾称篇》，载（宋）张载著、章锡琛点校《张载集》，中华书局，1978，第65页。

⑪ 李申申、李志刚：《中国古代"即身而道在"教育的基本特征——一种具身性教育的永恒魅力》，《河南大学学报》（社会科学版）2016年第4期，第112页。

在中国哲学思维中，“道”为天地人所共同尊奉之最高原理、终极真理，只不过是“理一而分殊”。[①] “道未始有天人之别，但在天则为天道，在地则为地道，在人则为人道。”[②] 而人是这一有机整体的关键，万事万物能否达至平衡，社会能否得到有效治理，就在于人的正心、诚意、修身，进而方能谈齐家、治国、平天下。由此，既体现出人是一种主体性存在，同时又强调了人所负有的道德责任。这种以人的修养为中心而打通天人之际的价值观念，强调人的行为应“义以为上”，[③] 应“厚德载物”，[④] 应“仁者爱人”[⑤]“己欲立而立人，己欲达而达人”[⑥]“己所不欲，勿施于人”，[⑦] 等等。这就使中国哲学思维及其实践蕴涵着一个‘情’字，具有浓郁的、东方人所特有的情感色彩。无论对自然、对人本身，都倾注了饱满的情感，以艺术的眼光去体悟浩瀚的自然界和纷繁的人生。这就是东方人所特有的“人情味”。有学者指出：“《周易》作为中国传统文化的主要代表经典，在天人观上，它以著名的‘三才之道’表明，人是一种与天、地鼎立而三并居天地万物之中心地位。反映了《周易》的一种人文取向，即是人不仅客观上就是大自然中上顶天、下立地的一种存在，而且人事实上就是天地间的一种有自我意识和独立意识的主体性存在。而这种‘三才之道’所蕴含的极为可贵的人文主义思想，这种充分肯定人的中心地位和至上价值的思潮，一直是中国文化的强劲主流。”[⑧] 这里应强调的是，中国哲学思维中的主体性彰显，是以道德性诉求为主导的主体性，因此这种主体性不是在自然面前为所欲为的“太上皇”，也非在他人面前的自我中心主义者。这种主体性恰是以“厚德载物”和“仁者爱人”为基座的

---

① 《河南程氏文集卷第九·答杨时论西铭书》，载（宋）程颢、程颐著，王孝鱼点校《二程集》，中华书局，1981，第 609 页。
② 《河南程氏遗书卷第十五·伊川先生语一》，载（宋）程颢、程颐著，王孝鱼点校《二程集》，中华书局，1981，第 164 页。
③ 《论语·阳货》，载杨伯峻译注《论语译注》，中华书局，2009，第 188 页。
④ 《易·上经卷一·坤卦第二》，载黄寿祺、张善文撰《周易译注》，上海古籍出版社，2004，第 24 页。
⑤ 《孟子·离娄下》，载杨伯峻译注《孟子译注》，中华书局，2010，第 182 页。
⑥ 《论语·雍也》，载杨伯峻译注《论语译注》，中华书局，2009，第 64 页。
⑦ 《论语·卫灵公》，载杨伯峻译注《论语译注》，中华书局，2009，第 164 页。
⑧ 朱力：《〈周易〉中的客观的唯物辩证思想》，http：//www.literature.org.cn/Article.aspx?id＝51398。

主体性。体现的是一种反求诸己的向内下功夫的内在超越，其超越时空的魅力是不言而喻的。

（3）以"和而不同"的善于协调事物的眼光看问题

"和而不同"是中国哲学思维的又一显著特质。中国文化崇奉和谐，强调"和为贵"，这是一以贯之的传统。孔子的"君子和而不同，小人同而不和"① 是其代表性表述。还有，《易传》云："夫'大人'者，与天地合其德，与日月合其明，与四时合其序，与鬼神合其吉凶。先天而天弗违，后天而奉天时。"② 《中庸》云："中也者，天下之大本也；和也者，天下之达道也。致中和，天地位焉，万物育焉。"③ 《淮南子·氾论训》中说："天地之气，莫大于和。和者，阴阳调，日夜分，而生物。"④ 董仲舒说："德莫大于和。"⑤ 张载强调："有象斯有对，对必反其为；有反斯有仇，仇必和而解。"⑥ 王夫之论道："太和，和之至也。道者，天地人物之通理，即所谓太极也。阴阳异撰，而其絪缊于太虚之中，合同而不相悖害，浑沦无间，和之至矣。未有形器之先，本无不和，既有形器之后，其和不失，故曰太和"，"阴与阳和，气与神和，是为太和"。⑦

这里，应当全面而深刻地理解"和而不同"的内涵。首先，"和而不同"并非不讲原则的一团和气，它是在承认"不同""对立"的前提下倡导的"和"。也就是说，它是在承认矛盾存在的前提下，寻求矛盾各方异中求同、共轭相生，是多样性的统一。从历史渊源看，"和而不同"最早出现于西周末期，周幽王八年，周太史伯（伯阳父）针对周幽王的"去

① 《论语·子路》，载杨伯峻译注《论语译注》，中华书局，2009，第140页。
② 《易·上经卷一·乾卦第一》，载黄寿祺、张善文撰《周易译注》，上海古籍出版社，2004，第19页。
③ 《中庸·第一章》，载王国轩译注《大学·中庸》，中华书局，2006，第46页。
④ 《淮南子卷十三·氾论》，载（西汉）刘安等著、许匡一译注《淮南子全译》，贵州人民出版社，1993，第770页。
⑤ 《春秋繁露·循天之道》，载阎丽译注《董子春秋繁露译注》，黑龙江人民出版社，2003，第292页。
⑥ 《张子正蒙·太和篇》，载（宋）张载撰、（清）王夫之注《张子正蒙》，上海古籍出版社，2000，第97页。
⑦ 《张子正蒙·太和篇》，载（宋）张载撰、（清）王夫之注《张子正蒙》，上海古籍出版社，2000，第85、86页。

和而取同"说法提出了"和实生物，同则不继"①的思想。到春秋末期，齐国的晏婴以"和羹""琴瑟"为例，进一步阐明了和与同的差异，认为只有承认不同，才能"相成""相济"，否则，"若以水济水，谁能食之？若琴瑟之专一，谁能听之？同之不可也如是"。②与晏婴同时代的孔子，采纳了这种和同思想，将其作为区别君子和小人的一个标准。如前所述，中国先圣先贤持守一种以人的修养为中心而打通天人之际的宇宙整体发展观，认为天地人、万事万物处于相互作用、相互联系、相互渗透的关系之中，对事物的处理可能会出现"一损俱损"或者"一荣俱荣"的不同结果，因此特别强调"厚德载物"，强调"己所不欲，勿施于人"，强调以深厚的情感面对与之相关的人与物。而这种强调，绝非没有原则，不承认矛盾，其实这是两个不同层面的问题。此外，应当视"和而不同"为处理问题、善于协调事物关系的一种智慧、一种高明的艺术和方法。"和而不同"的艺术和方法追求以平等的眼光看待矛盾各方，在坚持基本原则并保留各方特色的基础上使各方和平相处，因此其对问题的处理就较为公平。

与"和而不同"密切相连的，是"中庸之道"。"中庸之道"是中国文化中重要的思维概念和具体做人处事的重要原则，也是儒家道德的最高境界。对中庸之道同样也应有正确的理解，应把握其真正的精神内涵。有学者指出，"中庸之道是中国文化的精髓，作为一种方法论，它已经深深渗透到了与中国文化有关的每一个元素和成分之中，成为构成普遍的文化心理和社会心理的核心要素之一"，"正确地认识中庸之道，并加以合理的应运，既是一种智慧，也是一种无可回避的文化责任"。③若深入体会中庸之道的内在精髓，就可理解它是处理问题的高超协调能力和智慧。它强调"执两用中"，强调行为的适度——无过无不及。因此，将中庸理解为不讲原则的折中主义、平均主义、畏首畏尾、和稀泥，是对中庸的曲解。"中庸包含的折中调和思想，是一种积极的调和。中庸所秉持的

---

① 《国语·郑语》，载徐元诰撰，王树民、沈长云点校《国语集解·郑语第十六》，中华书局，2002，第470页。
② 《左传·昭公二十年》，载杨伯峻编著《春秋左传注》（修订本第2版），中华书局，1990，第1419~1420页。
③ 王泽民：《论儒家中庸之道》，《甘肃日报》2010年1月20日，第7版。

'中'，并不仅仅是量的概念，也不是两端等距离的点。在中国哲学家和思想家的思维和视域里，'中'更多地体现为实践过程中处理、协调各种关系的一种原则、智慧和能力，它重在如何使事物内部各个部分，以及各种事物之间达到彼此协调和平衡，使之各得其所。同时，这个'中'的标准随具体境遇的变化而改变。"①

（4）以重现实人生的眼光看问题

中国哲学思维不是纯概念的逻辑推理，其思维与日常生活、与现实人生、与人伦道德密切相关，即令是用抽象符号表达思想的《易经》，其所意指的对象也都是人生、生命、具象化的事物。阴阳对立统一、生生变化的辩证思维，基本都是以具体人生、具体生活、具体的道德修炼为对象的。不论是《易传》的"观变于阴阳而立卦，发挥于刚柔而生爻，和顺于道德而理于义，穷理尽性以至于命"②"昔者圣人之作《易》也，将以顺性命之理"③"乾，阳物也；坤，阴物也。阴阳合德而刚柔有体，以体天地之撰，以通神明之德"，④董仲舒的"推天地之精，运阴阳之类，以别顺逆之理，安所加以不在？在上下，在大小，在强弱，在贤不肖，在善恶。恶之属尽为阴，善之属尽为阳"，⑤还是张载的"其阴阳两端，循环不已者，立天地之大义"，⑥二程的"道无无对，有阴则有阳，有善则有恶，有是则有非"⑦等，都是中国哲学思维重现实人生、重德行修养的彰显。可见，在中国传统哲学思维中，八卦思维也好，太极阴阳思维也罢，以及儒、道等各家各派，无不把人事放在思考的中心，以人事趋合天道，

---

① 李申申、李志刚：《中国古代"即身而道在"教育的基本特征——一种具身性教育的永恒魅力》，《河南大学学报》（社会科学版）2016年第4期，第113～114页。

② 《易·下经卷十·说卦传》，载黄寿祺、张善文撰《周易译注》，上海古籍出版社，2004，第569页。

③ 《易·下经卷十·说卦传》，载黄寿祺、张善文撰《周易译注》，第571页。

④ 《易·下经卷九·系辞下传》，载黄寿祺、张善文撰《周易译注》，上海古籍出版社，2004，第548页。

⑤ 《春秋繁露·阳尊阴卑》，载阎丽译注《董子春秋繁露译注》，黑龙江人民出版社，2003，第195页。

⑥ 《张子正蒙·太和篇》，载（宋）张载撰、（清）王夫之注《张子正蒙》，上海古籍出版社，2000，第96页。

⑦ 《河南程氏遗书卷第十五·伊川先生语一》，载（宋）程颢、程颐著，王孝鱼点校《二程集》，中华书局，1981，第153页。

以天道规范人事，其中包含了强烈的人本主义精神。

因此可以说，中国哲学思维是一种具身性的思维，精神与身体、理性与具象始终融为一体，不可分离。"无论是从周代构建起的八卦思维，还是老庄哲学关于'道'的混沌思维，以及由《周易》创始，《易传》集成，儒、道、释各家加以发展与丰富的太极思维，都是以对事物整体性的认识为基准，从日常的生活经验出发凭直观感觉方法去思考问题。这样，借助于非逻辑证明的直觉和体悟，跃进性地实现意境的升华，从而完成主客体之间融而为一。《易传》中说：'子曰：书不尽言，言不尽意。然则圣人之意，其不可见乎？子曰：圣人立象以尽意'，即指此意。"① 这里需阐明的是，虽然中国哲学思维中的逻辑理性、分析理性并不占主导地位（不是完全没有，阙疑求证精神也渗透于其中），而是以直觉与体悟为主，但是中国哲学思维并非完全的经验主义，完全以零散的、不成系统的具象代替理性思维。《周易》象数思维兼用"象"与"数"，这是《周易》象数思维的基本工具，"观象""取象"和"极数""运数"都是《周易》象数思维的基本形式。同时，八卦思维、混沌思维、太极思维实际上都是对具体事物的抽象与升华。因此，中国哲学中的"身体""具象"，正如有学者所述："身体哲学所关注的身体并不是完全常识意义上的身体，而是古代哲学家心目中的一种身体"，"是经过现象学还原的、现象学意义上的身体，所以说它是一种具有本体论意义的一种身体"。② "与西人形而上之'理念'不同，古人所谓的'大道'实乃下学上达、显微一体的'身道'。"③

2. 中国传统辩证智慧与马克思主义唯物辩证法具有相通性

马克思主义唯物辩证法是科学的世界观和方法论，是我们观察和处理问题的指导思想。它是在批判地继承西方哲学的历史传统，主要是德国古典哲学，尤其是在费尔巴哈和黑格尔哲学基础上创造性地生成的哲学体系。中国传统辩证智慧是在中国的土壤中生成的看待和处理问题的智慧之

---

① 李申申主编《人性：存在与超越的省视——中西方道德教育思想与实践比较研究》，新华出版社，1999，第 162 页。

② 张再林：《作为身体哲学的中国古代哲学》，中国社会科学出版社，2008，第 256 页。

③ 蒙培元：《古为今用：走向世界的中国哲学研究——评〈中国古代身道研究〉》，《陕西日报》2015 年 5 月 8 日，第 5 版。

学、智慧之法。既然是智慧之学、智慧之法，它与科学的世界观和方法论马克思主义唯物辩证法在诸多方面就具有相通之处。诚如国学大家庞朴先生所说："中外好多学者分析过马克思主义能在中国安家的根源……其根源和原因，仍在中国的文化传统身上，是中国传统的思维方法、行为规范、价值观念和马克思列宁主义有相通相融之处，是中国有把政和道、真和善捆在一起的传统，因而才有马克思主义中国化。"①

我们认为，中国传统辩证智慧与马克思主义唯物辩证法至少有以下几个方面的相通之处。

（1）自然界和人类社会是永不停息地从低级向高级的发展过程

马克思主义唯物辩证法与黑格尔辩证法的重要差异之一，即是否承认自然界和人类社会的发展变化是永恒的。黑格尔"绝对精神"中的"绝对发展"，到黑格尔哲学体系时达到了"圆满"，发展变成了不发展；到普鲁士国家时达到了人类历史发展的"顶峰"，发展变成了不发展。马克思明确指出："一切存在物，一切生活在地上和水中的东西，只是由于某种运动才得以存在、生活。"② 恩格斯指出，在辩证哲学面前，"不存在任何最终的、绝对的、神圣的东西；它指出所有一切事物的暂时性；在它面前，除了发生和消灭、无止境地由低级上升到高级的不断的过程，什么都不存在。它本身也不过是这一过程在思维着的头脑中的反映而已"。③

如前所述，在中国辩证思维中，强调的是"万物生生而变化无穷"的天地人及其"道"的永恒、生生、由低级向高级的发展。

（2）矛盾是发展的内在动力和源泉

众所周知，矛盾是发展的内在动力和源泉的思想，是马克思主义哲学的基本原理。马克思主义的矛盾法则即是对立统一规律，这一规律是唯物辩证法的实质与核心，它揭示了事物普遍联系的实在内容和发展的内在动力。同一性和斗争性是矛盾的两种相辅相成的、互为前提的基本属性，是

① 庞朴：《文化传统与传统文化》，《新华文摘》2003 年第 9 期，第 135～136 页。
② 马克思：《哲学的贫困》，载中共中央马克思恩格斯列宁斯大林著作编译局编译《马克思恩格斯全集》（第四卷），人民出版社，1958，第 141 页。
③ 恩格斯：《路德维希·费尔巴哈和德国古典哲学的终结》，载中共中央马克思恩格斯列宁斯大林著作编译局编译《马克思恩格斯全集》（第二十一卷），人民出版社，1965，第 308 页。

矛盾双方相互联系的两个方面，二者不可分离。矛盾对立的双方既相互排斥、相互斗争，又相互依存、相互渗透、相互贯通，并且在一定条件下相互转化。作为普遍联系的实在内容和发展的内在动力，矛盾无处不在，无时不有。恩格斯指出："既然简单的机械的位移本身已经包含着矛盾，那末物质的更高级的运动形式，特别是有机生命及其发展，就更加包含着矛盾。……生物在每一瞬间是它自身，同时又是别的东西。所以，生命也是存在于物体和过程本身中的不断地自行产生并自行解决的矛盾；矛盾一停止，生命也就停止，死亡就到来。同样，我们已经看到，在思维的领域中我们也不能避免矛盾，例如，人的内部无限的认识能力和这种认识能力仅仅在外部受限制的而且认识上也受限制的各个人身上的实际存在这二者之间的矛盾，是在至少对我们来说实际上是无穷无尽的、连绵不断的世代中解决的，是在无穷无尽的前进运动中解决的。"①

如前所述，中国辩证思维是以阴、阳两者的对立统一解释事物的生灭变化，认为阴、阳之间的相互作用是事物发展的根本动力。"太一出两仪，两仪出阴阳。阴阳变化，一上一下，合而成章。浑浑沌沌，离则复合，合则复离，是谓天常。天地车轮，终则复始，极则复反，莫不咸当。日月星辰，或疾或徐，日月不同，以尽其行。四时代兴，或暑或寒，或短或长，或柔或刚。万物所出，造于太一，化于阴阳"；② "物无孤立之理，非同异、屈伸、始终以发明之，则虽物非物也。事有始卒乃成，非同异有无相感，则不见其成"；③ "天地万物之理，无独必有对，皆自然而然，非有安排也"；④ "天地之化，既是二物，必动已不齐。……从此参差万变，巧历不能穷也"；⑤ 等等。

（3）事物的内在联系和相互转化

马克思主义认为，客观事物之间及事物内部各要素之间存在相互作

① 恩格斯：《反杜林论》，载中共中央马克思恩格斯列宁斯大林著作编译局编译《马克思恩格斯全集》（第二十卷），人民出版社，1971，第133页。
② 《吕氏春秋·大乐》，载张双棣等译注《吕氏春秋》，中华书局，2007，第48页。
③ 《张子正蒙·动物篇》，载（宋）张载撰、（清）王夫之注《张子正蒙》，上海古籍出版社，2000，第127页。
④ 《河南程氏遗书卷第十一·明道先生语一》，载（宋）程颢、程颐著，王孝鱼点校《二程集》，中华书局，1981，第121页。
⑤ 《河南程氏遗书卷第二上·二先生语二上》，载（宋）程颢、程颐著，王孝鱼点校《二程集》，中华书局，1981，第31页。

用、相互影响、相互制约、相互转化的必然的、普遍的联系。而且，事物的联系是多种多样的，包括内部与外部、本质与非本质、必然与偶然、主要与次要、直接与间接等联系。在考察和分析问题时，应该把握事物之间的联系，克服考察和分析问题时的孤立与片面性。恩格斯说："相互作用是事物的真正的终极原因。我们不能追溯到比对这个相互作用的认识更远的地方，因为正是在它背后没有什么要认识的了"；① "当我们通过思维来考察自然界或人类历史或我们自己的精神活动的时候，首先呈现在我们眼前的，是一幅由种种联系和相互作用无穷无尽地交织起来的画面，其中没有任何东西是不动的和不变的，而是一切都在运动、变化、产生和消失"。②

中国"天人合一"的世界观和人生观，讲的正是天地人构成一个不可分割、不能孤立的大一统的整体，各部分之间是"一损俱损，一荣俱荣"之共生关系。天地人都尊奉共同的、最高的规律，即"道"。因此如前所述，"天人合一"的世界观是以人的道德修养为中心，从而打通天人之际，把天地宇宙间的所有事物都纳入相互关联、相互作用、相互依存的大系统中，进行通盘考察。

（4）事物的质量互变

质量互变思想是马克思主义唯物辩证法的又一条基本原理。"量"和"质"是事物的两种不同的规定性，二者既相互区别又相互联系。事物的变化表现为事物自身质的规定性和量的规定性的变化。量变是质变的必要准备，质变是量变的必然结果。从量变到质变并不是事物发展的结束，而是事物在新质的基础上开始了新的量变。质量互变的相互依存和相互转化，促使事物不断由低级向高级发展。质量互变规律体现了事物发展的渐进性和飞跃性的统一。恩格斯指出，"在自然界中，质的变化——以对于每一个别场合都是严格地确定的方式进行——只有通过物质或运动（所谓能）的量的增加或减少才能发生"，"自然界中一切质的差别，或者基于不同的化学成分，或者基于运动（能）的不同的量或不同的形式，或是——

---

① 恩格斯：《自然辩证法》，载中共中央马克思恩格斯列宁斯大林著作编译局编译《马克思恩格斯全集》（第二十卷），人民出版社，1971，第574页。

② 恩格斯：《反杜林论》，载中共中央马克思恩格斯列宁斯大林著作编译局编译《马克思恩格斯全集》（第二十卷），人民出版社，1971，第23页。

差不多总是这样——同时基于这两者。所以，没有物质或运动的增加或减少，即没有有关的物体的量的变化，是不可能改变这个物体的质的”，① “量和质的转化——两极对立的相互渗透和它们达到极端时的相互转化”。②

中国辩证思维中的“物极必反”观也渗透着质量互变的思想。《周易》中比较系统地阐释了“生生之谓易”“日新之谓盛德”“极数知来”③ “积善之家，必有余庆；积不善之家，必有余殃”④ 等的量变和质变思想。后世思想家劝人要防微杜渐的“千丈之堤，以蝼蚁之穴溃；百尺之室，以突隙之烟焚”⑤ “泰山之霤穿石，单极之绠断干。水非石之钻，索非木之锯，渐靡使之然也”；⑥ 劝人励志的“不积跬步，无以至千里；不积小流，无以成江海”“锲而舍之，朽木不折；锲而不舍，金石可镂”⑦ 等名言警句，也都渗透着质量互变的思想。

（5）理性与经验事实、思想与实践并举

在此方面，中国传统辩证智慧与马克思主义唯物辩证法具有显著的相通之处，可以从两个方面来看。

一是二者对问题的论证都将理性和经验现象密切联系，否定了走极端的做法。马克思主义唯物辩证法一方面批判了一味推崇表层化的、狭隘的经验主义而否定抽象概念的做法，另一方面批判了脱离现实经验事物的纯粹抽象概念的推理与组合。有学者指出，马克思认为，“应该在扬弃简单抽象的基础上一步步地走向思维具体，要通过一种复杂的、辩证的方法在理论体系中展现一种思维具体。在这种思维具体中，一种依赖于更大关涉

---

① 恩格斯：《自然辩证法》，载中共中央马克思恩格斯列宁斯大林著作编译局编译《马克思恩格斯全集》（第二十卷），人民出版社，1971，第402页。
② 恩格斯：《自然辩证法》，载中共中央马克思恩格斯列宁斯大林著作编译局编译《马克思恩格斯全集》（第二十卷），第357页。
③ 《易·下经卷九·系辞上传》，载黄寿祺、张善文撰《周易译注》，上海古籍出版社，2004，第503页。
④ 《易·上经卷一·坤卦第二》，载黄寿祺、张善文撰《周易译注》，上海古籍出版社，2004，第31页。
⑤ 《韩非子·喻老》，载陈秉才译注《韩非子》，中华书局，2007，第121页。
⑥ 《汉书·枚乘传》，载安平秋、张传玺主编《汉书》（第二册），汉语大词典出版社，2004，第1117页。
⑦ 《荀子·劝学》，载（清）王先谦撰，沈啸寰、王星贤点校《荀子集解》，中华书局，1988，第8页。

面、更大范围才能呈现的本质现实才会逐渐呈现"，"对于谋求思维具体的辩证法来说，仅仅拘泥于虽感性具体但往往狭小的经验现实，至多是获得一个起点而已。辩证法更应该不断地追求更大、更难把握、往往与某种总体性视野连在一起的本质现实。在《资本论》及其手稿中，马克思理解的辩证法更与这种'本质现实'（可进一步区分为'抽象的本质现实'与'具体的本质现实'）直接相关了。辩证法由此就是一种立足于感性现实去把握层次不断提高的本质现实的方法。感性实存与具体的本质现实构成辩证法的起点与终点。感性实存意义上的'现实'是辩证法立足之本，思维具体意义上的'本质现实'则是辩证法的最高追求"。① 中国传统辩证法是建立在具身性哲学基础上的身心合一、灵肉合一、理性与经验现象合一的思维方法。正如有学者对《易经》评价说："它所包罗的世事百态与种种解决法则，它所揭示的深刻体验和精邃行文，都告诉人们，非遍历人世艰难与坎坷的伟大圣哲所不能写。它似乎确实是'经验'之谈。最重要的'经验'就是告知：几乎在任何情况下都是'利君子贞'，都要居中守正，思过修德。'永贞吉'（'贲'）、'利于不息之贞'（'升'），便可概括种种境况下的恒常法则。德，在这儿确实是'经验'的，和利益悠关的，而不像康德所认为的，道德律不能干预幸福的存亡，甚至恰恰与之背反。但是它又不同于建立在感觉主义之上的经验论幸福主义的道德观。这种道德观把幸福看作道德的经验前提，是肤浅的；而在《易经》中，恰恰是'利'成为守德的自然结果，似乎是'天意'对于守德者的一种嘉许。似乎作者正是在无数次的经验事实中认识到了这一客观规律……在《易经》出现数十个世纪以后，马克思对人类未来的憧憬与我们的祖先对人类童年时代的朦胧感悟是如此惊人相似和不谋而合。"②

二是中国传统辩证智慧与马克思主义唯物辩证法都将思维方法付诸行动，具有强烈的实践性。马克思主义哲学区别于以往西方哲学的重要特

---

① 刘森林：《辩证法的现实性与开放性》，《光明日报》2016 年 3 月 30 日，第 14 版。
② 王晓华：《贞德与道——读〈易〉随感》，载安阳周易研究会、安阳周易专修学院《第九届周易与现代化国际学术讨论会论文汇编》（1998 年），转引自张今、罗翊重著《东方辩证法》，河南大学出版社，2002，第 481～482 页、485 页。

征，就是它的实践性。作为无产阶级改造旧世界、建设新世界的科学方法论，马克思主义唯物辩证法在批判西方传统哲学注重纯思维领域的活动而与实践相脱离缺陷的同时，将哲学导向了人们的生产实践和革命实践，使其对社会实践起到指导作用。马克思指出："理论的对立本身的解决，只有通过实践方式，只有借助于人的实践力量，才是可能的；因此，这种对立的解决决不只是认识的任务，而是一个现实生活的任务，而哲学未能解决这个任务，正因为哲学把这仅仅看作理论的任务。"① 他还指出："人的思维是否具有客观的真理性，这并不是一个理论的问题，而是一个实践的问题。人应该在实践中证明自己思维的真理性，即自己思维的现实性和力量，亦即自己思维的此岸性。"② 马克思、恩格斯始终旗帜鲜明地宣称："我们的任务是要揭露旧世界，并为建立一个新世界而积极工作。"③ 中国传统辩证法由于是身心合一、物我两忘的辩证法，因此特别推崇"知行合一"的原则，它将"道"的实现与主体自身的日常生活与活动融为一体。对此，中国历史上的哲学家、思想家多有论述。中国古老典籍《尚书》中就说，"天之历数在汝躬"。④ 孔子、墨子、荀子、二程等人也都提出了明确的观点。王阳明的"知行合一说"是具有代表性的论述："知者行之始，行者知之成。圣学只一个功夫，知行不可分作两事。"⑤ 在这里，中国传统辩证智慧在实践形式的表述上可能与马克思主义唯物辩证法不完全等同，马克思主义更强调人的社会实践，但二者的哲学思维都具有强烈的实践性，这是显而易见的。而且，注重"知"与人的日常生活实践的结合，也更容易走向"知"、理论与社会实践和革命实践的结合。

---

① 马克思：《1844 年经济学哲学手稿》，载中共中央马克思恩格斯列宁斯大林著作编译局编译《马克思恩格斯全集》（第四十二卷），人民出版社，1979，第 127 页。

② 马克思：《关于费尔巴哈的提纲》，载中共中央马克思恩格斯列宁斯大林著作编译局编译《马克思恩格斯全集》（第三卷），人民出版社，1960，第 3 页。

③ 马克思：《M 致 R》（马克思致卢格——编者注），载中共中央马克思恩格斯列宁斯大林著作编译局编译《马克思恩格斯全集》（第一卷），人民出版社，1956，第 414 页。

④ 《尚书·大禹谟》，载李民、王健撰《尚书译注》，上海古籍出版社，2004，第 32 页。

⑤ （明）王阳明撰《传习录·陆澄录》，于自力、孔薇、杨骅骁注译，中州古籍出版社，2008，第 62 页。

（6）人本主义精神的彰显

马克思主义唯物辩证法在思考问题时，总是以强烈的人本主义精神，探讨如何将人从被异化、物化的现实环境中解脱出来，成为掌握自身命运的人，成为自由发挥自身的创造力和能量而创造新世界的人。马克思指出："共产主义是私有财产即人的自我异化的积极的扬弃，因而是通过人并且为了人而对人的本质的真正占有；因此，它是人向自身、向社会的（即人的）人的复归"，"这种共产主义，作为完成了的自然主义，等于人道主义"。① 马克思在 1843 年致卢格的信中说："君主政体的原则总的来说就是轻视人，蔑视人，使人不成其为人"，"这种制度的原则就是使世界不成其为人的世界"，"世界于是成为'庸人的世界''政治动物的世界'"。②

中国哲学竭力高扬人的主体性的命题，在古老典籍《周易》中也已经充分体现。《周易》作为一部以占筮为主要目的之书，乃是使人类能够趋吉避凶或逢凶化吉，从而使有限的生命能够在无限的时空中闪现出更加耀眼的光彩。如前所述，中国哲学的人本主义精神，强调人的主体性和有为精神的发挥，强调社会之中的每一个个体都是在追求崇高价值的过程中从自在到自为的主体，相信"人皆可以为尧舜"。③ 后世思想家对此多有论述，扬雄的"天地之所贵曰生，物之所尊曰人"，④ 朱熹的"惟人之生乃得其气之正且通者，而其性为最贵"，⑤ 都是"以人为本"的人文主义精神的彰显。而如前所述，中国的人文主义精神并不以人为宇宙万物的"太上皇"自居，进而向自然毫无顾忌地任意索取，它是以人的修养为中心而打通天人之际，具有整体性眼光，有一种向内下功夫、具有内在超越性的"与天地合其德""厚德载物"的精神境界。因此，这种人文主义正

① 马克思：《1844 年经济学哲学手稿》，载中共中央马克思恩格斯列宁斯大林著作编译局编译《马克思恩格斯全集》（第四十二卷），人民出版社，1979，第 120 页。
② 马克思：《M 致 R》（马克思致卢格——编者注），载中共中央马克思恩格斯列宁斯大林著作编译局编译《马克思恩格斯全集》（第一卷），人民出版社，1956，第 411、410 页。
③ 《孟子·告子下》，载杨伯峻译注《孟子译注》，中华书局，2010，第 255 页。
④ 扬雄：《太玄集注卷第九·玄文》，载（汉）扬雄撰、（宋）司马光集注、刘绍军点校《太玄集注》，中华书局，1998，第 208 页。
⑤ 朱熹：《大学或问》，载朱杰人等主编《朱子全书》（第六册），上海古籍出版社、安徽教育出版社，2002，第 507 页。

是当今发展生态文明所需的，也与马克思主义的生态文明观相符合。当然，中国在恪守自身浓郁的人文主义传统而走向大国发展之路的同时，应当并且也正在将发展科学技术放在重要的位置，力求以科学发达和人文彰显的同时并举走出一条符合国情的崛起之路。在此方面，马克思主义唯物辩证法历来强调科学主义和人文主义的结合与统一，对我们有指导性意义。

正是中国传统辩证智慧与马克思主义唯物辩证法有诸多相通之处，中华文化才具有适合马克思主义中国化的深厚土壤，才能与马克思主义相交融使自身实现当代的创造性转化，从而发挥出其极大的正向功能。

总之，上述探讨的内容也都可以融入《中原文化基础读本》的教材之中。

（三）使学生深刻理解：马克思主义同中华民族的独立与发展息息相关

2018 年 5 月 4 日，习近平总书记在纪念马克思诞辰 200 周年大会上的讲话中，其中有一大段话精辟地阐释了马克思主义同中华民族争取独立的命运、同中国特色社会主义发展的关系。这段话应该能够进一步加深学生对马克思主义同中华民族独立与发展息息相关之关系的理解。

习近平总书记指出："马克思主义不仅深刻改变了世界，也深刻改变了中国。中华民族在几千年的历史进程中创造了灿烂的中华文明，为人类文明进步作出了重大贡献。1840 年鸦片战争以后，西方列强凭着坚船利炮野蛮轰开了中国的大门，中华民族陷入内忧外患的悲惨境地。帝国主义的野蛮侵略和中国人民的深重苦难引起了马克思高度关注。第二次鸦片战争期间，马克思撰写了十几篇关于中国的通讯，向世界揭露西方列强侵略中国的真相，为中国人民伸张正义。马克思、恩格斯高度肯定中华文明对人类文明进步的贡献，科学预见了'中国社会主义'的出现，甚至为他们心中的新中国取了靓丽的名字——'中华共和国'。"

"近代以后，争取民族独立、人民解放和实现国家富强、人民幸福就成为中国人民的历史任务。在旧式的农民战争走到尽头，不触动封建根基的自强运动和改良主义屡屡碰壁，资产阶级革命派领导的革命和西方资本主义的其他种种方案纷纷破产的情况下，十月革命一声炮响，为中国送来了马克思列宁主义，给苦苦探寻救亡图存出路的中国人民指明了前进方向、提供了全新选择。在这个历史大潮中，一个以马克思主义为指导、一个勇担民族复兴历史大任、一个必将带领中国人民创造人间奇迹的马克思主义政党——中国共产党应运而生。中国共产党诞生后，中国共产党人把马克思主义基本原理同中国革命和建设的具体实际结合起来，团结带领人民经过长期奋斗，完成新民主主义革命和社会主义革命，建立起中华人民共和国和社会主义基本制度，进行了社会主义建设的艰辛探索，实现了中华民族从东亚病夫的形象到站起来的伟大飞跃。这一伟大飞跃以铁一般的事实证明，只有社会主义才能救中国！"

"改革开放以来，中国共产党人把马克思主义基本原理同中国改革开放的具体实际结合起来，团结带领人民进行建设中国特色社会主义新的伟大实践，使中国大踏步赶上了时代，实现了中华民族从站起来到富起来的伟大飞跃。这一伟大飞跃以铁一般的事实证明，只有中国特色社会主义才能发展中国！"

"在新时代，中国共产党人把马克思主义基本原理同新时代中国具体实际结合起来，团结带领人民进行伟大斗争、建设伟大工程、推进伟大事业、实现伟大梦想，推动党和国家事业取得全方位、开创性历史成就，发生深层次、根本性历史变革，中华民族迎来了从富起来到强起来的伟大飞跃。这一伟大飞跃以铁一般的事实证明，只有坚持和发展中国特色社会主义才能实现中华民族伟大复兴！"

"实践证明，马克思主义的命运早已同中国共产党的命运、中国人民的命运、中华民族的命运紧紧连在一起，它的科学性和真理性在中国得到了充分检验，它的人民性和实践性在中国得到了充分贯彻，它的开放性和时代性在中国得到了充分彰显！实践还证明，马克思主义为中国革命、建设、改革提供了强大思想武器，使中国这个古老的东方大国创造了人类历史上前所未有的发展奇迹。历史和人民选择马克思主义是完全正确的，中国共产党把马克思主义写在自己的旗帜上是完全正确的，坚持马克思主义基本原理同中国具体实际相结合、不断推进马克思主义中国化时代化是完全正确的！"

"可以告慰马克思的是，马克思主义指引中国成功走上了全面建设社会主义现代化强国的康庄大道，中国共产党人作为马克思主义的忠诚信奉者、坚定实践者，正在为坚持和发展马克思主义而执着努力！"①

习近平总书记的这几段话有着非常丰富的容量与内涵，概括了近代以来马克思主义对中华民族争取独立和走中国特色社会主义道路的深刻影响，这是需要有血有肉、生动地向学生进行阐释，让学生深刻理解的。

三　夺取反腐败斗争的压倒性胜利是提升思政教育效果的根本性条件

之所以把夺取反腐败斗争的压倒性胜利作为提升思想政治教育效果的根本性条件列入"对策与建议"之中，是因为虽然说反腐败斗争已不纯粹是教育领域内的事情（当然也涉及教育领域的反腐败问题），而是涉及重大的政治性问题，涉及整个国家生死存亡的大问题，但也正是因为如此，这一问题直接关系到高校思想政治教育的有效性问题。书本中的高深而系统的知识和理论，应该得到政治实践、社会实践的有力配合与佐证，否则理论将显得苍白无力，失去充分的说服力。高校的学生是具有一定的理论知识基础和判断能力、独立思维能力的青年人，他们不会仅仅囿于对课本知识的背诵上，而往往会将理论知识的学习与社会现实相联系、相挂钩，若感到理论与现实不符，那么对理论的学习和接受就会大打折扣，从而降低理论学习的有效性。针对该问题进行的问卷调研，也恰恰给予了有力的说明。

在河南省高校思想政治教育调查问卷中，对于第30题"你认为，当前高校思想政治教育存在问题的原因是"，学生的选择依次为："思想政治教育的吸引力不足"（53.5%）、"社会环境复杂"（48.7）、"思想政治

---

① 《在纪念马克思诞辰200周年大会上的讲话》，http：//cpc.people.com.cn/n1/2018/0504/c64094-29966126.html。

教育不能内化于心"（48.5%）、"网络对思想政治意识的淡化"（45.6%）、"外来文化对价值观的冲击"（41.8%）、"对思想政治教育不够重视"（33.8%）、"校园风气不良"（23.1%）、"教师队伍建设不够"（13.5%）、"其他"（0.9%）。可见，选择"社会环境复杂"的比例在9个选项中居第二位，仅次于第一位的"思想政治教育的吸引力不足"。当然，社会环境复杂并不仅局限于官场的腐败，而且牵扯到一系列问题，但官场的腐败恐怕是根源性的问题。这一问题的存在，对青年人的认知具有较强烈的冲击力。

在提供给学生的有关高校社会主义核心价值观培育与践行情况的调研问卷中，对于第4题"你认为，影响大学生确立社会主义核心价值观的最主要原因是"，学生的选择依次是："网络信息时代各种媒体传播负面信息的作用和影响"（71.9%）、"腐败现象、不正之风的影响"（64.5%）、"当代大学生自身存在的弱点"（51.4%）、"理论上的社会主义核心价值观与现实反差太大"（47.4%）、"全球化背景下西方价值观念的渗透和冲击"（46.1%）、"家庭教育的缺失"（34.5%）、"学校价值观教育效果不好"（23.2%）、"遵循社会主义核心价值观，在现实生活中会吃亏"（18.7%）。由上可知，学生选择"腐败现象、不正之风的影响"的达64.5%，在8个选项中居第二位，说明学生对此的感触是相当大的，应当引起包括教育部门在内的全社会的重视。

在提供给学生的第6题"你对下列问题的关注程度"中，若把"非常关注""比较关注"两项的选择相加，那么学生的选择依次是："大学生就业"（52.1% + 35.9% = 88.0%）、"社会道德现状"（36.0% + 47.2% = 83.2%）、"教育平等"（39.6% + 42.0% = 81.6%）、"民生问题"（16.0% + 48.3% = 64.3%）、"民族团结"（18.5% + 41.3% = 59.8%）、"反腐倡廉"（18.3% + 40.2% = 58.5%）、"国际关系"（14.1% + 42.2 = 56.3%）。从选择的顺序来看，虽然"反腐倡廉"这一项排序并不靠前，但我们认为学生并非对这一项不关心，而是这几项都属于社会中的热门话题，并且与学生切身利益直接相关的大学生就业、社会道德现状、教育平等、民生问题等，也都与反腐倡廉问题密切相关。因此，学生对此题的选择与前一道题的选择并不矛盾。

在提供给专业教师的有关高校社会主义核心价值观的培育与践行情况的调研问卷中，对于第 5 题"您认为，影响学生学习社会主义核心价值观效果的因素有"，专业教师的选择依次是："社会环境"（71.8%）、"校风、院风、班风"（68.3%）、"学生的积极性"（60.6%）、"教师的积极性"（60.4%）、"教学方式"（53.9%）、"其他"（1.9%）。可见，教师们也认为社会环境是影响学生学习社会主义核心价值观的第一重要因素。这从另一个角度说明了以反腐倡廉斗争为中心的社会环境对学生影响的力度之大，不容我们有丝毫忽略。

另外，在前述对思政教师的访谈中，几位教师所谈的话，也证明了社会大环境对思想政治教育的影响，加大了思政教师教学的难度。还有，在前述的江南大学思政课的经验中也提到，该校马克思主义学院院长张云霞说："十九大召开后，我们曾经做过一次'你最关心的十九大话题'课堂调查，学生课上投票，选出了他们最关心的问题。从统计结果看，'夺取反腐败的压倒性胜利'等成为学生最关注的话题。学生关心的也是课堂关注的，对学生关心的实质性问题进行对接式地回应，彰显了思政课对学生进行思想引领的功能。"

总之，事实一再证明，夺取反腐败斗争的压倒性胜利，或者说绝对性胜利，是提高思想政治教育有效性的根本性条件。在这一过程中，高校所有教师和员工都应当首先从自身做起，严于律己，并善于对学生进行引导。与此同时，更需要在以习近平总书记为核心的党中央的领导下，全社会勠力同心净化社会环境，提升道德素养，严厉惩治腐败，构建公平、公正、充满爱心的和谐社会。

习近平总书记在党的十九大报告中，首先总结了十八大以来反腐倡廉的成就："全面从严治党成效卓著。全面加强党的领导和党的建设，坚决改变管党治党宽松软状况。推动全党尊崇党章，增强政治意识、大局意识、核心意识、看齐意识，坚决维护党中央权威和集中统一领导，严明党的政治纪律和政治规矩，层层落实管党治党政治责任。坚持照镜子、正衣冠、洗洗澡、治治病的要求，开展党的群众路线教育实践活动和'三严三实'专题教育，推进'两学一做'学习教育常态化制度化，全党理想信念更加坚定、党性更加坚强。贯彻新时期好干部标准，选人用人状况和风气明显好转。党的建设制度改革深入推进，党内法规制度体系不断完善。把纪律挺在前面，着力解决人民群众反映最强烈、对党的执政基础威胁最大的突出问题。出台中央八项规定，严厉整治形式主义、官僚主义、享乐主义和奢靡之风，坚决反对特权。巡视利剑作用彰显，实现中央和省级党委巡视全覆盖。坚持反腐败无禁区、全覆盖、零容忍，坚定不移'打虎'、'拍蝇'、'猎狐'，不敢腐的目标初步实现，不能腐的笼子越扎越牢，不想腐的堤坝正在构筑，反腐败斗争压倒性态势已经形成并巩固发展。""五年来，我们勇于面对党面临的重大风险考验和党内存在的突出问题，以顽强意志品质正风肃纪、反腐惩恶，消除了党和国家内部存在的严重隐患，党内政治生活气象更新，党内政治生态明显好转，党的创造力、凝聚力、战斗力显著增强，党的团结统一更加巩固，党群关系明显改善，党在革命性锻造中更加坚强，焕发出新的强大生机活力，为党和国家事业发展提供了坚强政治保证。"与此同时，习近平总书记又进一步提出了今后反腐倡廉的重大任务："我们党要始终成为时代先锋、民族脊梁，始终成为马克思主义执政党，自身必须始终过硬。全党要更加自觉地坚定党性原则，勇于直面问题，敢于刮骨疗毒，消除一切损害党的先进性和纯洁性的因素，清除一切侵蚀党的健康肌体的病毒，不断增强党的政治领导力、思想引领力、群众组织力、社会号召力，确保我们党永葆旺盛生命力和强大战斗力。""坚持全面从严治党。勇于自我革命，从严管党治党，是我们党最鲜明的品格。必须以党章为根本遵循，把党的政治建设摆在首位，思想建党和制度治党同向发力，统筹推进党的各项建设，抓住'关键少数'，坚持'三严三实'，坚持民主集中制，严肃党内政治生活，严明党的纪律，强化党内监督，发展积极健康的党内政治文化，全面净化党内政治生态，坚决纠正各种不正之风，以零容忍态度惩治腐败，不断增强党自我净化、自我完善、自我革新、自我提高的能力，始终保持党同人民群众的血肉联系。""全面从严治党永远在路上。一个政党，一个政权，其前途命运取决于人心向背。人民群众反对什么、痛恨什么，我们就要坚决防范和纠正什么。全党要清醒认识到，我们党面临的执政环境是复杂的，影响党的先进性、弱化党的纯洁性的因素也是复杂的，党内存在的思想不纯、组织不纯、作风不纯等突出问题尚未得到根本解决。要深刻认识党面临的执政考验、改革开放考验、市场经济考验、外部环境考验的长期性和复杂性，深刻认识党面临的精神懈怠危险、能力不足危险、脱离群众危险、消极腐败危险的尖锐性和严峻性，坚持问题导向，保持战略定力，推动全面从严治党向纵深发展。""夺取反腐败斗争压倒性胜利。人民群众最痛恨腐败现象，腐败是我们党面临的最大威胁。只有以反腐败永远在路上的坚韧和执着，深化标本兼治，保证干部清正、政府清廉、政治清明，才能跳出历史周期率，确保党和国家长治久安。当前，反腐败斗争形势依然严峻复杂，巩固压倒性态势、夺取压倒性胜利的决心必须坚如磐石。要坚持无禁区、全覆盖、零容忍，坚持重遏制、强高压、长震慑，坚持受贿行贿一起查，坚决防止党内形成利益集团。在市县党委建立巡察制度，加大整治群众身边腐败问题力度。不管腐败分子逃到哪里，都要缉拿归案、绳之以法。推进反腐败国家立法，建设覆盖纪检监察系统的检举举报平台。强化不敢腐的震慑，扎牢不能腐的笼子，增强不想腐的自觉，通过不懈努力换来海晏河清、朗朗乾坤。""要加强对权力运行的制约和监督，让人民监督权力，让权力在阳光下运行，把权力关进制度的笼子。"[①]总之，习近平总书记在中国共产党第十九次全国代表大会上的报告提振了全体人民反腐败斗争的决心和信心，明确了反腐败斗争的方向和目标，增强了反腐败斗争的勇气和底气，这对于提升高校思想政治教育的有效性有极大的助推作用。

高校思想政治教育工作永远在路上。培养青年一代成长成才的立德树人的责任和义务任重而道远。我们的研究只是产生了阶段性成果，随着时代的发展、认知的深化、研究方法和手段的进一步科学化，研究将更上一层楼，将拿出更具实效、史切实际的措施与方法。我们的目的只有一个：培养青年一代健康成长成才，使其能担负起中华民族伟大复兴的历史和时代重任。

在此，借用习近平总书记在党的十九大报告中的一段话结束本书的内容："青年兴则国家兴，青年强则国家强。青年一代有理想、有本领、有

[①] 《在中国共产党第十九次全国代表大会上的报告》，https：//news. sina. com. cn/o/2017 - 10 - 18/doc - ifymyyxw3516456. shtml。

担当，国家就有前途，民族就有希望。中国梦是历史的、现实的，也是未来的；是我们这一代的，更是青年一代的。中华民族伟大复兴的中国梦终将在一代代青年的接力奋斗中变为现实。全党要关心和爱护青年，为他们实现人生出彩搭建舞台。广大青年要坚定理想信念，志存高远，脚踏实地，勇做时代的弄潮儿，在实现中国梦的生动实践中放飞青春梦想，在为人民利益的不懈奋斗中书写人生华章！"①

①《在中国共产党第十九次全国代表大会上的报告》，https：//news. sina. com. cn/o/2017 – 10 – 18/doc – ifymyyxw3516456. shtml。

附　录

附录为高校思想政治教育调查和高校培育和践行社会主义核心价值观专题调查的六套问卷。

1. 高校思想政治教育调查问卷
2. 大学生社会主义核心价值观认同感量表（试测版、正式施测版）
3. 高校培育和践行社会主义核心价值观情况调研问卷（学生版）
4. 大学生中华优秀传统文化知识测验问卷
5. 高校培育和践行社会主义核心价值观调查问卷（思政人员版）
6. 高校培育和践行社会主义核心价值观调查问卷（专业教师版）

附录1　高校思想政治教育调查问卷

亲爱的同学：

你好！欢迎你参加高校思想政治教育情况调查。请按真实情况在下列各题相应的选项上划"√"号（有些问题已注明可多选）。问卷匿名保密，回答没有对错好坏，仅供科研使用，请放心作答。非常感谢你对本研究的支持！

课题组

2017 年 9 月

一、性别（　） 　　　　1. 男　2. 女

二、年级（　）

本科生：1. 大一　　　2. 大二　　　3. 大三　　　　4. 大四

硕士生：1. 硕一　　　2. 硕二　　　3. 硕三

博士生：1. 博一　　　2. 博二　　　3. 博三及以上

三、政治面貌（　）

1. 中共党员　　　2. 共青团员　　　3. 其他

四、专业类别（　）

1. 人文社科　　　2. 理工农医　　　3. 体育艺术

4. 军警国防　　　5. 其他

五、生源地（　）

1. 农村　　　　　2. 中小城市（县城、地级市）

3. 大城市（省会级城市）

六、是否学生干部（　）　　1. 是　2. 否

七、是否独生子女（　）　　1. 是　2. 否

八、学校名称（　　　　　　　　　　　　　　）

1. 你所接受的思想政治教育的内容有（此题可多选）：

A. 政治教育　　　B. 道德素质　　　C. 法制观念

D. 心理健康　　　E. 传统文化　　　F. 爱国主义

G. 价值观、世界观、人生观

2. 你认为，你所接受的思想政治教育对提高大学生道德素质的作用：

A. 非常大　　　　　　　　　B. 较大

C. 一般　　　　　　　　　　D. 较小

3. 你认为，你所接受的思想政治教育对增强大学生法制观念的作用：

A. 非常大　　　　　　　　　B. 较大

C. 一般　　　　　　　　　　D. 较小

4. 你认为，你所接受的思想政治教育对提高大学生心理素质的作用：

A. 非常大　　　　　　　　　B. 较大

C. 一般　　　　　　　　　　D. 较小

5. 你认为，你所接受的思想政治教育对大学生树立人生观、价值观、世界观的作用：

    A. 非常大   B. 较大

    C. 一般   D. 较小

6. 你认为，你所接受的思想政治教育对大学生了解国家政策、方针的作用：

    A. 非常大   B. 较大

    C. 一般   D. 较小

7. 你认为，你所接受的思想政治教育对大学生有哪些帮助（此题可多选）：

    A. 提高道德素养   B. 增强爱国意识和民族自豪感

    C. 增强法制观念   D. 完善人生观、价值观、世界观

    E. 促进心理健康   F. 继承和弘扬中华优秀传统文化

    G. 提高思想政治水平   H. 其他（请写出来）＿＿＿＿＿＿

8. 你认为，当今大学生的道德素质状况：

    A. 整体非常好   B. 整体较好

    C. 整体一般   D. 整体较差

9. 你认为，你所在学校辅导员、党团部门老师与学生的关系是：

    A. 关系亲密，注重帮助学生成长

    B. 关系一般，主要在于布置工作、传达文件、组织活动

    C. 关系淡漠，交流少

    D. 关系较差，学生有抵触情绪

10. 上思政课时，老师的授课内容中能否结合社会现实问题：

    A. 经常结合   B. 较多结合

    C. 很少结合   D. 从未提及

11. 上思政课时，有多少老师对你所表达的个人观点予以尊重：

    A. 大多数老师   B. 部分老师

    C. 少数老师   D. 未表达过个人观点

12. 你认为，当前高校思想政治课的教学目的主要是：

    A. 提高学生思想政治素质   B. 传授思政课本的知识

    C. 提升学生道德修养   D. 完成教育主管部门任务

13. 你认为，你所在学校的思想政治课的内容编排是否合理：

    A. 非常合理   B. 比较合理

    C. 不太合理   D. 非常不合理

14. 你在学校思想政治课上的学习情况是：

    A. 积极主动地理解老师教授的内容

    B. 遇到自己喜欢的内容会认真听

    C. 被动听课，为了应付考试

    D. 在课上做其他事情，考前突击

    E. 经常逃课，考前突击

    F. 对于上课和考试都无所谓

15. 你认为，激发思想政治课学习积极性的因素有（此题可多选）：

    A. 课程内容丰富，兼顾趣味性

    B. 课程知识对自己有用

    C. 课堂环境宽松，与学生互动灵活

    D. 任课老师语言具有艺术性，课堂不枯燥

    E. 任课老师个人魅力

    F. 教育手段多样化

    G. 老师考前会划重点，给分高

    H. 其他（请写出来）＿＿＿＿＿＿＿＿

16. 上思政课时，老师是否涉及中国传统文化：

    A. 非常多涉及   B. 较多涉及

    C. 较少涉及   D. 没有涉及

17. 你所在高校的校园文化建设中有否涉及中国传统文化：

    A. 非常多涉及   B. 较多涉及

    C. 较少涉及   D. 没有涉及

18. 你认为，我国优秀传统文化与思想政治教育之间的关系是（此题可多选）：

    A. 我国优秀传统文化为思想政治教育提供大量史料

    B. 我国优秀传统文化为思想政治教育提供民族精神传承的土壤

    C. 我国优秀传统文化促进思想政治教育的创新

    D. 思想政治教育应当与我国优秀传统文化融为一体

19. 你认为，优秀传统文化融入思想政治教育创新的途径有（此题可多选）：

A. 营造校园环境   B. 加强课程建设

C. 举办各种主题活动   D. 充分利用新媒体

E. 其他（请写出来）_____

20. 你参加学校组织的思想政治教育活动情况是：

A. 经常   B. 较多

C. 一般   D. 较少

21. 你所在学校进行思想政治教育的主要途径有（此题可多选）：

A. 思政课程   B. 党团活动

C. 年级或班会   D. 社会实践活动

E. 网络   F. 讲座

G. 其他（请写出来）_____

22. 你更愿意接受的思想政治教育途径是（此题可多选）：

A. 思政课程   B. 党团活动

C. 年级或班会   D. 社会实践活动

E. 网络   F. 讲座

G. 其他（请写出来）_____

23. 你所在学校的思政课老师的授课方式通常有（此题可多选）：

A. 以讲授课本内容为主

B. 能结合实例或补充资料讲授

C. 组织课堂讨论

D. 经常让学生授课

E. 组织课堂游戏或其他活动

F. 组织观看视频资料

G. 其他（请写出来）_____

24. 你所在学校开设的网络平台对于思想政治教育的宣传频次：

A. 非常多   B. 较多

C. 一般   D. 较少

25. 你对所在学校进行的党团活动的看法是：

A. 高效且有意义   B. 尚可接受

C. 枯燥，浪费时间　　　　　D. 无所谓，不关心

26. 你对所在学校思想政治教育组织的实践活动的看法是：

　　A. 非常有意义　　　　　　B. 比较有意义

　　C. 一般　　　　　　　　　D. 意义不大

27. 你认为，当前思想政治教育在你的大学学习生活中占有的地位：

　　A. 非常重要　　　　　　　B. 比较重要

　　C. 一般　　　　　　　　　D. 可有可无

28. 你认为，思想政治教育工作者是否需要学习心理辅导的知识技能：

　　A. 非常需要　　　　　　　B. 比较需要

　　C. 有一定需要　　　　　　D. 无所谓

29. 你认为，当前高校思想政治教育中存在的问题主要有（此题可多选）：

　　A. 缺乏良好的社会环境　　B. 缺乏浓厚的校园氛围

　　C. 脱离学生实际需要　　　D. 不考虑学生个体差异

　　E. 内容枯燥乏味　　　　　F. 学生参与度不高

　　G. 教师队伍水平不一　　　H. 教育过程流于形式

　　I. 其他（请写出来来）＿＿＿＿＿＿＿

30. 你认为，当前高校思想政治教育存在问题的原因是（此题可多选）：

　　A. 校园风气不良　　　　　B. 社会环境复杂

　　C. 网络对思想政治意识的淡化　D. 外来文化对价值观的冲击

　　E. 思想政治教育不能内化于心　F. 对思想政治教育不够重视

　　G. 思想政治教育的吸引力不足　H. 教师队伍建设不够

　　I. 其他（请写出来）＿＿＿＿＿＿＿

31. 你认为，目前大学生群体普遍存在的不足有：（此题可多选）：

　　A. 心理素质较差　　　　　B. 缺乏集体意识

　　C. 缺乏责任感　　　　　　D. 适应能力差

　　E. 社会经验不足　　　　　F. 道德观念淡薄

　　G. 自我中心　　　　　　　H. 缺乏艰苦奋斗精神

　　I. 价值取向偏离　　　　　J. 理想信念缺乏

　　K. 其他（请写出来）＿＿＿＿＿＿＿

请对以下方面进行整体评分，1～10 分表明从差到好的情况：

32. 请对当前高校思政教育的内容进行整体评分：1 2 3 4 5 6 7 8 9 10

33. 请对当前高校思政教育的方式进行整体评分：1 2 3 4 5 6 7 8 9 10

34. 请对当前高校思政教育工作者进行整体评分：1 2 3 4 5 6 7 8 9 10

35. 你对当前高校的思想政治教育工作有什么建议？（请简要写出来）

附录2　大学生社会主义核心价值观认同感量表
（试测版、正式施测版）

附录2（1）　大学生社会主义核心价值观认同感量表（试测版）

指导语：

您好！以下是一些有关态度和行为的陈述。请仔细阅读每项陈述，看看你是否赞同。请逐题在相应的选项（1 = 非常不同意；2 = 有点不同意；3 = 中立；4 = 有点同意；5 = 非常同意）上划"√"，表明你同意该看法的程度。问卷匿名保密，仅作科学研究使用。敬请如实表达你的看法。回答无所谓对错好坏，请第一反应作答。

1	我国的经济发展健康快速，充满希望；	1	2	3	4	5
2	国民的生活水平稳步提升；	1	2	3	4	5
3	我国有实力维护国家领土主权；	1	2	3	4	5
4	航天事业体现了我们强大的综合国力；	1	2	3	4	5
5	我国有能力应对全球化带来的影响和冲击；	1	2	3	4	5
6	成功举办奥运会等国际赛事展现国家影响力；	1	2	3	4	5
7	我国有应对重大自然灾害的能力；	1	2	3	4	5
8	我国医疗卫生保障达到较高水平；	1	2	3	4	5
9	国家事务按照少数服从多数的原则进行决策；	1	2	3	4	5
10	我国的民主党派发挥了参政议政的职能；	1	2	3	4	5
11	各级组织能营造各抒己见的氛围；	1	2	3	4	5
12	各级组织的信息公开及时、准确；	1	2	3	4	5
13	公民的监督权和知情权得到了保障；	1	2	3	4	5
14	村委会（居委会）发挥出其应有的作用；	1	2	3	4	5
15	国民教育水平居于世界前列；	1	2	3	4	5

16	国民生活中经常使用礼貌用语；	1	2	3	4	5
17	我国保护了传统文化的精粹；	1	2	3	4	5
18	当今社会能够弘扬传统美德；	1	2	3	4	5
19	金钱是万能的；	1	2	3	4	5
20	多数国民能文明出游；	1	2	3	4	5
21	国民整体素质达到较高水平；	1	2	3	4	5
22	多数国民能遵守公共秩序。	1	2	3	4	5
23	我们有稳定安全的社会环境；	1	2	3	4	5
24	我国各个民族能友好和谐相处；	1	2	3	4	5
25	我国注重保护弱势人群的权益；	1	2	3	4	5
26	我的周围很少出现重大的不良社会事件；	1	2	3	4	5
27	保护环境与发展经济同等重要；	1	2	3	4	5
28	大多数人没有地域偏见；	1	2	3	4	5
29	我国环境保护问题日益突出。	1	2	3	4	5
30	国家新闻出版广电总局应该对影视作品进行审核；	1	2	3	4	5
31	禁止违反道德规范的行为艺术；	1	2	3	4	5
32	每个人对自己的言论负责；	1	2	3	4	5
33	媒体有权利进行完全没有限制的报道；	1	2	3	4	5
34	公民有权利做任何不违法的事；	1	2	3	4	5
35	我国社会尊重个人的爱情自由；	1	2	3	4	5
36	我国尊重国民的宗教信仰。	1	2	3	4	5
37	我国城乡差距正在逐渐缩小；	1	2	3	4	5
38	我国保障了城市外来务工人员的权利；	1	2	3	4	5
39	"男主外、女主内"的观念是合理的；	1	2	3	4	5
40	男性和女性享有同样的就业机会；	1	2	3	4	5
41	我国的穷人和富人在社会中是平等的；	1	2	3	4	5
42	大龄单身女青年承受更多社会压力；	1	2	3	4	5
43	任何人都有使用公用设施的权利；	1	2	3	4	5
44	凭借自己的实力就可以获得理想的工作；	1	2	3	4	5
45	我国司法机关能够维护法律的尊严；	1	2	3	4	5
46	见义勇为的人常常没有受到应有的尊重和褒奖；	1	2	3	4	5
47	人们获得的报酬与他们的劳动成果相匹配；	1	2	3	4	5
48	任人唯亲的现象十分普遍；	1	2	3	4	5
49	我国能够公正分配教育资源；	1	2	3	4	5
50	我国注重保护知识产权。	1	2	3	4	5
51	没有规矩,不成方圆；	1	2	3	4	5
52	我国的法律体系非常完善；	1	2	3	4	5

53	我国法律对犯罪行为有足够威慑力；	1	2	3	4	5
54	我国的法制观念尚未深入人心；	1	2	3	4	5
55	我愿意通过法律途径维护自己的权利；	1	2	3	4	5
56	天网恢恢,疏而不漏。	1	2	3	4	5
57	我为中国长达 5000 年悠久的历史文化感到自豪；	1	2	3	4	5
58	任何人都不能侮辱或损害国旗和国徽；	1	2	3	4	5
59	个人的一言一行都代表着国家形象；	1	2	3	4	5
60	我反感"台独""藏独"等言论；	1	2	3	4	5
61	我对有损国家形象的行为和言论感到愤怒；	1	2	3	4	5
62	激进的爱国行为(如:打砸日本汽车)是可以理解的；	1	2	3	4	5
63	我对于那些买日货的国民不抱好感；	1	2	3	4	5
64	我们没有忘记历朝历代为国征战的人。	1	2	3	4	5
65	我对学习和工作经常充满激情；	1	2	3	4	5
66	我不允许自己出现迟到或早退的行为；	1	2	3	4	5
67	平凡的岗位也可以创造辉煌；	1	2	3	4	5
68	如果工作需要我牺牲个人利益,我会感觉很愤怒；	1	2	3	4	5
69	我不能容忍工作出现失误；	1	2	3	4	5
70	工作失职的责任由相关个人承担；	1	2	3	4	5
71	遵守职业道德是各行业的底线；	1	2	3	4	5
72	认真工作的人值得尊敬。	1	2	3	4	5
73	言必信,行必果；	1	2	3	4	5
74	不守时是一件小事儿,影响不大；	1	2	3	4	5
75	我喜欢和实话实说的人交往；	1	2	3	4	5
76	我国建立了严格的制度以惩戒弄虚作假；	1	2	3	4	5
77	"缺斤少两"是个大问题；	1	2	3	4	5
78	我国的市场经济具有契约精神；	1	2	3	4	5
79	造假行为是可耻的。	1	2	3	4	5
80	我不会轻易迁怒别人；	1	2	3	4	5
81	多数人都会在别人需要帮助的时候伸出援手；	1	2	3	4	5
82	真诚对待他人会使自己容易受到伤害；	1	2	3	4	5
83	我愿意给流浪动物以力所能及的帮助；	1	2	3	4	5
84	即使很累,我也愿意给老弱病残孕让座；	1	2	3	4	5
85	陌生人我也经常报以微笑；	1	2	3	4	5
86	我会怀疑乞讨者的真实性；	1	2	3	4	5
87	大部分国民都是心怀善意的。	1	2	3	4	5

附录2（2）大学生社会主义核心价值观认同感量表（正式施测版）

亲爱的同学：

你好！欢迎你参加国家社会科学基金教育学重大课题的调研。问卷匿名保密，回答没有对错好坏，仅作科研使用，请如实表达你的看法。非常感谢你对本研究的支持！

课题组

2017 年 7 月

一、性别（　　）　　　　1. 男　2. 女

二、学生干部（　　）　1. 是　2. 否

三、独生子女（　　）　1. 是　2. 否

四、年级（　　）

本科生：1. 大一　2. 大二　3. 大三　4. 大四

硕士生：1. 硕一　2. 硕二　3. 硕三

博士生：1. 博一　2. 博二　3. 博三及以上

五、专业类别（　　）

1. 人文社科　2. 理工农医　3. 体育艺术　4. 军警国防　5. 其他

六、生源地（　　）

1. 农村　2. 中小城市（县城、地级市）　3. 大城市（省会级城市）

七、政治面貌（　　）

1. 中共党员　2. 共青团员　3. 其他

八、学校名称（　　　　　　　　　　　　）

指导语：

以下是一些有关态度和行为的陈述，请仔细阅读每项陈述，看你是否赞同。请逐题在相应的选项（1 = 完全不同意；2 = 比较不同意；3 = 中立；4 = 比较同意；5 = 完全同意）上划"√"，表明你同意该看法的程度。请第一反应作答，谢谢！

序号	内容	同意程度 （在相应数字上划"√"）				
		完全不 同意	比较不 同意	中立	比较 同意	完全 同意
1	我们有稳定安全的社会环境。	1	2	3	4	5
2	国家新闻出版广电总局应该对影视作品进行审核。	1	2	3	4	5
3	我对学习和工作经常充满激情。	1	2	3	4	5
4	我国各个民族能友好和谐相处。	1	2	3	4	5
5	禁止违反道德规范的行为艺术。	1	2	3	4	5
6	言必信，行必果。	1	2	3	4	5
7	我国有实力维护国家领土主权。	1	2	3	4	5
8	我国保障了城市外来务工人员的权利。	1	2	3	4	5
9	任何人都不能侮辱或损害国旗和国徽。	1	2	3	4	5
10	我国各级组织能营造各抒己见的氛围。	1	2	3	4	5
11	每个人对自己的言论负责。	1	2	3	4	5
12	我不允许自己出现迟到或早退的行为。	1	2	3	4	5
13	航天事业体现了我们强大的综合国力。	1	2	3	4	5
14	男性和女性享有同样的就业机会。	1	2	3	4	5
15	多数人都会在别人需要帮助的时候伸出援手。	1	2	3	4	5
16	我国各级组织的信息公开及时、准确。	1	2	3	4	5
17	在我国，人们获得的报酬与他们的劳动成果相匹配。	1	2	3	4	5
18	个人的一言一行都代表着国家形象。	1	2	3	4	5
19	我国有能力应对全球化带来的影响和冲击。	1	2	3	4	5
20	我国的穷人和富人在社会中是平等的。	1	2	3	4	5
21	平凡的岗位也可以创造辉煌。	1	2	3	4	5
22	我国公民的监督权和知情权得到了保障。	1	2	3	4	5
23	我愿意通过法律途径维护自己的权利。	1	2	3	4	5
24	我反感"台独""藏独"等言论。	1	2	3	4	5
25	我国成功举办奥运会等国际赛事展现国家影响力。	1	2	3	4	5
26	我国社会尊重个人的爱情自由。	1	2	3	4	5
27	我对有损国家形象的行为和言论感到愤怒。	1	2	3	4	5
28	我国村委会（居委会）发挥出其应有的作用。	1	2	3	4	5
29	我国能够公正分配教育资源。	1	2	3	4	5
30	我不能容忍工作出现失误。	1	2	3	4	5
31	我国多数国民能文明出游。	1	2	3	4	5
32	我国尊重国民的宗教信仰。	1	2	3	4	5
33	"缺斤少两"是个大问题。	1	2	3	4	5
34	我国国民整体素质达到较高水平。	1	2	3	4	5

续表

序号	内容	同意程度（在相应数字上划"√"）				
		完全不同意	比较不同意	中立	比较同意	完全同意
35	任何人都有使用公用设施的权利。	1	2	3	4	5
36	即使很累，我也愿意给老弱病残孕让座。	1	2	3	4	5
37	我国多数国民能遵守公共秩序。	1	2	3	4	5
38	我国注重保护知识产权。	1	2	3	4	5
39	对陌生人我也经常报以微笑。	1	2	3	4	5
40	遵守职业道德是各行业的底线。	1	2	3	4	5
41	我国大部分国民都是心怀善意的。	1	2	3	4	5

附录3 高校培育和践行社会主义核心价值观情况调研问卷（学生版）

下列是有关问题的征询。请你逐题在相应的选项上划"√"号（有些问题已注明可有多个选项）。请第一反应作答，谢谢！

1. 你认为，一个国家具有全民共同认可的核心价值观，形成伦理共识：

   A. 十分必要　　　　　　　　　B. 有一定必要

   C. 无所谓　　　　　　　　　　D. 没有必要

2. 你认为，核心价值观与价值观多元化之间的关系是：

   A. 核心价值观是轴心和根基

   B. 核心价值观只是多元价值观的一种

   C. 二者并行不悖

   D. 二者并无质的区别

3. 你最初是通过哪些途径了解到社会主义核心价值观（此题可多选）：

   A. 电视广播　　　　　　　　　B. 书刊

   C. 网络媒体　　　　　　　　　D. 家人或朋友

   E. 榜样楷模　　　　　　　　　F. 教师

   G. 党团活动　　　　　　　　　H. 其他（请写出来）_____

4. 你认为，影响大学生确立社会主义核心价值观的最主要原因是（此题可多选）：

A. 腐败现象、不正之风的影响

B. 全球化背景下西方价值观念的渗透和冲击

C. 学校价值观教育效果不好

D. 网络信息时代各种媒体传播负面信息的作用和影响

E. 家庭教育的缺失

F. 当代大学生自身存在的弱点

G. 遵循社会主义核心价值观，在现实生活中会吃亏

H. 理论上的社会主义核心价值观与现实反差太大

5. 你认为，你校网站关于社会主义核心价值观内容的更新情况：

A. 更新及时　　　　　　　　B. 更新滞后

C. 从不更新　　　　　　　　D. 不清楚

6. 你对下列问题的关注程度：

项目	非常关注	比较关注	偶尔关注	不关注
国际关系				
民生问题				
反腐倡廉				
民族团结				
大学生就业				
教育平等				
社会道德现状				

7. 你所在学校宣传社会主义核心价值观的主要方式有（此题可多选）：

A. 思政课程　　　B. 党团教育　　　C. 课外实践活动

D. 网络互动　　　E. 读书评论活动　　F. 学生手册和各类评优活动

G. 其他（请写出来）_____　　H. 不清楚

8. 你对当前学校进行的社会主义核心价值观的培育和践行的看法是：

A. 高效且有趣　　B. 尚可接受　　C. 无用且浪费时间

D. 过于形式化　　E. 无所谓，不关心

9. 你认为，要让大学生认同与践行社会主义核心价值观，哪些方面的教育引导更为重要（此题可多选）：

    A. 理想信念   B. 价值取向   C. 社会责任

    D. 诚信意识   E. 团队协作观念   F. 艰苦奋斗精神

    G. 心理素质   H. 其他（请写出来）_____

10. 你愿意通过哪种途径来学习社会主义核心价值观（此题可多选）：

    A. 学校教育   B. 家庭教育   C. 电视广播

    D. 网络学习   E. 社区宣传   F. 实践活动

    G. 其他（请写出来）_____

11. 你认为，在大学生中进行社会主义核心价值观教育的重点是（此题可多选）：

    A. 培养正确的价值观   B. 加强校园文化建设

    C. 建设良好舆论环境   D. 防止西方文化入侵

    E. 宣传法制观念   F. 加强爱国教育

12. 你所在学校的文化氛围对你的影响：

    A. 非常强烈，不可磨灭   B. 影响较大

    C. 有一定影响   D. 没什么影响

13. 你所在学校举行的文化活动中，你印象最深刻的活动是：

    A. 知识竞赛与演讲   B. 志愿者服务活动

    C. 学术讲座

    D. 其他（请写出来）_____

14. 你所在学校在开设通识教育课程方面：

    A. 普遍开设   B. 较多开设

    C. 较少开设   D. 没有开设

15. 若你已选修通识教育课程，你认为该课程对于你整体素养的提升：

    A. 影响非常大   B. 影响比较大

    C. 有一定影响   D. 没有影响

16. 你所在学校开设的微信平台对于中华优秀传统文化的宣传：

    A. 频次较多   B. 频次一般

    C. 偶尔有涉及   D. 尚未涉及

17. 你所在学校关于中华优秀传统文化的宣传有无专家的在线辅导：

    A. 有且经常辅导　　　　　　B. 有，每学期 1～2 次辅导

    C. 有，但不定期地辅导　　　D. 没有开通专家在线辅导

18. 你认为，在高校宣讲和传播中华优秀传统文化的最好方式是：

    A. 通过课堂主渠道　　　　　B. 通过学校或院系组织的各种文化活动

    C. 通过推荐读书活动　　　　D. 通过相关学术讲座或在线交流

19. 面对多种文化，你往往会采取以下哪种态度：

    A. 经过自己独立思考来取舍　B. 有自己的思考，但受教师或同学影响

    C. 以大多数人的选择为主　　D. 不假思索全盘接受

20. 在"大众创业，万众创新"的时代，你认为通晓文化与创新的关系是：

    A. 有力地推动和激励创新　　B. 对推动和激励创新有一定作用

    C. 推动和激励作用不明显　　D. 会成为创新的障碍

21. 你所在学校的心理咨询中心在疏导学生心理的工作中：

    A. 起到了重要作用　　　　　B. 起到了一定的作用

    C. 起到的作用较小　　　　　D. 几乎没有作用

22. 你认为，当前高校社会主义核心价值观的培育和践行存在哪些问题？

（此题请简要自答）

附录 4　大学生中华优秀传统文化知识测验问卷

下列是我国传统文化有关方面的问题。每题给出的四个选项中，只有一个选项是正确的，请在正确的选项上划"√"号。请第一反应作答，谢谢！

1. "己所不欲，勿施于人"出自以下哪部作品：

    A. 《论语》　　　　　　　　B. 《孟子》

    C. 《诗经》　　　　　　　　D. 《道德经》

2. 素有"书圣"之称的王羲之是东晋时期的大书法家，他的代表作是：

    A. 《洛神赋十三行》　　　　B. 《兰亭序》

    C. 《多宝塔碑》　　　　　　D. 《皇甫诞碑》

3. 您知晓"中庸之道"的真实含义吗：

    A. 无原则的折中，和稀泥

    B. 执中平和，行为的适度、处事的智慧

    C. 形而上学的极端之举

    D. 做事畏首畏尾，难以定夺

4. 具有世界性影响的《本草纲目》的作者是：

    A. 张仲景   B. 孙思邈

    C. 李时珍   D. 华佗

5. 被鲁迅先生誉为"史家之绝唱，无韵之《离骚》"的作品是：

    A.《左传》   B.《资治通鉴》

    C.《史记》   D.《汉书》

6.《窦娥冤》是中国的著名悲剧之一，其作者是元代戏曲家：

    A. 马致远   B. 王实甫

    C. 白朴   D. 关汉卿

7. 魏源是中国近代较早接触西方思想的思想家，由他编订了：

    A.《四洲志》   B.《海国图志》

    C.《瀛环志略》   D.《盛世危言》

8. 数学中我们所知的圆周率（π）在我国古代就已经有科学家将其计算到小数第 7 位了，这位科学家是：

    A. 张衡   B. 祖冲之

    C. 刘徽   D. 杨辉

9.《水经注》既是一部优秀的地理学著作，同时又具有很高的文学和史学价值。它的作者是北魏时期的地理学家：

    A. 郦道元   B. 徐霞客

    C. 裴秀   D. 祖冲之

10. 我国和世界科学技术史上的重要著作《梦溪笔谈》的作者是：

    A. 蔡伦   B. 沈括

    C. 毕昇   D. 宋应星

11. 曾写下"安得广厦千万间，大庇天下寒士俱欢颜，风雨不动安如山"的诗人是：

A. 孟浩然　　　　　　　　　B. 苏轼

C. 白居易　　　　　　　　　D. 杜甫

12. 被誉为世界上"第八大奇迹"的是：

    A. 湖南马王堆汉墓　　　　　B. 北京圆明园

    C. 三星堆古文化遗址　　　　D. 秦始皇陵兵马俑

13. 1661 年，率领大军渡海收复台湾，赶走荷兰殖民者的民族英雄是：

    A. 郑和　　　　　　　　　　B. 文天祥

    C. 戚继光　　　　　　　　　D. 郑成功

14. "靖康耻，犹未雪。臣子恨，何时灭！驾长车，踏破贺兰山缺。壮志饥餐胡虏肉，笑谈渴饮匈奴血。待从头、收拾旧山河，朝天阙。"这首词出自：

    A. 辛弃疾　　　　　　　　　B. 苏轼

    C. 岳飞　　　　　　　　　　D. 文天祥

15. 活字印刷术的发明者是：

    A. 蔡伦　　　　　　　　　　B. 毕昇

    C. 沈括　　　　　　　　　　D. 孙思邈

16. "秦时明月汉时关，万里长征人未还。但使龙城飞将在，不教胡马度阴山"这首《出塞二首·其一》诗的作者是：

    A. 王国维　　　　　　　　　B. 李白

    C. 杜甫　　　　　　　　　　D. 王昌龄

17. "穷则独善其身，达则兼济天下"这句话出自哪部书：

    A. 《论语》　　　　　　　　B. 《孟子》

    C. 《道德经》　　　　　　　D. 《墨子》

18. "为天地立心，为生民立命，为往圣继绝学，为万世开太平"的作者是：

    A. 张载　　　　　　　　　　B. 周敦颐

    C. 程颢　　　　　　　　　　D. 程颐

19. 民本思想我国古已有之。您知道"民惟邦本，本固邦宁"这句话出自哪部书吗：

    A. 《孟子》　　　　　　　　B. 《论语》

    C. 《荀子》　　　　　　　　D. 《尚书》

20. "景泰蓝"是中国哪个城市的著名手工艺品：

    A. 江苏宜兴市　　　　　　　　B. 北京市

    C. 山东淄博市　　　　　　　　D. 福建德化市

21. "老吾老以及人之老，幼吾幼以及人之幼"是中华民族的传统美德，最早提出这句话的人是：

    A. 孔子　　　　　　　　　　　B. 老子

    C. 曾子　　　　　　　　　　　D. 孟子

22. 对联"风声雨声读书声，声声入耳；家事国事天下事，事事关心"出自：

    A. 岳麓书院　　　　　　　　　B. 集贤书院

    C. 嵩山书院　　　　　　　　　D. 东林书院

附录5　高校培育和践行社会主义核心价值观调查问卷
（思政人员版）

尊敬的老师，您好！欢迎您参加国家社会科学基金教育学重大课题的调研。请逐题在相应的选项上划"√"号（有些问题可有多个选项）。问卷匿名保密，仅作科研使用，请如实表达您的看法。回答没有对错好坏，请第一反应作答。非常感谢您对本研究的支持！

一、性别（　　）　1. 男　　2. 女

二、学历（　　）　1. 博士　2. 硕士　3. 本科　4. 其他

三、职称（　　）　1. 教授　2. 副教授　3. 讲师　4. 其他

四、思政工作（主要）岗位或类别（　　）

    1. 辅导员　2. 科级领导　3. 处级及以上领导　4. 其他

五、从事思政工作时间（　　）

    1.0～4年　2.5～8年　3.9～12年　4.12年以上

1. 您对高校培育和践行社会主义核心价值观的看法是：

    A. 赞成，认为很有必要　　　　B. 赞成，但方式需要改善

    C. 不赞成，效果很不明显　　　D. 不赞成，浪费时间

    E. 无所谓，有没有都可以

2. 您认为，社会主义核心价值观对于大学生思想教育的作用：

    A. 成效显著   B. 比较有成效

    C. 成效一般   D. 没有成效

3. 您认为，当前社会主义核心价值观培育过程中存在的问题有（此题可多选）：

    A. 过于形式化，流于表面

    B. 缺乏创新，难以引起学生兴趣

    C. 不注重理论与实践相结合

    D. 不注重因材施教，压抑学生个性

    E. 过于频繁，引起学生反感

    F. 间隔时间太长，没有效果

    G. 其他（请写出来）＿＿＿＿＿＿

4. 您在做学生工作时如何对待不同民族的学生：

    A. 一视同仁，不加区别

    B. 照顾不同民族差异，区别对待

    C. 更关注少数民族同学的思想发展

    D. 担心不同民族同学之间是否可以和谐相处

5. 您所管理的学生干部是如何产生的：

    A. 完全根据学生选举产生   B. 结合学生选举和个人任命产生

    C. 个人直接任命产生   D. 学生轮流担任学生干部

    E. 不清楚

6. 您怎么看待学生干部和普通学生：

    A. 完全相同，没有区别   B. 学生干部犯错应从轻处罚

    C. 评优奖先应更多考虑学生干部   D. 对学生干部更加严格要求

    E. 平时更注重给普通学生提供历练机会

    F. 不清楚

7. 您怎么看待学生提出的工作建议：

    A. 不予接纳，学生的建议太过片面

    B. 学生的建议有道理，但为维护威严，表面拒绝，实际采纳

    C. 视情况而定，对的就可以接受

D. 不管学生提出何种意见，首先鼓励学生敢于提出不同意见的勇气

8. 您认为，目前和谐的校园文化建设应该在哪些方面加强（此题可多选）：

    A. 宣传学校核心价值追求   B. 加强师德师风和学术道德建设

    C. 开展丰富多彩的校园文化活动   D. 加强校园环境设施建设

    E. 利用网络技术加强文化宣传   F. 其他（请写出来）＿＿＿＿＿

9. 您认为，教师如何更好地疏导学生心理，塑造学生的健康人格（此题可多选）：

    A. 加强心理学知识的学习   B. 开展谈心活动，倾听学生心理困惑

    C. 为人师表，做学生榜样   D. 课堂渗透人生观、价值观教育

    E. 其他（请写出来）＿＿＿＿＿

10. 中华优秀传统文化对您的价值观有何影响：

    A. 强烈影响日常行为和生活   B. 影响一般，有时会在行动中参照

    C. 影响较小，偶尔会在行动中参照 D. 完全没有影响

11. 您认为，中华民族伟大的凝聚力主要是：

    A. 中华传统文化   B. 爱国主义

    C. 国家富强统一   D. 人民生活水平

12. 作为新时代知识分子，您认为我国传统士人的情怀与担当在当今：

    A. 很好地传承与发扬   B. 有所淡薄，应加强传承

    C. 根据时代要求，有选择地继承发扬

    D. 新的时代，旧东西已过时

13. 您认为，哪些文化类型或理论体系将主要影响学生的价值观念：

    A. 西方外来文化   B. 中国社会主义核心价值体系

    C. 中国传统文化   D. 大众流行文化

14. 您认为，目前您可以如何更好地进行社会主义核心价值观的教育？

    （此题请简要自答，可写在背面）

附录6　高校培育和践行社会主义核心价值观调查问卷
（专业教师版）

    尊敬的老师，您好！欢迎您参加国家社会科学基金教育学重大课题的

调研。请逐题在相应的选项上划"√"号（有些问题可有多个选项）。问卷匿名保密，仅作科研使用，请如实表达您的看法。回答没有对错好坏，请第一反应作答。非常感谢您对本研究的支持！

一、性别（　　）　1. 男　2. 女

二、学历（　　）　1. 博士　2. 硕士　3. 本科　4. 其他

三、职称（　　）　1. 教授　2. 副教授　3. 讲师　4. 其他

四、政治面貌（　　）1. 中共党员　2. 民主党派　3. 其他

五、专业类别（　　）

　　1. 人文社科　2. 理工农医　3. 体育艺术　4. 军警国防　5. 其他

六、教龄（　　）　　1. 0～5 年　2. 6～10 年　3. 11～20 年　4. 20 年以上

1. 您的学校对教师学习社会主义核心价值观的组织情况是：

　　A. 经常组织　　　　　B. 偶尔组织　　　　C. 很少组织

　　D. 从未组织　　　　　E. 不清楚

2. 您对高校进行社会主义核心价值观培育的看法是：

　　A. 赞成，认为很有必要　　　　B. 赞成，但方式需要改善

　　C. 不赞成，效果很不明显　　　D. 不赞成，浪费时间

　　E. 无所谓，有没有都可以

3. 您认为，社会主义核心价值观对于大学生思想教育的作用：

　　A. 成效非常显著　　　　　B. 比较有成效

　　C. 成效不大　　　　　　　D. 没有成效

4. 您主要通过哪些方式对学生进行社会主义核心价值观的教育（此题可多选）：

　　A. 课堂教学　　　　　　　B. 网络互动

　　C. 实践活动　　　　　　　D. 讲座、讨论会和学习班

　　E. 其他（请写出来）＿＿＿＿＿＿

5. 您认为，影响学生学习社会主义核心价值观效果的因素有（此题可多选）：

　　A. 教师的积极性　　　　　B. 教学方式

　　C. 学生的积极性　　　　　D. 校风、院风、班风

　　E. 社会环境　　　　　　　F. 其他（请写出来）＿＿＿＿＿＿

6. 您认为，当前社会主义核心价值观培育过程中存在的问题有（此题可多选）：

　　A. 过于形式化，流于表面　　　　B. 缺乏创新，难以引起学生兴趣

　　C. 不注重理论与实践相结合　　　D. 不注重因材施教，压抑学生个性

　　E. 过于频繁，引起学生反感　　　F. 间隔时间太长，没有效果

　　G. 其他（请写出来）＿＿＿＿＿＿

7. 当您发现学生在考试时有作弊行为时，您会怎么做：

　　A. 当场抓住，严厉打击　　　　　B. 立即阻止，给予警告

　　C. 加以提醒，不点名批评　　　　D. 视情况而定，可以理解

　　E. 视而不见，不加理睬

8. 您是否会根据时事热点和科研进展适当调整您的讲课内容：

　　A. 会，能够吸引学生学习兴趣　　B. 不会，因为对授课影响不大

　　C. 不会，重新备课太麻烦　　　　D. 无所谓，想起来就提一下

9. 当您的学生在课堂上提出与您的观点不符的看法时，您会怎么做：

　　A. 不予考虑，学生的看法简单且片面

　　B. 表面赞许，实际上并不赞同

　　C. 为了维护尊严，表面不接受，而实际接受

　　D. 无所谓，听听就可以了

　　E. 不论正误，鼓励学生独立思考

10. 您认为，目前和谐的校园文化建设应该在哪些方面加强（此题可多选）：

　　A. 宣传学校核心价值追求　　　　B. 加强师德师风和学术道德建设

　　C. 开展丰富多彩的校园文化活动　D. 加强校园环境设施建设

　　E. 利用网络技术加强文化宣传　　F. 其他（请写出来）＿＿＿＿＿

11. 您认为，教师如何更好地疏导学生心理，塑造学生的健康人格（此题可多选）：

　　A. 加强心理学知识的学习

　　B. 开展谈心活动，倾听学生心理困惑

　　C. 为人师表，做学生榜样

　　D. 课堂渗透人生观、价值观教育

　　E. 其他（请写出来）＿＿＿＿＿

12. 中华优秀传统文化对您的价值观有何影响：

    A. 强烈影响日常行为和生活

    B. 影响一般，有时会在行动中参照

    C. 影响较小，偶尔会在行动中参照

    D. 完全没有影响

13. 您认为，中华民族伟大的凝聚力主要是：

    A. 中华传统文化   B. 爱国主义

    C. 国家富强统一   D. 人民生活水平

14. 作为新时代知识分子，您认为我国传统士人的情怀与担当在当今：

    A. 很好地传承与发扬

    B. 有所淡薄，应加强传承

    C. 根据时代要求，有选择地继承发扬

    D. 新的时代，旧东西已过时

15. 您认为，哪些文化类型或理论体系将主要影响学生的价值观念：

    A. 西方外来文化   B. 中国社会主义核心价值体系

    C. 中国传统文化   D. 大众流行文化

16. 您认为，目前您可以如何更好地进行社会主义核心价值观的教育？

    （此题请简要自答，可写在背面）

图书在版编目（CIP）数据

河南省高校思想政治教育工作实证研究：2017~
2018 / 李申申等著. －－北京：社会科学文献出版社，
2018.11

ISBN 978－7－5201－3849－9

Ⅰ.①河… Ⅱ.①李… Ⅲ.①高等学校－思想政治教
育－研究－河南－2017－2018 Ⅳ.①G641

中国版本图书馆 CIP 数据核字（2018）第 248472 号

河南省高校思想政治教育工作实证研究（2017~2018）

著　　者 / 李申申　李志刚　陈永强　李小妮

出 版 人 / 谢寿光
项目统筹 / 恽　薇　王婧怡
责任编辑 / 王婧怡　朱子晔

出　　版 / 社会科学文献出版社·经济与管理分社（010）59367226
　　　　　　地址：北京市北三环中路甲 29 号院华龙大厦　邮编：100029
　　　　　　网址：www.ssap.com.cn
发　　行 / 市场营销中心（010）59367081　59367083
印　　装 / 天津千鹤文化传播有限公司

规　　格 / 开本：787mm×1092mm　1/16
　　　　　　印张：15.5　字数：243 千字
版　　次 / 2018 年 11 月第 1 版　2018 年 11 月第 1 次印刷
书　　号 / ISBN 978－7－5201－3849－9
定　　价 / 79.00 元

本书如有印装质量问题，请与读者服务中心（010－59367028）联系